JN043945

大学の先生と学ぶ

はじめての

地理

著 **佐藤廉也** 大阪大学教授

総合

KADOKAWA

　みなさん、こんにちは！　ぼくは大阪大学で地理学を研究している者です。この本は新しく高校の必修科目となった「地理総合」の解説書です。解説書といってもそんなに堅苦しいものじゃなくて、リラックスしながら楽しく読んでもらって、そして一人でも多くの人に地理好きになってもらいたい（もともと地理が好きなら、さらに筋金入りの地理好きになってもらいたい！）と思って、この本を書きました。

　ところで、高校生向けの参考書っていうと、ふつうは予備校とか高校の先生が書いているよね？　「大学の先生が書いた参考書なんて珍しいな」って君たちは思うかもしれないね。ぼくは十数年前から高校教科書を執筆するようになって高校の地理教育にかかわりをもつようになったんだけど、それ以来ずっと、何かもやもやした気持ちをもっていたんだ。

　どういうことかっていうと、地理の楽しさを伝えるためには、もっと工夫が必要なんじゃないかって思えることがたくさんあるんだよね。現状、多くの高校生が「地理は暗記科目」って思い込んだまま卒業しちゃう。暗記するだけの勉強なんて、だれだって楽しくないよね。

　楽しさこそが、地理の本質。学問分野としての地理学って、地球上のありとあらゆることを理屈で、つまり論理で理解する学問なんだ。その地理学の楽しさを、高校生になんとか伝えたい。地理総合が必修化されたいま、地理好き、それとも地理嫌いどっちを大量生産することになるのか、大事な分かれ目だ。一人でも多く地理好きを増やしたい、そしてあわよくば大学で地理学を学んだり、地理学の研究者をめざす人が一人でも増えてほしい。そう思って、研究の時間を少しだけ削ってこの本を書いたんだ。

　もう一つの理由は、入試に際して感じること。受験生の書いた答案をみていると、「そうじゃない、気付いてほしい／考えてほしいのはこういうところなのに」って思うことがとても多い。だから、そういう考え方を身につければ、一見難しい問題でも、きっと手がかりをみつけて理想的な答案

にたどりつけるんだよって伝えたいんだ。そういう意味では入試対策としても使える本になっていると思ってる。

そういうわけで、この本はリラックスして、力を抜いて読んでほしい。最初から順番に読まなくたって、気になるところから、試験などが差し迫っている人だったら関連するところから読んでもらって構わない。もちろん、高校の授業と併行して読みすすめてもらってもいい。ただし「できれば」自然地理にかかわるところ（第1章の4、5など）は飛ばさずに読んでもらった方がいい。なぜかっていうと、地理で学ぶほとんどのことは自然地理とのかかわりで理解する必要があるから。地理が嫌いっていう人には、自然地理の楽しさを理解しそこなっている人がとても多い。

この本は寝っ転がって読めるように書かれているけど、教科書の関連するところを併読すると、理解がより進むようにしてある。どの教科書にも載っているような図表はあえてはずしているので、とくにそういうところは教科書をみながら読んでもらうといいと思う。教科書以上に大事なのが地図帳だ。できればこれは手元において読んでほしい。国の位置なんかを確認するだけじゃなくて、気候区分とか風系・海流などの自然地理関連のところがとくにね。あと、緯度と大陸の位置関係とか。そういうのは暗記するんじゃなくて、何度も地図帳で確認しているうちに頭に入ってしまうのが理想なんだ。君たちがこの本を読み終わったときにそうなっているといいなと思っている。

この本の章末に載せている過去の入試問題は、東京大学や大阪大学の入試問題と、共通テスト（センター試験）から選んだ。選んだ基準は簡単で、地理の論理がわかりやすく明瞭に問われているものを優先した。論述とマークシート、形式は違えど、地理の論理を問うていることにおいて、どちらも本質的な差はないということを理解してもらえると思う。これも好きなように使ってもらえばいいけど、ぼくのおすすめは、時間を気にせずゆっくりと考えて、なるべく答えをみる前に自分なりの答案を作ってみることだ。

それでは、楽しい地理の世界へようこそ！

CONTENTS

はじめに ……………………………………………………………………… 2

序章 **地理総合の見方・考え方をささえる3つの原理**

地理総合ってどんな科目？……………………………………………………… 9

原理1：現在の分布は、過去の歴史の積み重ねである…………………… 13

原理2：自然環境への適応によって文化の多様性が生まれる ………… 16

原理3：「近さ」と「大きさ」で決まる結びつき…………………………… 20

第Ⅰ部 **丸い地球と平たい地図**
――地図でとらえる現代世界

第**1**章 **そもそも地図ってなんだ？**

1 人間はいつから地図をつくるようになったか…………………………… 28

2 文明とともに発展した地図 …………………………………………… 32

3 緯度と経度はどこが違う？……………………………………………… 36

4 気候は論理で理解すべし！……………………………………………… 41

5 プレートテクトニクスでわかる大地形 ……………………………… 50

6 地図はウソをつく！……………………………………………………… 54

7 地形図に親しむには？…………………………………………………… 56

第2章 地理情報システム（GIS）ってなんだ？

1 地理情報という考え方 ……………………………………… 64

2 GISの仕組み ……………………………………………… 67

3 GISで何ができる？ ……………………………………… 69

4 地図やグラフ表現の注意点 ……………………………… 73

第3章 縮小し続ける世界
——モノ・情報・人はどのように流れている？

1 時間と空間の圧縮 ………………………………………… 77

2 輸送機関の特徴をおさえる ……………………………… 78

3 地理的条件が文明史を決めた …………………………… 79

4 人口分布が決める経済 …………………………………… 81

5 観光流動も同じ考え方で理解できる …………………… 82

6 情報通信の歴史的な流れ ………………………………… 87

第II部 文化の不思議を読み解く
——生活文化の多様性と国際理解

第4章 文化の多様性はどのように生まれるの？

1 文化とは——人間の営みのほとんど全て！ …………… 94

2 歴史の積み重ねとしての民族・言語 …………………… 102

3 文明の広がりとともに世界に広がった宗教 …………… 109

第**5**章　暑い地域と寒い地域の文化はなんでこんなに違う？ ──気候と文化の関係

1 気候と生活文化 ……………………………………………………… 120

2 稀少な水・温度をやりくりする
──乾燥・寒冷とたたかう農業の世界 ………………………… 128

3 ほどほどに乾燥、ほどほどに温暖──小麦と稲のあいだ ………… 136

4 「すごすぎる」植物の繁殖力とたたかう
──熱帯とアジアモンスーンの文化 ………………………… 140

5 食文化も小麦の世界・稲の世界でまっぷたつ ………………… 153

第**6**章　川の流れにしたがって世界をつかむ ──地形と生活文化の関係

1 源流・上流──山地と高原の生活文化 ……………………… 163

2 中流・下流──平野の生活文化 ……………………………… 178

3 海と海岸の生活文化 …………………………………………… 183

4 おさえておきたい地形の形成要因 …………………………… 185

第**7**章　産業の発展を地理的にみると？

1 近代農業の発展 ………………………………………………… 191

2 工業立地のパターン …………………………………………… 197

3 商業立地はどのように決まるか？ …………………………… 199

第III部 世界がかかえる共通課題
——地球的課題と国際協力

第8章 地球的課題の根源には地理的な不均等がある

1 人口問題——人類はあと300年で消滅する？……………………………… 206

2 感染症と健康——人類最大の敵？……………………………………………… 214

3 都市問題と過疎問題——世界中が都市化している？…………………… 218

第9章 一人が得をすると皆が損をする
——環境問題のジレンマ

1 地球環境問題——熱帯林はなぜ減少しているのか？………………… 225

2 化学物質で地球が汚染されると後戻りができない ………………… 238

3 資源・エネルギー問題
　　　——化石燃料にたよる世界からの脱出？………………………… 241

4 食料問題——食べ物は足りない？　余ってる？……………………… 251

第10章 戦争のない世界はつくれるか？——紛争と難民

1 民族問題の歴史的背景——民族は必ず反目しあうのか？………… 263

2 冷戦の後遺症——現代世界に影を落とす負の歴史 ………………… 270

3 難民を受け入れているのは誰？——近隣国と先進国 ……………… 277

4 平和構築への道——なぜ貧困をなくす努力が必要なのか ………… 280

第IV部　身近な問題は世界の課題でもある
——防災と地域調査

第11章 自然環境と防災
——災害が起こる仕組みを理解する

1 世界の自然災害
——世界の人びとはどんな災害に苦しんでいるのか？.................... 290

2 日本の大地形と災害・防災——地震・津波・火山噴火.............. 296

3 日本の気候と災害・防災——台風・豪雨・豪雪・猛暑.............. 303

第12章 身近な地域を調べてみよう——地域調査の考え方

1 地域調査はまず「テーマ」から.................................... 313

2 時系列に注目せよ／分布に注目せよ.............................. 316

3 まとめ方にも様式がある.. 318

終章　試験にのぞむ心得

チャレンジ！　解説.. 324

おわりに.. 335

序章 地理総合の見方・考え方をささえる3つの原理

地理総合ってどんな科目？

（1）地理は面白い！　そして役に立つ！

　実はぼくは高校の頃、地理という科目が苦手で、嫌いだった。鉄鉱石の産地がどこにあるとか、小麦の生産量1位はどこの国かとか、そういう板書をノートに書き写してひたすら覚えさせられるのが苦痛だったのだ。だから今でも、「地理は苦手でした」なんていう話を学生から聞かされると、その気持ちがよくわかる。

　そんなぼくが、どうして大学に入って地理学を専攻することになったのか。ぼくは研究を仕事にしたかったので、世界中を歩きまわって研究ができる地理学という学問のスタイルに惹かれたこともあったんだけど、それより何より、地理学が人間と環境との関係を<u>ロジカルに理解することによって、世界の成り立ちを説明する学問である</u>ことを知ったからだ。世界が多様であることには理由がある。そんな問いを立てて追究する学問を想像しただけでワクワクしたのだ。

　そう、地理というのは多様性に満ちた世界の成り立ちをロジカルに理解する力を養うための科目で、そこが面白いところなのだ。しかも、地理は面白いだけでなく、その**面白さは同時に役に立つ**ものでもある。例えば、旅行とか、見知らぬ土地を歩くことが十倍楽しくなる。街のつくりや、建物、景観から土地のことばや食べものまで、見聞きするあらゆるものごとに地理的な意味を読み取ることができるようになるからだ。今まで旅行が好きでなかった人も、地理を学び、地理が好きになると旅に出ることが楽しくなる。旅に出なくとも、ニュースを聞くと、そこに地理的な背景を読

み取ることができるようになり、より深く理解できるようになる。

　そういった日常生活に関わることだけじゃない。**地理の実用性は、異文化に対する理解という、現代社会で生きていくために必須の素養を身につけるところにもある**。現代は、世界中の人びとが直接・間接に複雑に結びついて成り立っていて、その中でぼくたちはさまざまな異文化と関わりながら生きている。だから異文化に対する理解は、社会のなかで生きていくのに欠かせない素養になってきているんだ。

　見知らぬ土地で、土地の方言やみたことのない習慣に接してとまどった経験がないだろうか？　見慣れない文化は、それを理解する素養がなければ、敵意とか軽蔑に結びつきやすいものなんだ。極端な話、戦争が起こる背景にもなる。これは人間のもっているひとつの性質、心理的な傾向性だ。だからこれを乗り越えるために、現代世界に生きるぼくたちは、無意識に身につけている自らの文化を相対化して、世界中の人たちが自分と同じように、生まれ育つなかで自らの文化を身につけてきたこと、それはそれぞれの人にとって誇るべきものであることを、きちんと理解することが必要だ。地理総合が必修化された理由もここにあるといってよいだろう。もちろん、歴史総合にも同じようなことがいえる。異文化理解にとって**地理と歴史は車の両輪のようなもので、どちらか一方だけでは不完全**なんだ。

（2）地理的な見方・考え方

　「地理は面白くて役に立つというけど、覚えることが多すぎるじゃないか」「結局、暗記しないと地理の問題は解けないんじゃないか」と思うかもしれない。ぼくの高校の頃の苦い経験を思い出すと、そう考えるのもある意味無理はない。でもそれは例えば、数学で公式や問のパターンを全て丸暗記しようとする学習法に似ている。実際数学を学ぶ受験生の多くはそういう学習をしているし、予備校なんかでもそういう教え方をしている人が少なくないことも知っている。でも一方で、数学が好きな人の多くは、公式を暗記しなければならないものとは考えていない。彼らにとっては、**ロ**

ジカルな思考プロセスの結果として公式があるにすぎないのだ。たとえ彼らの頭の中に公式が定着しているとしても、それは一生懸命丸暗記したからではない。公式を導くプロセスやそのロジックを理解・学習した結果として頭の中に定着しているにすぎない。

　地理で扱うさまざまな学習項目も、基本的にはそれと同じなんだ。真の地理好きにとって、地形・気候の分布や国名などは、暗記すべきものじゃない。ロジカルな地理的思考の結果として頭に定着するものに過ぎないんだ。いや、別に定着しなくたっていい。地名や位置なんかは、覚えていなければその都度教科書や地図帳で確認すればいいんだからね。

　ぼくらが生きている現代世界では、ものごとを調べようと思えばいくらでも便利なツールにアクセスできる。今の世の中は昔と違って、記憶力はそれほど高い価値をもたない。だから大学入試でも、単なる知識や記憶力を試す問題はだんだんと少なくなって、かわりに思考力を試すことに重点がおかれるようになっている（学校に今でも残っている暗記的な学習法は、古い時代の名残にすぎず、やがてなくなっていく、とぼくは思っている）。地理総合はまさにそういう科目で、暗記ではなく、「公式を導く**プロセス**」すなわち**地理的な思考力**を養うことに主眼がおかれている。

　数学でいうところの「公式を導くプロセス」にあたる具体的なものが、**地理的な見方・考え方**と呼ばれるものだ。新しい地理総合・地理探究では、この地理的な見方・考え方として、文部科学省の学習指導要領が5つの視点を設定している。具体的には、「位置や分布」「場所」「人間と自然環境との相互依存関係」「空間的相互依存作用」「地域」という5つだ。これらは、いわば地理という科目における伝家の宝刀だ。ただ、これらの5つの視点が具体的にどのようなものか、高校生には少し難しい面もあるかもしれない。それでぼくは、これをぼくなりにアレンジして、地理的な見方・考え方のための「3つの原理」として、最初に説明したいと思う。

（3）地理総合／地理探究、地理Ａ／地理Ｂ

　地理総合と旧課程の地理Ａとの違いにも少しふれておこう。大きな違いとしては、これらの科目と、地理Ｂや新しい地理探究との関係がある。地理Ａと地理Ｂは、段階的に学ぶことを想定していない。基本的に、それぞれの科目で完結している。これに対して地理探究は、地理総合という土台の上にあることが前提となっている。つまり地理探究を学習する場合、地理総合を学んでいることが前提になるんだ。だから入試の受験科目としても、地理Ｂの場合には単独で選択科目になる場合がほとんどだったけど、地理探究は単独ではなく「地理総合・地理探究」というような、二つをあわせた科目選択になることが多くなるだろう。つまり**受験で地理探究を選択しようと思っている人にとって、地理総合を学ぶことが必須**ということだ。

　では地理総合の中身は、今までの科目とどう違うのだろう？　地理情報システム（GIS）や防災などの扱いが大きくなったという違いがあるけど、これらは本質的なことではない。最も本質的な違いは、**地理総合では地誌がなくなり、系統地理の学習が中心に据えられた**ことだろう。地理Ａでは世界の諸地域の地誌記述を通して生活文化を学習する形になっていたが、新しい指導要領では、世界地誌は系統地理の学習を終えた後の応用問題として、地理探究で初めて学ぶという形になったのだ。地理総合が系統地理を柱としてつくられているのも、「世界の成り立ちをロジカルに理解する」という、知識よりも地理的思考力を重視することの表れなのだとぼくは思っている。

　地理総合がどんな科目なのか、大きなところはイメージできただろうか？そうしたら次に、「3つの原理」とはそれぞれどのような見方・考え方なのか、具体的な例をもとに説明していこう。

原理1：現在の分布は、過去の歴史の積み重ねである

（1）カレーに入れるのは牛肉？　豚肉？

　大学に入学すると、高校までと違って、全国いろんな地方から来た学生たちとつきあうようになる。すると、自分が今まで当たり前だと思っていたことが、実は生まれ育った地方のローカルルールにすぎないということがわかって驚いたりする機会が増える。少し大げさかもしれないけど、カルチャーショックというやつだね。

　ぼくは神奈川県で育って、関西の大学に入って初めて実家を離れたんだけど、そこで関西出身の友だちがたくさんできた。例えばそこで、カレーとか肉じゃがをつくるときに豚肉を入れるというと驚かれたりする。「そんなもん、ふつう牛肉入れるやろ」とか言われるんだよね。

- 牛肉
- 豚肉
- 鶏肉

● **図0-1**：「肉」と言えば何を指すか？
大西拓一郎編（2016）『新日本言語地図』朝倉書店（43p）をもとに改変

　図0-1は2010年頃に日本語の研究者たちが「肉と言えば何の肉を指す

か？」という質問を全国でした結果を表したものだ。京都や大阪では、ただ肉と言えば、それはだいたい牛肉を意味する。例えば鶏肉だと、「かしわ」という別のことばがある。逆に関東の方では、肉と言ったらまず豚肉を意味するようだ。九州だと牛肉と豚肉が混在しているし、また宮崎県とか愛知県など、ところどころに肉と言えば鶏肉を指す地域が点在しているけど、大ざっぱにみると西は牛肉、東は豚肉となっている。ちなみに肉の消費量のデータをみても、だいたい西では牛肉、東では豚肉の消費量が多い。この東西の違いにはどんな背景があるんだろうか？

（2）畑を耕すのは牛？　馬？

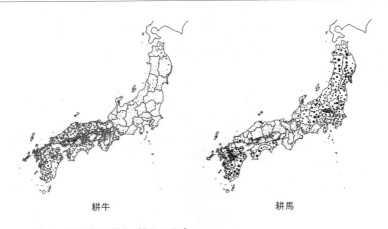

耕牛　　　　　　　　　　　　　耕馬

● **図0-2：明治期の耕牛・耕馬の分布**
円の大きさは頭数を表す。中西僚太郎（1994）「明治前期における耕牛・耕馬の分布と
牛馬耕普及の地域性について」歴史地理学36-3（7p、8p）をもとに改変

今度は図0-2を見てみよう。これは歴史地理学という研究分野の論文からの引用なんだけど、明治時代に犂という道具で田畑を耕すために使われていたウシとウマの分布を示している。ウマを豚肉におきかえると、さっきの図ととてもよく似ていると思わない？　実はこの図は、江戸時代のウシとウマの生産や流通の様子をよく表したものでもあるんだ。江戸時代には、ウシの主な生産地は中国地方や九州など西日本にあって、流通も主

に西日本で行われて、農耕のために使われたりしていた。実は江戸時代には、田畑を耕すために家畜を使うのは主に西日本で、東日本ではあまり犂は普及していなかった（ちなみに、この図で東に農耕用のウマが分布しているのは、明治時代になってから、牛馬耕の先進地だった九州から農業普及員が東北地方に教えに行って広まった結果なんだ）。

　一方で、東北や中部地方など、東日本にはウマの生産地が分布していて江戸に流通していた。ウマは主に武士の乗り物だったから、ウマの需要は圧倒的に江戸だったんだね。そんな江戸時代から続く東西差があって、明治になって肉食が始まると、西日本ではもともと身近にあった牛肉を食べるようになり、一方ウマは肉として生産するには効率が悪い動物なので、代わりに豚肉を生産するようになったわけなんだ。

（3）過去が積み重なって現在がある

　2つの分布図の読み取りからわかったことを確認しておこう。それは、**現在の地理的な位置や分布は、それまでの歴史を反映したものだ**ということだ。少し難しいことばを使うと**経路依存的**というんだけど、実は文化の歴史は生物の進化とよく似たところがある、ということなんだ。ヒトはイヌとかナメクジなんかよりも、チンパンジーによく似ているよね？　これはもともとヒトとチンパンジーが共通の祖先から進化したからで、生物の形や特徴は時間とともに、前の状態から少しずつ変わっていくからだ。ブタがいきなり進化して空を飛ぶようにはならない。これが生物進化の経路依存性だ。文化が引き継がれていく際にも、同じようなことが起こるということだ。

　言語も「母語」ということばに表れているように、親から子へと代々教え継がれていき、そしてその過程で伝言ゲームみたいに、ほんの少しずつ変化していくものだ。これは、生物進化で遺伝子の変異（ミスコピー）の積み重ねによってだんだん変化していくのと同じことだ。現代日本語は江戸時代の日本語と共通点が多いけど、中国語やアイヌ語とはだいぶ違う。それ

ぞれもととなっている言語 (祖先語) の系統が異なっている (＝異なる歴史の積み重ねだ) からだ。

　これって当たり前のことでしょ？　って思うかもしれないけど、地理的分布の背景を考えるときに一番大事な原則なんで、最初にとりあげた。**分布の背景に何があるのかを考えるとき、歴史的背景のことを忘れてはいけない**んだ。

> **まとめ**
>
> ▶▶ 地球上の全ての分布は過去の積み重ねによって成り立っており、分布について考えるときに必須なものは「歴史的背景」である。

原理2：自然環境への適応によって文化の多様性が生まれる

(1) 焼畑は原始的？

　「ヨーロッパの商業的農業や北アメリカの企業的農業が最も進んだ農業で、アジアやアフリカの農業は発展途上だ」というふうに考えている人が世間にはとても多いみたいだ。大学の新入生でも、質問をすると、そういうふうに答える学生が多い。本当にそうだろうか？

　たしかに、教科書をぼんやりと読んでいると、「焼畑みたいに一見素朴にみえる農業は大昔から変わらずに続いている原始的なもので、ヨーロッパでだんだんと技術が進歩した結果、集約的で技術の高い農業が生まれたんだ」といったように納得してしまいがちなんだよね。

　でも、実はその理解の仕方には大きな問題がある。

　社会の進歩を、こんなふうにまるで一本のハシゴを登るような一本線的

なものと考える（そして、遅れた地域と進んだ地域があると考える）のは、「地理的な見方・考え方」の正反対にある誤った思考法だ。

　一方、地理的な思考では、**自然環境の違いが、農業が地域ごとに多様である根本的理由**だと考える。生活文化は、それぞれの自然環境の土台の上に発展したんだ。そしてもうひとつの理由は、原理1で学んだように、農業は地域ごとに受け継がれてきた、地域に固有の文化であるということ。つまり地域ごとに、その環境の特徴を最大限に活かして、時間を積み重ねて、独自の発展の経路をたどったのが現在の各地の農業だということだ。例えば焼畑は決して原始的な農業なんかじゃなくて、その**地域の環境に目いっぱい高度に適応した技術の結晶**なんだ。

（2）農業と環境

❶農業を気温と降水で分類する

　とりわけ、地域の農業のかたちを決めるいちばん大きな要因は、気候だ。なぜかというと、植物の成長に不可欠なものは温度と水だから。なので、農業は基本的に気温と降水のパターンに影響を受けて展開する。

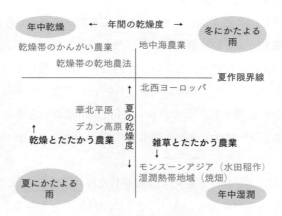

● 図0-3：ド＝マルトンヌの乾燥指数と世界の農耕文化
飯沼二郎 (1985)『農業革命の研究』農山漁村文化協会 (11p)
をもとに改変

図0-3をみてみよう。これは、ド＝マルトンヌというフランスの地理学者が考案した「乾燥指数」という指標を使って、世界のいくつかの農業の位置関係を表したものだ。この図では理解しやすいようにごく単純に、年間の降水パターンを、「年中雨が降る」「雨がほとんど降らない」「夏のみ雨が降る」「冬のみ雨が降る」の４つに分けている。

　年間の降雨量はいいとして、雨が「夏に降るか」「冬に降るか」を区別するのはなぜだと思う？　前頁でいったように、作物が育つには温度と水が必要なんだけど、気温が高くても、そのときに水がないと作物は成長できない。だから、地中海性気候の地域みたいに、夏にいくら暑くても乾燥していたら、穀物の成長は不可能だ。もちろん、かんがいをしない限りは、ということだけどね。

　この図のヨコとタテ、２つの軸はそれぞれ「年間にどれだけ雨が降るか」、「夏にどれだけ雨が降るか」という指標を示している。おおまかに、左上は乾燥、右下は湿潤だ。左上に近い乾燥グループの農業と、右下に近い湿潤グループの農業には、**きわめて本質的で重大な違い**がある。ひと言でいえば、**乾燥とたたかう農業**と、**雑草とたたかう農業**の違いだ。

❷焼畑は、雑草とたたかう農業

　詳しくは第Ⅱ部にゆずるとして、ここでは焼畑が位置づけられる**「雑草とたたかう農業」**について解説しよう。暑い夏に雨がたくさん降ると、作物はよく育つよね。だけど、こういう気候条件は、農業にとっていいことばかりじゃないんだ。なぜかというと、作物だけでなく、雑草もどんどん成長して、作物の競争相手になるから。「たかが雑草」とあなどってはいけない。雑草を放っておくと、作物の居場所はどんどん奪われて、下手をするとなにも収穫できなくなってしまう。だから暑い国や、暑い夏に雨が多い国では手間暇をかけて**絶えず除草をしなければならない**。

　日本の畑作や水田農業も、現在のように除草剤などを使うようになるまでは、雑草とのたたかいだったんだよ（P165）。田んぼに水を張る水田稲作では、畑作ほどの強い雑草は繁殖しにくいけど、程度問題だね。こう考え

ると、ある程度苗を育ててから、水田に苗を植えるという田植えのやり方は、ひとつには雑草対策だったんだとも考えられるよね。

　実は日本の山間地域でも、昭和の頃まではけっこう焼畑がおこなわれていたんだ。過疎化によって今はほぼなくなってしまったけどね。

　「焼畑は森を破壊する略奪的な農業だ」とよく誤解されるが、それは大きな間違いだ。焼畑は、短期間の耕作をした後に何年かの休閑をし、元の森に戻す。森に戻す過程で、雑草は死滅する。そうしたら再び耕作をする、こういう循環的で持続的な農業なんだ。

　焼畑を始めて、2年、3年と作物をつくり続けると、だんだん雑草が畑を占領してきて、収穫もどんどん少なくなってくる。そんなひどいことになる前に、休閑して森に戻すのが焼畑という農法のすごいところだ。休閑して森の木々が成長してくると、地面には光が届かなくなる。雑草は日の光を浴びることができなくなって、自然に死に絶えてしまうというわけなんだ。しかも、焼畑がおこなわれる地域の暖かい気候では、植物の成長が早いから、森に戻すのに長い年月は必要ない。

　焼畑について知れば知るほど、**焼畑が温暖湿潤の環境に実にうまく適応した合理的な農法**だということがわかる。焼畑が熱帯でおこなわれているのは、熱帯の人びとの技術が遅れているからではなく、熱帯という環境に最も適した農法が焼畑だからなのだ。

まとめ

　▶▶ **文化の多様性は、それぞれの社会が多様な自然環境に対して文化的に適応することによって生まれる。**

原理3：「近さ」と「大きさ」で決まる結びつき

（1）都市と都市の間の結びつき

さて、原理3は、**「近さ（近接性）」**と**「大きさ（規模）」**が地理的な分布の形成に果たす役割だ。これは、前の2つの原理に劣らず重要な原理で、特に産業や都市など、より現代的な事象について考えるときには大原則となるものだ。

日本の東西の食文化の違いをもう一度思い出してみよう。東は東で、西は西でというように、**互いに距離が近い地域ではモノや文化の分布も似たようなものになりがちだ。**なんでこんな分布になるのか、考えてみれば不思議なことだよね？　これは、一般に**人・モノ・情報の移動量が、距離が近いほど大きくなる**ことに関連している。実はこれ、**地理学の第一法則**といわれている。地理学でほぼ唯一の法則といえる。

さて、これに大きさ、つまり規模・スケールという見方を加えることによって、例えば日本の都市の分布や、都市間の結びつきがなんで今のようになっているのかを理解できるようになる。

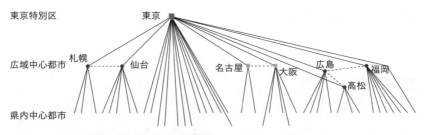

● **図0-4：日本の都市の結びつきと階層構造**
森川洋（2016）「2010年の人口移動からみた日本の都市システムと地域政策」人文地理68（37p）をもとに改変

図0-4は、日本の大都市の結びつきと階層性を表したものだ。結びつきの強さをどうやって測るかというと、この図の場合にはもっとも人口移動数が大きな都市の間を実線で、2番目に人口移動数が大きな都市間を破

線で結んでいる。次に階層性の測り方だけど、上にいくほど、人口が入ってくる方が、出て行くよりも上回っている。つまり、流入から流出を差し引いた値が大きいほど階層が上位の都市だというわけだ。実際にここで表現されている階層は都市の経済規模の違いによる階層とだいたい一致している。かつての日本では東の東京と西の大阪は二大都市圏を形成していて、二つの中心地があったと考えられているけど、少なくとも人口移動を指標としてみると、東京一極集中が大きく進んで大阪は名古屋と同じような地方の大都市になっている様子がわかるね。

　さて、この図をみると、ほかにもいろいろ面白いことがわかる。例えば、札幌、仙台とか広島、福岡などは、広域中心都市とよばれているけど、これらの東京の下にある地方の大都市はだいたい互いに離れて分布していて、それぞれ隣県の県庁所在地などのより小規模な都市から人口を吸い上げている。そして九州内の人口を一手に吸い上げている福岡のように、吸引する中小都市が多いほど階層は上位になりがちだ。

　広域中心都市の分布をみてわかるように、規模が同じくらいの都市って等間隔に分布する傾向があって、より近接する地域との間には階層関係ができるんだね。そしてこれらの広域中心都市は、やはり上位にある東京と一つ上の階層関係を形成している。つまり、**距離＝近接性によって都市の結びつきと階層関係ができあがる**ってことを示しているわけだ。

　もう一つ、同じ階層にある都市どうしだと、札幌と仙台、広島と福岡のように、近接する都市間は結びつきが強くなるけど、離れた都市間（例えば仙台と福岡）では結びつきは強くならない。もっと近いところに東京があるので、東京に吸引されちゃうからだって考えられるね。例えば大阪大学の学生って、近畿地方出身者がとても多くて、近畿以外の西日本出身者もそこそこ多いけど、東北地方の出身者はとてもレアなんだよね。東北からもたくさんの学生に入学してほしいんだけど！

（2）国と国との結びつきも、近接性と規模！

　近接性と規模の原理は、文化の分布とか都市の結びつきだけでなく、国の間の結びつきをも決める。ここでは、観光のような国際的な人の流れを例にとってそのことを確認しよう。

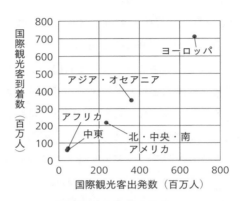

● **図0-5：地域別の国際旅客流動**
年次は2018年。UNWTOの資料により作成

　図0-5は地域別の国際旅客流動を示すものだけど、世界最大の経済大国であるアメリカ合衆国がある北米の値は、ヨーロッパとかアジアに比べると小さいね。なぜだろう？

　答えは、やはり「近接性」と「国の規模」だ。まず、観光って、やっぱり「近場で済ます」人が圧倒的に多いんだね。まあぼくらも、台湾とか韓国へは割と気軽に行けるけど、ヨーロッパとかアメリカに行くとなるとお金も日数もかかるし、かなり気合いがいるよね。国連の統計によれば、国際観光客の7割以上は地域内（ヨーロッパとか東アジアなど）の移動だ。アメリカ合衆国は面積が大きいので、国内の観光移動も多いんだけど、それは国際観光客数にはカウントされないし、北米の中には国が3つしかないから相対的に国際観光客数は少なくなる。

　それに対してヨーロッパは、面積の小さな国がたくさんあって、しかも先進国が多いので人口の割に経済規模が大きく、国際観光をする余裕の

ある人口も大きい。国の数が多いので隣国への国際観光もしやすいよね。だから国際観光旅客数はヨーロッパが最も多くなるっていうわけだ。こんなふうに、**統計を読むときには国や地域の位置・分布とスケールに着目することがきわめて大事**だ。人口移動に限らず、貿易統計などをみるときにも全く同じことが言えるよ。

それを考えると、ぼくは統計の数字やランキングを暗記したりするのは地理嫌いを量産することになりかねないのでおすすめしないけど、人口の大きな国くらいはおさえておいた方がいいかもね。人口が大きいと経済規模（GDP）も当然大きくなるし、農産物などの生産高や消費量なども大きくなるから、統計を読む際の鍵になることが多いからね。

> **まとめ**
>
> ▶▶ 近接性と規模（スケール）は都市の階層性の形成をはじめ、人・モノ・情報の流れをつくりだす原理として働く。

　世界の自然環境と農牧業・生活文化に関する次の問いに答えなさい。

　図1中の地点A〜Cを含む地域でそれぞれの自然環境に適応する形で発達した農業について、図2に示した各地点の雨温図を参考に、以下の語句を全て使って説明しなさい（200字程度）。

二圃式　　　三圃式　　　高温多湿　　　雑草の抑制　　　休閑

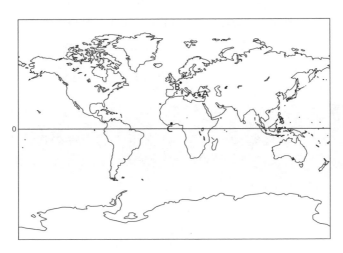

● 図1

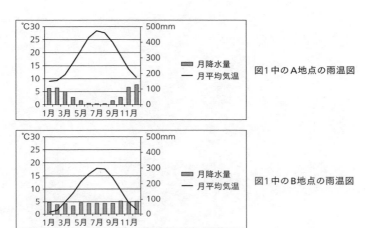

図1中のA地点の雨温図

図1中のB地点の雨温図

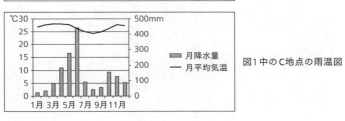

図1中のC地点の雨温図

● 図2

（注）気象庁のデータに基づいて作成。

（大阪大学2019年度地理・一部改変）

丸い地球と
平たい地図

地図でとらえる現代世界

そもそも地図ってなんだ？

1　人間はいつから地図をつくるようになったか

　そもそも人間にとって地図ってなんだろう？　地図って歴史上いつ頃生まれて、どんなふうに発達して今にいたるのだろう？　地図のない時代には、人は<u>どうやって身の回りの空間を把握して暮らしていたのだろう？</u>

　こんな問いは、高校の地理の授業の中では出てこないかもしれない。けれども地理という教科をロジカルに理解してものにするためには、こんなスケールの大きな視点ももっておいた方がいい。だから、まずはそんな話から始めたいと思う。

(1) エチオピアの深い森の人々

　ぼくは大学院生の頃から、エチオピアの深い森の中に暮らしている「マジャン」という人びと（マジャンというのは民族集団の名前で、同時にひとりの「人間」を意味するマジャン語でもある）のフィールドワークを続けている。彼らは狩猟や採集や焼畑などの生業（その社会の人びとが生きていくために行う主な仕事）をおこなって生活しているんだけど、その生業のためのほとんど全ての資源を供給しているのは、彼らが住んでいる森という空間だ。ぼくは、彼らがその森という場所に関してどのような知識をもっていて、どのようにその知識を継承しているかについて研究をしているんだ。

　彼らの住む集落は森を伐り開いて作ったものだし、焼畑は集落のまわりの森でおこなわれる。狩猟や採集も森の動植物を対象にする生業だ。おまけに、様々な生活道具をつくるための材料も森の木々だ。つまり彼らにとって森は生活の全てなんだ。だから彼らは森という空間を熟知している。

森の中を何日もかけて、100キロ以上の距離を旅することも普通だ。

● **図1-1：マジャンの子どもたち**
父親について森に泊りがけの蜂蜜採集旅行にやってきたところ。

（2）マジャンはなぜ森で迷わないのか

　ぼくもそういう森の旅についていったことが何度もあるけど、驚かされるのは、見通しの悪い森の中を迷わずに目的地まで歩いていける彼らの**ナヴィゲーション**の能力だ。ちなみにぼくはうっかり森の中で彼らとはぐれてひとりぼっちになったりすると、途端に方向がわからなくなってしまう。森にはけもの道のような踏み跡しかないし、太陽の位置も樹木に視界をさえぎられて確認できないんで、西も東もわからなくなってしまうんだ。ぼくがもともと方向音痴なせいもあるんだけどね（「地理学者が方向音痴なんて」だって？　実は方向音痴の地理学者ってそれほど珍しくないんだよ……！）。

　なんで彼らは森の中を迷わずに歩けるんだろう？　これはぼくが研究で明らかにしたいと思い続けていて、まだ答えを見つけられていないことだ。あるマジャンの友人は、「ココに聞けばわかるんだ」といって自分の後頭部をポンポンたたいたりするんだけど、つまりは「長年のカンだよ！」っ

ていいたいのだろうか、サッパリわからない！

　けれども、断片的な彼らの話や行動からある程度のことは推測できる。それは、彼らが生まれつきぼくらにはない特別な能力をもっているわけではなくて、子どもの頃からゆっくりと時間をかけて学習して身につけたことらしい、ということなんだ。

　ぼくらの社会で言うと小学校に入る頃、つまり6〜7歳くらいの年齢になると、彼らはお父さんについて森に蜂蜜採りの手伝いに行くようになる。手伝いといっても、半分遊びに行くというか、採れたての蜂蜜をもらえたりするのが目当てなんだけどね。でもそうやって少しずつ遊びながら森に慣れ親しんで、森の中の様々なナヴィゲーションの目印（樹木とか、川の流れる方向とか、微妙な地形の違いとか）を頭に入れていくんだ。そうやって君たちくらいの年齢になる頃までには、ひとりで自由に森の中を歩き、旅することができるようになるわけなんだ。ぼくらが大学に入るまでに、何年間も学校に通って、時間をかけて勉強して、社会で生きていくために必要なことを学ぶのと同じことなんだよね。ぼくにはマジャンの森は「単なる森」にしか見えないけど、彼らの頭の中では森はもっとぎっしりといろんな意味のつまった濃密な空間なんだと思う。

（3）海で迷わない方法も

　森で暮らす人びとだけじゃない。太平洋やインド洋などの大洋に浮かぶ島々で暮らしてきた人びとの話をしよう。彼らは、過去数千年の間に、現在の台湾やフィリピン、インドネシアのあたりから、太平洋やインド洋を遠洋航海して、ほとんどの島を見つけ、そこに定住した（P106も参照）。

　彼らは海図をもっていたわけではないけど、かといって「イチかバチか」の漂流航海で海を渡っていたわけでもないんだ。例えばミクロネシアの人びとは、太陽だけでなく、オリオン座や南十字星など、たくさんの特徴的な星が東から昇り西に沈むことを学習によって熟知していた。そうした星の軌跡を「スターコンパス」として頭の中に入れて、航海中に自分の位置

取りをしていたんだよ。ほかにも、主な海流の流れはもちろん、微妙な海流のうねりの乱れなどによって島の存在を把握したりしていた。こうした島の周りの海流のうねりの変化などを、木の棒を組み合わせて地図にしたりもしていた。これらの地図は実際に航海にもって行くというよりは、海という空間を理解するための学習教材として使われていたらしい。

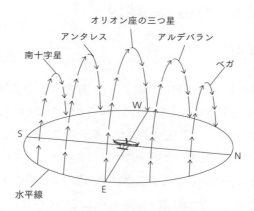

● **図1-2：ミクロネシアの人びとが航海で使った「スターコンパス」の知識**
出典：デイビッド・バリー（熊谷玲美訳）（2022）『動物たちのナビゲーションの謎を解く』インターシフト（118p）

　こういった例から何がわかるだろう？　一つには、実用品としての地図が作られるようになる以前から、人間は周りの自然を観察して、いろんなものを目印にして空間を把握し、頭の中に地図を描いていたということだね。頭の中にあった空間をなんらかの素材に書き写したものが地図だとすると、最古の地図とされているものは2万5千年ほど前、つまり人類がマンモスを狩ったり、野生のイモなどを掘ったりして生活をしていた旧石器時代に描かれたとされる地図だ。この地図は、マンモスの牙に住居や川の流れなどを記したもので、東欧のチェコで発見されている。

まとめ

▶▶ **人間は地図のない時代から空間に関するイメージを頭の中に作り続けてきた。**

2 文明とともに発展した地図

（1）紀元前の地図

　およそ1万年前に新石器時代が始まると、農耕や牧畜の開始にともなって人類が定住生活を始めるようになり、ユーラシア大陸の西と東には文明が現れた。東側の中心は現在の中国だ。紀元前7世紀には、中国の文献に地図の使用についての記述が現れている。黄河流域などの北方地域ではアワ・キビなどの雑穀を基盤とする農耕が、南方では稲作を中心とする農耕が開始されてから、すでに数千年が経過している頃だ。

　さらに、長江の南側の地域で見つかった紀元前2世紀のお墓の中からは、絹製の布に描かれた2枚の地図が出土している。これらは17万～19万分の1ほどの縮尺で、なんと長江から東南アジアの面する南シナ海に至る広い範囲の地勢が、きちんと決められた地図記号を用いて描かれたものなんだ。

　一方、西洋（西アジア）では、紀元前1000年紀前半の古代バビロニアで、粘土板に描かれた地図などが出土している。中国よりも時代は古いけど、出土した地図を比較すると地図製作技術は中国の方がずっと進んでいたようだ。中国と西アジアはいずれも、人類史上で最も早く穀物農耕が開始され、食料生産技術を基盤にした文明が起こった地域だ。後代の地図の発達も、こうした文明と結びついて発展したことがうかがえるわけだね。

（2）プトレマイオスの世界地図

　西洋文明で、近現代の地図につながるような科学的な方法で描かれた最

古の地図としては、古代ローマ時代の紀元2世紀、アレクサンドリア図書館の天文学者・地理学者**プトレマイオス**によって描かれた地図がある。いや実は正確には、今日ぼくらが見ることができるのは、ずっと後のルネッサンス時代の15世紀になってから、プトレマイオスが書き遺した文献を手がかりに復元された地図だ。古代ギリシャ・ローマ時代の科学的知識を集約して描かれたプトレマイオス図は、その後ローマ帝国の国教となったキリスト教の信者たちによって捨てられてしまい、科学の発展という意味では暗黒時代だった中世には忘れ去られていたんだね。宗教にとらわれず真理を追究できるようになったルネッサンス期になって、プトレマイオスの業績も再発見されたんだ。

● **図1-3：プトレマイオスの世界図**（2世紀に消失した地図を15世紀に復元したもの）
南半球でアフリカ大陸と東南アジアがつながり、インド洋は陸に囲まれた海となっており、その中にセイロン島（現在のスリランカ）が浮かぶ。主に北半球の半分ほど（経度180度）の地表面を円錐に投影して平面に広げた形の、円錐図法とよばれる投影法の地図である。

プトレマイオスの地図が後世にどうやって復元できたのかというと、彼

が文字で8000を超える**地名**、つまり場所についての情報を、**緯度・経度とともに書き残していた**からだ。これこそ元祖**地理情報**と言うべきものなんだよね（地理情報とは何か、については後で話すね）。**丸い地球の表面を、緯度・経度によって位置を定義し、平面に投影するというやり方はプトレマイオス図によって始まった**と言えるんだ。当時のローマ帝国ではアメリカ大陸の存在は認識されていなかったので、ユーラシアとアフリカ大陸と、それをとりまく海や島が描かれているんだけど、この図1-3からわかるように、南半球でアフリカ大陸とユーラシア大陸がつながっていて、インド洋が大陸に囲まれた海として描かれている。また、アジアが実際よりも東に長く延びている地図になっている。これは東西の2つの文明どちらも、北半球上に位置するユーラシア大陸を中心に発展したからだということもできるね。

（3）ルネッサンス期の地図

　南半球やユーラシア東部などに関するプトレマイオスの間違いは、15世紀以降のいわゆる大航海時代のヨーロッパでも、最初のうちは引き継がれていた。でも、プトレマイオスの地図が復活したルネッサンス期のヨーロッパでは、中世には忘れられていた古代ギリシャ・ローマの科学的精神がよみがえり、そこから未知の世界を目指して探検する大航海時代に入っていったんだ。ヨーロッパ人として初めてアメリカ大陸に到達したコロンブスは、プトレマイオスの地図を見て、大西洋を西へ進んでいけばインドや日本へ到達できると考えたわけだ。プトレマイオスの地図ではインドや中国、日本の位置は実際よりもずっと東側に延びていたので、西インド諸島に着いた時に、「インドに到達した！」と勘違いしたんだよね。

　大航海時代に蓄積された新しい地理に関する知識を取り込みつつ、16世紀にオランダ人のメルカトルが世界図を考案した。このメルカトルの地図は、当時まだ未探検のオーストラリアや南極なんかは正確じゃないんだけど、**地球という球体の表面に円筒（丸い筒）をかぶせて、丸い球面を筒を**

広げた平面に投影するという、画期的な方法で描かれたものだ。プトレマイオスの誤りが大幅に修正され、ユーラシアやアフリカも現実にかなり近くなっている。メルカトル図法については後でまた説明するけど、今日でも使われている地図の投影法なので、地理の授業ではおなじみだね。デジタル地図の時代になっても、例えばグーグルマップの世界地図、つまりグローバルスケールの地図ではメルカトル図法が使われていることからわかるように、とても使い勝手がよいので広く使われているんだ。

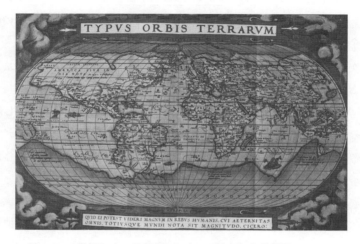

● **図1-4：16世紀にオルテリウスによって描かれた世界図**
メルカトルら同時代の地図学者の知識を参照して描かれたもの。15〜16世紀の探検によりアジアやアメリカ大陸などの正確さは増したが、オーストラリアや南極大陸はこの時代にはほとんど未知だった。

まとめ

▶▶ 緯度・経度を用いた地図の描画は古代ローマ時代のプトレマイオスに始まる。ヨーロッパでは中世の暗黒を経て、ルネッサンス以降にメルカトルの地図などにより近代地図が開花した。

3 緯度と経度はどこが違う？

さて、教科書に沿って地理総合を学ぶ際には、まずは地球の公転と季節の関係、緯度と経度などについて学ぶことになる。地理総合では世界の大地形とか気候区分などは後の方（生活文化と地理的環境）に出てくる配置になっていることもあるけど、ぼくはできれば最初のところで地形や気候の大枠について学んでしまった方がいいと思っている。これらの**地球という球体の基本的特徴**とか、**気候**（特に、緯度の違いと大陸の位置によって大気の循環が生まれること）・**地形**（特に、プレートテクトニクスの理解）**は、地理総合という科目のほとんど全ての項目のベースになる**からだ。

だから、是非**教科書や地図帳の該当ページ**、すなわちケッペンの気候区分図とか、大気の大循環や海流の循環に関連する図（気温・降水量・気圧・風向の季節ごとの分布など）、それからプレート境界を示す図などは、**繰り返し繰り返しみて、確認しながら学んでほしい**。学習のたびに繰り返し眺め、大気や海流の循環から気候分布を理解したり、プレートテクトニクスから変動帯と地形の分布を理解したりできれば、自然地理に関する問題はもうおそれる必要はほとんどない（ほとんど、というのは、小地形の読み取りに関する問題が残されているから……）。大事なのは、**暗記するんじゃなくて地図を見て論理で理解する**こと。

緯度と経度に関しては、緯度が圧倒的に重要になる。なぜなら**緯度の違いは気候の違いに直結している**から。大事なことはおいといて、まずは経度の話からしよう。

（1）経度と時差

誤解をおそれずにいってしまうと、経線というのは便宜的に一定間隔で南北方向に引かれた線だ。もちろん、経度を示さずに地理情報を示すことはできないから、そういう意味では不可欠なものではあるけれども。さしあたり、経度については時差を確認するときに必要なものと考えておこう。

本初子午線（経度0度線）はイギリスのグリニッジ天文台を基準に引かれていて、日本国内の時刻の基準である東経135度線は、この本初子午線から135度東にあって、日本の時刻は**イギリスよりも9時間進んでいる。**360度で地球を一周するから、単純に考えて、本初子午線から15度ずれるたびに1時間ずれていくわけだ。

　本初子午線の裏側、つまり180度線は太平洋上にあって、この付近に日付変更線が引かれている。「付近」というのは、180度線上にある国にとっては、東西で同じ国なのに別の日付で毎日が過ぎていったら不都合があるから、東西どちらかの日付にするっていうわけだ。同じ理由で、世界各地で時刻の基準を示す線（標準時子午線）は、任意の経線に完全に一致するわけじゃなくて、必要に応じて西や東にずらして引かれているね。ちなみに、日付変更線の東側（西経の範囲）では時刻は世界で最も遅くやってきて、西側（東経の範囲）は最も早い。つまり**日本よりも早く時刻が訪れる国はほとんどない**ってことになる。

　ぼくは今まで世界の数十カ国を訪れたことがあるけど、そのうち入国時に時計の針を先に進めたのは2カ国だけ。ニュージーランドとフィジーだ。あとは皆、時計の針を戻す国々だった。ぼくが何度も訪れているアフリカのエチオピアは、日本より6時間遅れて時刻がやってくる。つまり日本の正午の時刻は、エチオピアでは朝の6時。

　ところがエチオピアというのは固有の時間の区切り方があって、これが面白いんだ。エチオピア人は朝7時から一日の時間が始まる。つまり朝7時が1時で、そこから2時、3時……と数えて、夕方の6時が12時で、7時が今度は「夜の1時」となる。つまりぼくらの時刻と6時間ずれているんだよね。うっかりこのことを忘れて「じゃあ2時に会おう」なんて約束したりして、昼の2時に約束の場所に出かけたりすると会えなかったりする。なぜかと言うと相手はこちらの時刻で言う8時の待ち合わせのつもりだったんだ……こういうことがあるもんだから、ぼくはエチオピアに行くときは時計の針をそのままにしているんだ。

（2）緯度・気候・文化

❶狩猟・採集と「食べものを貯蔵する文化」

さて緯度の話をしよう。緯度が同じということは、太陽光の差し込む角度が同じ地域であることを示している。すなわち、**緯度が同じということは**（地形の影響を除いた）**互いに気候がよく似た地域だっていうことを示している**わけだよね。そうすると、文化、特に農業などは気候の影響を強く受けているので、同じ緯度帯ではよく似たものになりがちだ。

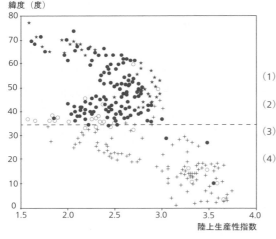

（1）＋：長期の貯蔵・備蓄がみられない狩猟採集民
（2）○：若干の長期備蓄がみられる狩猟採集民
（3）●：主要な食物を備蓄に頼る狩猟採集民
（4）★：大量に備蓄し、長期間備蓄の消費に頼る狩猟採集民

● **図1-5：狩猟採集民の住む緯度帯と「食べ物を備蓄するかしないか」**
佐藤廉也（2017）「狩猟採集と焼畑の生態学」池谷和信編『狩猟採集民からみた地球環境史』東京大学出版会（100p）を改変

生活文化については第Ⅱ部で学ぶことになるけど、一つだけこのことを理解するための例をあげておこう。図1-5は、世界に分布する狩猟採集民（農耕や牧畜をおこなわない人たちのことで、これらの民族集団のほとんどは、20世紀の終わりまでに消滅・変容してしまっている）について、狩猟や採集によって得た食料を備蓄（貯蔵）する文化をもっているかどうかの違いを、縦軸に緯度帯をとって示しているグラフ（散布図）だ。横軸は地域ごとの気温と降水量から、動植物がどれだけ豊かに存在するかを示す指標だ。

備蓄しない人びとの場合、狩猟や採集で獲った食べものは数日以内に消費される。これに対して備蓄する文化は、肉や魚を腐りにくいように塩漬けにしたり、干し肉・干し魚に加工したり、ドングリなどの特定の季節に獲れる採集物を大量にとって貯蔵し、冬の間に少しずつ食べたりする文化のことだ。

　この図で、低緯度帯と高緯度帯の差がものすごくはっきりしているので驚いたんじゃないかな。およそ35度線を境にして、備蓄する文化をもっているかどうかがはっきりと分かれているよね。高緯度帯では寒い冬があって、その季節には食料を獲れないことが多い。だから夏や秋に大量の食料を確保して加工し、厳しい冬場をしのぐことになるんだね。日本ではトチの実とかクルミなどの木の実を貯蔵する狩猟採集文化が縄文時代にあったけど、同じくらいの緯度帯のカリフォルニア州の先住民も、同じように木の実を貯蔵する文化をもっていたんだ。

❷日本における緯度の影響

　面白いことに、35度線は日本列島の真ん中あたりを通る線なんだよね。日本はそういう大きな文化境界の境目にあると言えるのかもしれない。縄文時代の研究でも、東と西では文化が大きく異なると指摘されているけど、それは気候の違いにもとづく面があるのは間違いないね。例えば、正月に食べる祝い魚というのがあるけど、東では鮭、西ではブリが優勢だ。これは両方とも塩漬けのものが使われていたんだけど、鮭が獲れる限界線の外側に西南日本が属するという自然環境の違いが東西文化の違いをつくり出したものだ。

❸農耕・牧畜と緯度

　狩猟採集だけじゃなくて、農耕や牧畜文化の広がりも、緯度帯や大陸の位置・分布と密接に関連している。カリフォルニア大学の地理学科に所属していたジャレド・ダイアモンドは、日本でもベストセラーになった『銃・病原菌・鉄』という著作のなかで、文明の歴史が大陸の形や位置・

分布と密接に関連するという奇抜なアイデアを披露して、世界中の読者を驚かせた。これは地理的な見方・考え方による発想の見本ともいえる例なんで、是非記憶しておいてほしい。

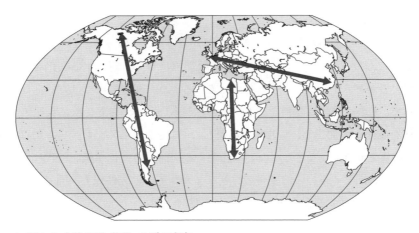

● 図1-6：大陸の形、位置、のびる方向

ジャレド・ダイアモンド（倉骨彰訳）（2000）『銃・病原菌・鉄（上）』草思社より。ユーラシア大陸は中緯度の温帯地域が東西に長くのびているのに対し、アメリカ大陸やアフリカ大陸では南北に長い。

　ダイアモンドが描いた図1-6からわかるように、西アジアで始まった麦類を栽培する農耕は、新石器時代に同じ中緯度帯を東西方向に急速に広がっていった。この理由は、同じ緯度帯には地中海性気候やステップ気候という、麦類の栽培に適した気候が広がっていて、**ユーラシア大陸が中緯度帯を中心に東西方向に長い形状をもっている**からだ。これに対してアフリカ大陸やアメリカ大陸の場合、南北方向にのびる大陸の形状のために、地中海沿岸部や中央アメリカを起源とする穀物農耕が、砂漠や熱帯雨林などにはばまれて拡散に時間がかかり、ユーラシアで農耕文化が拡散するよりもずっと長い時間がかかったというのが、彼の説明だ。

　つけ加えておくと、穀物農耕が地中海性気候の地域（地中海東岸部）で始まったのも偶然ではなく、自然環境の故だ。地中海性気候は暑くて乾燥した夏があるため、植物はこの季節に繁殖しづらい。だから夏は種子の状

態で休眠して、冬に芽を出して成長繁殖する、一年生草本と呼ばれる野草が多く分布している。野生の一年生草本はもともと決まった季節にいっせいに種子を作る性質をもっているので、栽培植物にしやすいんだ。しかも気温の低い冬に栽培するため、畑にはびこるライバル、すなわち雑草が少ないので畑を管理しやすい。そういう好適な環境の中でいわば必然的に穀物農耕が生まれたということだね。別に当時西アジアに住んでいた人たちが特別頭のいい人たちだったわけじゃなくて、**人間には与えられた環境を合理的に利用するための文化をつくりだす、普遍的な能力がある**ということなんだね。

まとめ

▶▶ 緯度は自然環境と密接な関係をもつ。ただしそれは、大陸と海の分布や地形の影響を受ける。一方経度は機械的な東西方向の区分で、本初子午線がグリニッジ天文台を基準としているのも「たまたま」にすぎない。

4 気候は論理で理解すべし!

さて、**第 I 部でもっとも大事な気候の話**をしよう。気候は農業をはじめとする人間の生活文化に密接にかかわるところで、要するに**気候は地理総合で学ぶ事項のほとんど全てにかかわりがある**のだ。そして、**気候はほぼ論理だけで理解できる**ところでもある。つまり、地図をみて、理由を考えながら楽しく学ぶことができる、地理の楽しさをもっとも満喫できる部分でもあるのだ。

地形や気候の分布を覚えるのが苦手で、地理を嫌いになる人も多いみたいだけど、ぼくは無理に覚えようとするから嫌いになるんだと思っている。地形や気候がどうしてこんなふうに分布しているのか? その成因を

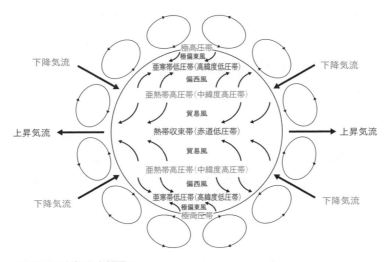

○ 図1-7：大気の大循環

理解しようとするだけで十分だ。自然地理では、数少ない原則的なことだけ頭に入れておけばいい。だまされたと思ってやってごらん、自然地理を学ぶのがとても楽しくなるよ。本節は、できれば地図帳の気候関連（大気と海流の循環、気温や降水量分布、ケッペンの気候区分図）のところを開いて確認しながら読んでほしい。

（1）気候の原理1：緯度と大気の循環

まずは気候の大原則といえる、大気の大循環だ。地球上の**大気の大循環も、基本的には緯度に規定されている**。それがひと目でわかるように、2つの図をならべてみよう。図1-7は緯度帯ごとに引き起こされる垂直方向の大循環を、図1-8は垂直方向の大気循環の結果引き起こされる、水平方向の海流を大まかに示したものだ。

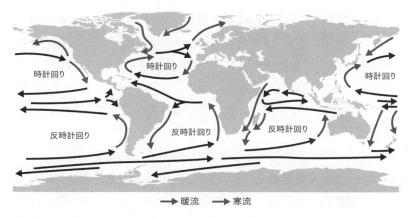

● 図1-8：主な海流と回転方向

❶全てのはじまりに赤道の上昇気流

まず図1-7の赤道付近をみよう。**地表に届く太陽熱が最も大きいのは赤道付近**だよね？　赤道付近では大気は暖められて膨張し、その結果上昇気流が起こる。上昇した大気に含まれる水蒸気は上空で冷やされ、雲となる。だから赤道付近は雨が降りやすく、気圧の低い、低圧帯（熱帯収束帯＝赤道低圧帯ともいう）になるんだ。**全てはここから始まる**のだ、と理解しよう。

さて、赤道付近で上昇した大気のかたまりは、そのはけ口を南北に求めて広がっていくことになる。たまったものは、どこかに流れていかないとパンクしちゃうもんね。その流れていった大気は、中緯度帯のあたりまで来ると温度が下がってきて、その結果縮んで重たくなる。そのため今度は下降気流となって地表付近に降りてくるわけだ。こうして20〜30度付近には**亜熱帯高圧帯（中緯度高圧帯）**と呼ばれる高気圧の気団が分布することになる。上昇気流が起これば雲ができて雨が降るけど、逆に下降気流だと、雨も降りにくいよね？　だから中緯度の陸域には砂漠ができやすくなるわけだ。

緯度帯別にみると、地球にはもう一つ、気圧の高い部分がある。それは北極・南極付近の**極高圧帯**と呼ばれるあたりだ。太陽熱を最も受けにくい位置にあるので、赤道低圧帯と真逆の理由で下降気流となり、高圧帯

となるわけだね。水平方向に注目すると、この高圧帯は、南北両側に向かって風が吹き出す帯域だ。空気は気圧の高いところから低いところに流れるからね。それで中緯度の海域にある高圧帯も大きな風の吹き出し口になるんだけど、地球の自転の影響によって「コリオリの力」という力が働き、**その結果北半球では時計回り、南半球では反時計回りに吹き出すんだ**（ここ重要!）。

その結果、中緯度高圧帯から吹き出す風は、低緯度側では北東から南西に向かって吹く**貿易風**となり、高緯度側には南西から北東に向かって吹き出す**偏西風**となるわけだ。日本に毎年やってくる台風が南西から北東に進んでくるのはこの偏西風の影響っていうわけだね。

中緯度高圧帯と極高圧帯という2つの高圧帯の間は、南北両側からの風がぶつかりあう部分となる。気温の異なる風がぶつかりあうために、前線ができやすく雨が降りやすい。そのためにこの帯域には、低温のわりに湿度が高いので、冷帯林などの森林が成立しやすいんだ。

❷海流と季節の影響

さて、今度は図1-8をみてみよう。いま説明した大気循環によって、大まかな海流の流れが決まる。やはりコリオリの力が働くことによって、中緯度高圧帯を中心に循環する海流は、北半球では時計回り、南半球では反時計回りになっているね？　これがおおまかに**大陸の東岸では暖流、西岸では寒流が流れている理由**で、このことが**大陸の東側と西側で気候の違いを生み出している**んだ。

さて、地図帳のケッペンの気候区分図をながめてみると、**主な砂漠が大陸の西側に分布している**のがわかるね？　サハラ砂漠、ナミブ砂漠、チリの砂漠、オーストラリアの砂漠など、みんな大陸の西側にあるよね？　（アラビア半島とかソマリアの砂漠だけは例外にみえるけど、これがなんでかは後で考えてみよう。）　これらの砂漠の海岸に流れている海流をみると、みんな寒流だね。これらの地域では**高緯度側から冷たい海水が流れてくるため、下降気流となって雨が降りにくい**からだ。

さて、ついでに、同じく大陸の西側をみて、**砂漠の高緯度側に地中海性**（Cs）**気候と西岸海洋性**（Cfb）**気候が分布している**理由についても考えてみよう。地中海性気候というのは、夏は砂漠気候みたいに雨がほとんど降らず、冬に雨が降る気候だ。夏に雨が降らないのは低緯度側に分布する砂漠気候の地域と同じ、つまり中緯度高圧帯の影響だけど、冬にはこの高圧帯が低緯度側に移動するため、雨の降りやすい帯域に入ってしまうんだ。なぜ高圧帯が移動するかっていうと、地球の自転軸が傾いているために、地表に届く太陽熱が最も大きいところが北に移動（6月）したり南に移動（12月）したりするから、つまりは季節があるから！　これが、地中海性気候の地域が冬にだけ雨が降りやすくなる、そして砂漠の高緯度側に位置している理由なわけだ。

そして地中海性気候のさらに高緯度側になると、偏西風の卓越する緯度帯になっている。偏西風は中緯度高圧帯から高緯度側に向かって吹く風だから、高緯度でも比較的暖かい気候となる。北西ヨーロッパが良い例だよね。偏西風は一年を通して吹いているんで、海岸部では年間を通して降雨のみられる西岸海洋性気候になるんだね。

一方、大陸の東岸部では、逆に暖流が流れるので、同じ緯度帯でも西岸部とは全く異なることになる。暖流、つまり低緯度側から暖かい空気が流れてくるわけだけど、暖かい空気は上昇気流が起こりやすいので、とりわけ暑い夏には雨が降りやすくなる。どの大陸をみても、**緯度30度くらいの東岸部には温暖湿潤**（Cfa）**気候が広がっている**だろう？　その理由はいま説明した通りなのだ。気候の分布って、本当にロジカルに説明できちゃうから面白いよね！

❸大陸の形に影響をうける大気と海流

以上のように、基本的には中緯度の大洋上にできる高圧部から吹き出す風（と、その風によってつくられる海流）によって、地球上の気候分布の大づかみなところは理解できるんだ。ちなみに、赤道上はおもに東から西へ風と海流（北・南赤道海流）が流れているけど、それは南北両側の高圧帯から時計

回り・反時計回りに風が吹き込むからだってわかるよね。北半球では北東から、南半球では南東から赤道に向かって吹く貿易風という恒常風（一年を通して吹く卓越風）というやつだ。ただし海流に関しては、これと真逆の赤道反流という流れもあって、南北両側に流れている。どうしてだろうね？

これは、西側に海水が集まってしまうために、水位が西側で極端に高くなってしまうためなんだ。だからたまった西側の海水の一部が、東側に向かって流れていくというわけだ。赤道反流は、東西の幅が広い太平洋でよく発達し、逆に幅が狭い大西洋ではあまり発達していない。正反対に流れる二つの海流があることを知っていれば、その流れに乗って遠洋航海もできるだろうね。遠洋航海して太平洋やインド洋の島々に広がっていった人たちって、きっとそういう知識を持っていたんだね！

北半球の高緯度側はユーラシア大陸や北米大陸という陸域が広がっていて風や海流がイメージしづらいところもあるかもしれないけど、基本的には同じように理解できる。大陸の形によって多少、流れが影響されるだけのことだ。例えば北西ヨーロッパは海岸部が南西から北東方向にのびているよね。これが偏西風の格好の通り道になって、暖流の北大西洋海流とノルウェー海流が北極圏まで流れている。これがヨーロッパに西岸海洋性気候が広く分布している理由だといえる。同じ緯度帯でも北米の西岸だと、逆に南東から北西に海岸がのびているため、暖流の流れが60度くらいで止まってしまい、西岸海洋性気候の分布は限定的になっちゃうんだね。気候と海流の分布と大陸の形をあわせてみながら、こんなふうにイメージをふくらませてみると楽しいよ！

（2）気候の原理２：大陸と海洋の関係

気候分布を理解する上でのもう一つの基本原理は、大陸の分布や大きさ・形の特徴と、大陸と海洋との位置関係だ。海洋に比べると大陸は熱しやすく冷めやすい性質をもっていることは、中学の理科で習ったはずだけどおぼえているかな？　だから、昼間は夜よりも、夏は冬よりも、大陸

は海洋に比べて気温が高くなり、その結果上昇気流が発生しやすくなる。夜や冬はその逆になるわけだね。海の近くに暮らしている人は、昼間には海風が吹いて、夕方の風が止まる「なぎ」の時間をすぎると夜には陸風に変わるってことを体で覚えているんじゃないかな。ちなみに陸のなかでも、山（高地）は低地に比べて熱しやすく冷めやすいので、同じような現象が起こるね。

　大陸と海洋の間にも、こういう関係があるんだ。だから夏と冬で卓越する風向きが逆になる、「季節風」というのが生じるんだ。

　大陸や海洋というスケールで理解するときに重要なポイントになるのは、大陸のスケールや位置（緯度）、そして形（東西方向とか南北方向への広がり方）だ。なかでも、**とりわけ大きなユーラシア大陸**が、北半球上にあって東西に大きく広がっていることによって、周囲に大きな影響を与えている。**日本の気候も、とてつもなくでっかいユーラシアが隣にあることで大きな影響をうけている**わけだ。

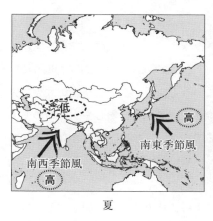
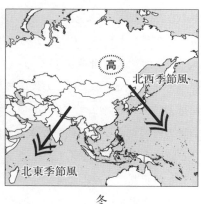

● **図1-9：「アジアモンスーン」の仕組み**

　さしあたり、図1-9のようなイメージで理解しておけばいい。夏には北回帰線付近でユーラシア中央部にあたる、チベット・ヒマラヤ付近が低圧帯の中心となり（「高地」だから熱しやすい！）、インド洋では南西から北東に向

かって季節風が吹く。このためインドの西岸では大量の雨が降る。太平洋には中緯度に小笠原気団とよばれる高圧部ができ、ここから風が吹き出すため、南東から北西に向かう風が吹く。これはアジアモンスーン地域である日本の夏に雨を降らせる風だ。

冬は逆に、ユーラシアの高緯度地域に巨大なシベリア高気圧ができて、ここから強烈な風が大陸の周辺部や海洋に向かって吹き出す。なんでユーラシアの真ん中でなく東寄りなのかっていうと、北西の海岸に近いところは偏西風の影響を受けて緯度のわりには暖かになるからだね。**冷帯（亜寒帯）冬季少雨（Dw）気候**ってのは、**世界でシベリア付近にしかない、気温と降水量の年較差がすごく大きな気候**なんだけど、こういう理由なんだ。こうして太平洋やインド洋に、夏とは逆向きの季節風が吹くわけだ。

ところで冷帯気候区って、北半球の北緯40度以北に広く分布しているけど、なぜか南半球にはないよね？　この理由も、大陸の分布をみればわかるはず！　南極大陸を除けば、南半球の南緯40度以南の陸地って、南米大陸の南端とかニュージーランドみたいな、南北に細長くわずかな面積があるだけだ。この部分は、温帯（西岸海洋性気候）や寒帯だ。**温帯と寒帯が、南半球ではストレートにつながっている**んだ！　これに対して北半球にはユーラシア大陸と北米大陸があって、どちらもこの高緯度帯は東西に広がっている。冷帯っていうのは単純にいうと、夏と冬の気温差が大きな気候帯（最暖月は10度以上で、最寒月は－3度未満）だ。これは、**熱しやすく冷めやすい陸の性質によって年較差が大きくなりやすい、ある程度大きな大陸がないと成立しない気候**なんだ。どう？　大陸の位置、分布、スケールでこんなことが説明できるんだよ！

とりあえずユーラシア大陸の特徴によって作り出される気候については以上のことをおさえておけばいいと思うけど、一つ補足しておこう。それは、インド洋沿岸の気候についてだ。北東アフリカ・東アフリカをみると、低緯度帯で、しかも大陸の東岸なのに砂漠があったりする。なんでだろう？　実はこれも、ユーラシア大陸がでっかすぎる「とばっちり」を受けたようなものなんだ。

夏にはインド洋海上で南西季節風が吹くため、東アフリカ沿岸部の大気もそっちに引っ張られてしまい、アフリカの大陸側には湿った空気があまりやってこない。しかも海流も同じ方向に流れていく結果、深層から冷たい海水がソマリア沿岸にわきあがってくる。これはつまり寒流が流れているのと同じような感じで、海水温が冷たいために上昇気流は生じにくい。冬には逆に北から南に風が吹くんだけど、おもな風はアラビア半島から乾いた風が吹くんで、雨にはなりにくい。要するに、ユーラシア大陸が存在するせいで、ソマリアとかケニア沿岸は乾燥しちゃってるってわけなんだ！

（3）北緯35度線の旅

　さっき狩猟採集民の例であげたように（P38）、北緯35度線は日本だとだいたい京都を通っている、つまり日本の真ん中へんを通る緯線なんだけど、世界で35度線を通るのがどのあたりなのかは確認しておくとよいかもしれないね。また地図帳を開いてみようか。日本から北緯35度線に沿って、西へ向かう世界一周の旅をしてみよう。ちなみに京都はケッペンの気候区分だと温暖湿潤（Cfa）気候だ。

　朝鮮半島の南端（Cfa気候）を通って、大陸をさらに西へ進むと中国では古都の西安（シーアン）がだいたい35度線上にあるね。ちなみに西安は黄土高原という半乾燥高原地帯の南端に位置していて、ケッペンの気候区分でいうと乾燥帯（ステップ気候）と温帯（温帯冬季少雨気候）の境界に位置している。

　さらに西へ進むとチベット高原を通って、アフガニスタンの首都カブールにいたる。ここからイランのカスピ海南岸を通って地中海まで、**ほぼ35度線に沿って地中海性気候の地域が細長い回廊のようにのびている**んだ。35度線は地中海のほぼ真ん中を通り、北アフリカ北端の地中海性気候の地域も通っている（スペインのイベリア半島は全てそれより北だ）。日本の真ん中（京都）は、大陸の反対側（西側）ではほぼ地中海性気候の地域に対応しているんだね！

　大西洋をわたって北米大陸で旅を続けよう。ノースカロライナ州の海岸

平野（ちなみにニューヨークやワシントンDCは北緯40度付近で、日本で言えば東北地方の北部だ）からアパラチア山脈を通って、グレートプレーンズの南部を通り、さらにニューメキシコ州のアルバカーキからコロラド高原を通って、西海岸のロサンゼルス（地中海性気候だね）の北側の太平洋岸にいたる。ユーラシアと同じように、東側はCfa気候、西側はCs気候になっていたね。南緯35度の旅は君たちに任せるよ。どうかよい旅を！

まとめ

▶▶ **大気の循環、気候の分布、海流の流れは全てつながっている。理屈で理解せよ！**

---

5 プレートテクトニクスでわかる大地形

（1）プレートテクトニクス理論

　もう気候の理解は完璧になったね。試験問題を解きたくてたまらないんじゃないかな。もうちょっと我慢して、その前に大地形についても学んでおこう。大地形も、まずはシンプルにとらえることが必要だ。地球表面の起伏は、**プレートテクトニクス理論**という、プレートの配置と動きによって理解することができる。図1-10と図1-11を、大陸移動の「歴史」とともに理解することが肝心だ。

　いまから2億年以上前には、地球上の大陸は、パンゲア大陸という一つの大陸だった。それがプレートの動きによって分裂して今の6つの大陸になったわけだ。パンゲア大陸というのは、100年ほど前にドイツのウェゲナーという学者が、南北アメリカ大陸の東岸とヨーロッパ・アフリカの西岸がまるでパズルのピースみたいにはまりそうなことに気づいたことがきっかけで生まれた大陸移動説という仮説なんだけど、地図をみることによ

る発見の典型的な事例だよね。

さて、図1-10と、図1-11を見比べて、なにか気づくことはないかな？

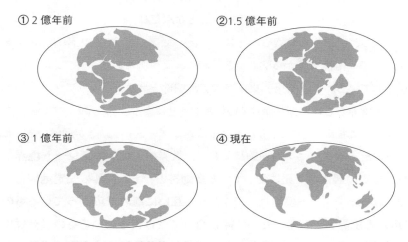

① 2億年前　　②1.5億年前

③ 1億年前　　④ 現在

● **図1-10：現在までの大陸移動**

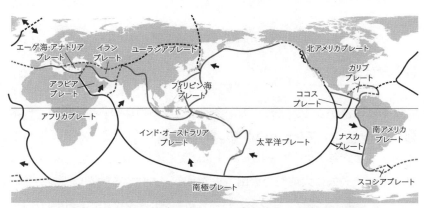

——広がる境界　——せばまる境界　----ずれる境界　----未確定の境界

● **図1-11：プレートとプレート境界**

大西洋やインド洋にあるプレート境界は「広がる境界」だね。これらはかつて一つの大陸上にあった亀裂で、大陸の裂け目にあたる場所だ。それが今でも少しずつ、互いに離れ離れになっているわけだ！

逆に、パンゲア大陸の外縁にあたる、南北アメリカ大陸の西岸や、ユーラシア大陸の東側には、「せばまる境界」や「ずれる境界」が分布する。パンゲア大陸の内側が今でも離れ離れになっている分、その外側は互いに衝突してくっつきあっているということなんだね。

　ただし、アフリカ大陸やオーストラリア大陸、インド亜大陸は、南アメリカ大陸や南極大陸から離れると同時に、反対側にあるユーラシア大陸に接近している。その結果、東南アジア島嶼部とオーストラリア・ニューギニアの境界から地中海にかけての地域に「せばまる境界」がのびている。こんなふうに考えていくと、なんとなく世界のプレートの動きが理解できるね。

　プレートテクトニクス理論によれば、世界の大地形は**プレート境界**部分で地表の起伏が活発に動いている**変動帯**と、それ以外の**安定地域**に分けられる。プレート境界は、だんだんと**互いに離れて広がっているもの（広がる境界）**と、逆に互いに**押し合ってせばまっているもの（せばまる境界）**、そして互いに**異なる方向にずれていっているもの（ずれる境界）**がある。地震とか火山活動が起こるのは、このせばまる境界やずれる境界だ（P292〜294）。

（2）せばまる境界

　日本は地震が多く、また火山が多く分布するのは知ってるよね。**日本列島がユーラシアプレートの東端に沿って位置**していて、太平洋沿岸付近でフィリピン海プレートと接して「せばまる境界」になっているからだ。日本以外で過去に大地震や火山噴火がニュースになる国をいくつか挙げてみてごらん。トルコ、イラン、パキスタンやヒマラヤ山脈、中国の西南部（四川省など）、フィリピンやインドネシア、ニュージーランドや中南米のチリなどは皆、この「**せばまる境界」に位置している**。

　これらの地域では、プレートの衝突によって地表が盛り上がったり、マグマが吹き出したりして山脈が形成されているんだ。世界の主なプレートと、特にこの「せばまる境界」の分布を、そうした地震国のイメージや山

脈の分布と重ね合わせながら、地図帳で確認しよう。これだけで、世界の
大地形について大まかなところは理解できたといってよいんだ。

（3）安定地域

　残りの安定地域については、長い時間をかけて侵食された、のっぺりと
した地形が多い。安定地域の中にはテーブルのように平たい地形があり、
卓状地とか楯状地と呼ばれている。地図をよくみると、**アパラチア山脈、
ウラル山脈、スカンジナビア山脈など、安定地域にも比較的大きな山脈が
ある**ね。なぜだろう？

　それらはひと言でいってしまうと、「ものすごく古い時代の造山活動で
できた山脈」だ。だいたい、1億年くらいを区切りにしておけばよいかな。
それより古い時代のことは、現在のプレート境界とは別の説明になると考
えておけばいい。考えてごらんよ、2億年より前には、今の大陸は一つの
パンゲアと呼ばれる大陸だったんだからね。

　パンゲア大陸があった頃には北米大陸の東岸とヨーロッパが接していて、
それがぶつかり合った結果できたのがアパラチア山脈だ。ちなみにスカン
ジナビア山脈はそれよりもう少し新しい時代にグリーンランドとぶつかっ
てできた。いずれも長い時間が経っているので、安定地域の山脈はヒマラ
ヤのような変動帯の新しい山脈に比べると、侵食が進んでなだらかな形を
しているんだね。

まとめ

▶▶　世界の大地形はプレートテクトニクス理論で理解せよ。変
　　動帯はせばまったり、離れたり、ずれたりしているプレート
　　境界。安定地域には侵食が進みなだらかな地形が多い
　　が、古い時代のプレート活動の痕跡を残す山脈もある。

6 地図はウソをつく!

　さて、世界の気候分布や大地形について、バッチリその論理をおさえたところで、地図の話に戻ろう。地球は、球に近い楕円体だ。しかもきちんとした楕円ではなく、表面はデコボコしている。地図とは、おおむねこの丸くてデコボコした地球の表面を二次元の平面に映し出したものだ。この「映し出す」ということを地理の用語では「投影」といって、投影する際の基準のとり方の違いを、**投影法**の違いという。

　最もよく知られている世界地図の投影法の一つに、**メルカトル図法**がある。これは赤道を基準に、**緯線と経線をそれぞれ南北方向と東西方向に直交させるように引いたもの**だ。地球儀にタテ方向に円筒形の紙をかぶせ、地軸から光をあてると紙筒にはメルカトル図法の地図が描かれる。ここで、円筒と球面は赤道上で接しているので、赤道では歪みはない。ところが赤道から南北に遠ざかるにしたがって、球面が誇張され、実際よりも面積が大きくなる。丸いものを四角に投影するために、このような歪みが生じざるを得ないわけだ。

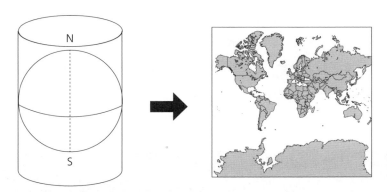

地球の地軸から光をあて、地球にかぶせた筒状の平面に投影する。

● **図1-12：正角円筒図法（メルカトル図法）の投影法**

　この例からよくわかるように、丸いものを平面に表すとき、何かを正確

にしようとすると、別の何かを犠牲にしなければならなくなる。このこと
を「**地図はウソをついている**」と表現する人もいる（P73～75も参照）。とい
っても、これは人を騙そうとしてウソをついているわけではないし、仕方
がないウソだね。ちなみに仕方がないウソだけでなく、地図を使って悪意
のあるウソをつくこともある。例えば真偽のほどはわからないけど、米ソ
冷戦の時代、西側諸国ではソ連の脅威を誇張して見せるために、メルカト
ル図法が用いられることが多かったと言われる。南極大陸なんかはもっと
極端で、メルカトル図法だとユーラシアよりも巨大な大陸として描かれて
しまうね。

　メルカトル図法は任意の2地点の方位角が直線で示される**正角円筒図
法**とも呼ばれるもので、海図や航海用の地図として用いられることが多か
ったんだけど、グーグルマップなど、ウェブ上で使われるデジタル地図な
どにも頻繁に用いられている。その理由は、緯線と経線を直交させて正方
形のメッシュをつくることができるので、デジタルデータの格納や整理
（P69）に便利だからだ。メルカトル図法の他には、面積が正しいモルワイ
デ図法などの**正積図法**とか、中心点からの距離と方位が正しく示せる**正
距方位図法**などがよく知られており、目的に応じて世界地図の表現とし
て用いられる。これらの地図は教科書にも必ず載っているので実際に図を
見て確認しておこう。

まとめ

▶▶ **地図は球面を平面に置き換えたものであるが故に、どこ
かに必ずウソがある！**

7 地形図に親しむには？

(1) 地形図と今昔マップ

　さて、小縮尺（世界地図など、実際より縮小率が大きなスケールのことだよ……小と大で間違えて覚えやすいので注意！）の世界図とは離れて、今度はもっと狭い地域を描いた地形図の話をしよう。日本では、国土交通省の**国土地理院**という機関で、**2万5千分の1の地形図**という紙の地図がずっと作られてきている。大正時代くらいまでに、ほぼ日本全土の地形図が完成していて、その後はたびたび改訂して、時期ごとに市街地の開発や土木工事などで改変されたものを反映してきた。現在では「地理院地図」というデジタルの地図が作成され、国土地理院のウェブサイトから公開されている。デジタルになって画面上で自由に拡大縮小できるようになったため、「2万5千分の1」ではなくなっている（紙の2万5千分の1地図も、まだ発行されてはいるけどね）。

　この地形図については、習うより慣れよ、実際の地形図をみて地図記号や地形の読み取りなどに少しずつ慣れていくのがよいだろう。おすすめしたいのは、自分のよく知っている、つまり今住んでいるところとか、学校のある場所とか、幼い頃に住んでいて慣れ親しんでいる地域なんかを選んで、古い地形図と現在の地形図で比較することだ。比較には、埼玉大学の故・谷謙二先生が整備した「**今昔マップ on the web**」という素晴らしいウェブサイトがあるので是非アクセスしてみて！

　今昔マップでは、日本国内の任意の場所で、ウェブブラウザ画面の左側に明治期から1990年代までの様々な時期に作成された過去の地形図（**旧版地形図**）が表示され、それに合わせて同範囲・同縮尺の地理院地図が右側に表示される。こうして画面上で新旧の地図を比較できるため「今昔マップ」と名づけられたんだね。ちなみに右側の地理院地図画面は空中写真に切り替え表示することもできる。こういうシステムは、地理院地図サイトと同様、インターネット画面上で利用できる「**WebGIS**」と呼ばれるものの一つだ。

（2）今昔マップで読み取る地形

　ところで、なぜぼくが「古い地形図と現在のものを見比べること」をすすめるのかを話しておこう。現在の日本でぼくらが住んでいるのは、おおかた「市街地」と呼ばれる都市部だ。市街地は、もともとあった古い地形が土木工事で削られたり埋め立てられたりして改変されたところがほとんどで、自然地形を地図から読み取ることがとても難しいんだ。

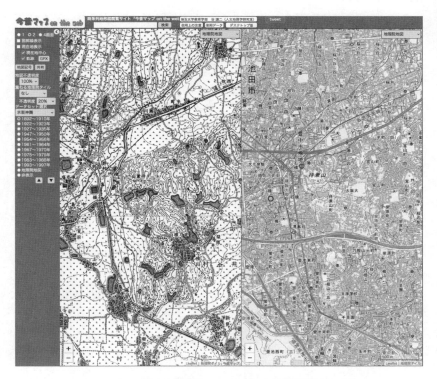

● 図1-13：今昔マップで大阪大学豊中キャンパス周辺の新旧地形図を見比べる

　市街地の拡大はとりわけ高度成長期の1960年代以降に急速に進んだ。大阪大学豊中キャンパスの範囲を例に挙げて、今昔マップ画面を見てみよう。図1-13の右側（地理院地図）をみてごらん。川やため池なんかが多少

は地形を読み取る手がかりになるかもしれない。でも市街地を示す道路や建物がびっしりで、これじゃ地形なんかわかりゃしないよね？

　それに対して左の地図は、1909年（明治42年）に測量され作成された旧版地形図だ。こちらの方は地形の様子がすごく見やすいだろう？　大阪大学は昔、「里山」だった丘陵を削って作られたことがわかるね。ちなみにこの丘陵で最も標高の高い待兼山という小さな山は、今でもキャンパスの敷地内に残っていて、ここでぼくはときどき、学生たちを連れて地形図を読む実習なんかをやったりしているんだ。

　もう少し旧版地形図の方をみよう。丘陵の周りは平野部で、田んぼだったところが多いけど、ところどころ果樹園とか桑畑なんかがあって、集落が点在している。平野の微地形（P179）を読み取るのは慣れないと難しいところがあるかもしれない（平野の場合、川の流れを手がかりにして読み取るように心がけると、だんだんわかるようになるよ）けど、逆に果樹園や畑、また集落の立地しやすいところは**自然堤防**（川の氾濫の際に土砂がたまってできた、わずかに周囲よりも標高の高い場所）などの微高地の場合が多いので、そんなふうに推理しながら読み取っていくのも楽しいよ。

　逆に田んぼ（この辺りはだいたい水はけの悪い湿田だね）の広がる場所の多くは、もともとは川が氾濫すると水没する**氾濫原**という地形だ。この湿田は今ではほとんど市街地になっているけど、こうした場所は大雨が降ると今でも洪水の被害に遭う可能性が高いし、また土壌水分が多いので、湿田をつぶした土地の上に建物が建つと、大きな地震が起こった時に倒壊したり、液状化の被害も受けやすい（誤解のないように言っておくけど、必ずそういう危険があるわけじゃない……しっかりと地盤を固めて建てれば大丈夫だからあまり心配しないで）。このあたりのことは第Ⅳ部でまた話すよ。

　氾濫原や自然堤防などのように、平野の小地形は水の流れを念頭におけば理解しやすいね。今昔マップで表示範囲を移動させながら旧版地形図を眺めていると、自然と小地形の読み取りは身についていくだろう。あとは山地・丘陵部の谷を通った水が平野に出て行く際に形成される「**扇状地**地形」も地理の試験問題では頻出だから、実際の旧版地形図を見なが

ら確認しておこう。山地と平野（沖積平野）の境目をさがしていくと、扇状地地形は簡単に見つかるよ。扇頂から扇央にかけての乏水地と扇端部の湧水地で、それぞれどんな土地利用がされていたかを見てみよう。

　平野の小地形に関しては、このように今昔マップで旧版地形図を眺めるのが一番だけど、微地形の読み取りが難しいと思ったら、地理院地図サイトで自分のよく知っている平野の地域を表示して、**地形分類図**を表示させてみよう。地理院地図の標準地図で「地図や写真を追加」をクリックして「治水地形分類図」を選択すれば表示できるよ。

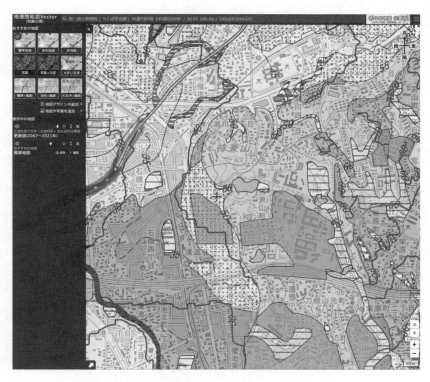

● **図1-14：地理院地図で地形分類図を表示してみる**

　図1-14に大阪大学豊中キャンパス周辺の例を掲載したよ。さっきの地理院地図の上に色分けされた地形分類が重ねられている。凡例を確認する

と、待兼山は「山地」で、その西側に自然堤防、さらに西に**段丘面**（河底の侵食と隆起が繰り返されてできた地形）と分類されている。川の周囲は氾濫原、自然堤防、**段丘崖**、段丘面などが分布している。今昔マップの旧版地形図と見比べて読み取っていくと楽しいよ。

（3）空中写真

地形図の話をしたついでに、地形図とは切っても切れない関係にある空中写真（航空写真とも呼ばれる……地理の授業では、国土地理院の用語法にならって空中写真と呼ぶ）についても知っておこう。なんでかというと、実は**地形図は空中写真から作られている**から！　つまり、地形図の元データは空中写真で、写真測量という方法によってつくられたものなんだ。

 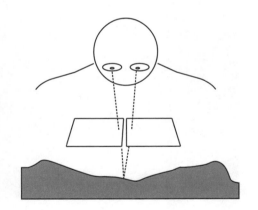

● **図1-15：空中写真の実体視**
左は2枚の組写真の例（実際に実体視ができる）。右は実体視の原理を説明したもの。

空中写真の「実体視」っていうのをしたことがある人がいるかな？　撮影されている場所を、空中写真を使って立体的にみる方法だ。同じ場所を写した2枚の空中写真（**組写真**という。実は、2枚の組写真は上空の「異なる場所」か

ら撮影されたものなんだ。これが実体視のミソだ）を、右の写真は右目、左の写真は左目で見て、それぞれぴったり重なるように視線を動かすと、あたかも実際に空から眺めているように、地形の細かい凹凸が見えるようになるんだ。そんな器用な目の動かし方はできないって？　そういう人のために実体視鏡という専用の眼鏡があるんだよ。とにかく、自分のよく知っている地域の実体視をやってみると感動するよ。

　昭和の初期の頃までは、地形図は地上で「三角測量」という測量法を行うことによってつくられていた。地図の測量をそんなふうに地上からやるのではなく、飛行機で空から大量の空中写真（それぞれが組写真となるように、少しずつ撮影範囲が重なり合うように撮影する）を撮って、それを使って「空中写真測量」によって地図を描くようになったのは1930年代からだ。ライト兄弟が初めて飛行機を使って空を飛んだのが1903年だと思うと、意外に早くからだと思わないかい？

　これはちょっと暗くなる話だけど、地図は戦争にとって必要不可欠な道具なので、第一次・第二次世界大戦の間に写真測量による地図作製技術が急速に進歩したんだ。東西冷戦の頃にも敵の陣営に偵察機を飛ばして空中写真を撮影したりもしていた。ところが飛行機だと撃ち落とされてしまうようになったから、1950年代からは衛星を打ち上げて宇宙から地表の情報を得る技術が発達していったんだよね。

　この、少しずつ重なり合う組写真から立体的な地形を復元する写真測量技術は、かつては大型の測量機器を使って手作業でおこなわれていたけど、1980年代にはデジタル化された写真を用いてコンピュータ上でおこなう「デジタル写真測量システム」が開発された。21世紀以降になるとこのデジタル技術は急速に普及して、ぼくらのような一般の人がパソコンを使って測量して、3Dの地図を作ることができるようになったんだ。例えばドローンを飛ばして大量の写真を撮って、バーチャルな立体地図を描いたりね。

● **図 1-16：大阪大学の地理学実習でおこなった神社の倒木調査による解析画像**

豊中キャンパスに近い春日神社の社寺林で、台風により60本以上の木が倒れた時の様子を、ドローンで空中から写真を撮り、3D画像を生成したもの。森の中央部で大規模な倒木があり、ぽっかり穴が開いた状態になっていることがわかる。

　地図や地理情報だけではない。例えば、ある3人組のグループ歌手が、舞台上で3人が6人になるようにみせたりするパフォーマンスをしているんだけど、実はこれと同じ技術を使ったものなんだ。つまり、あらゆる角度から歌手の画像を撮影して、それをコンピュータで解析したバーチャル映像なんだよ。現代の技術って、横断的に応用されて一見全く関係ないかのような分野で使われているんだね。

> **まとめ**
>
> ▶▶ **今昔マップを使って小地形の読み取りに親しもう！**

チャレンジ！　入試問題を解いてみよう

　次の図は、1月と7月に特徴的にみられる気圧帯の位置を模式的に示したものである。図から読み取れることがらやその背景について述べた文として下線部が**適当でないもの**を、下の①〜④のうちから一つ選べ。

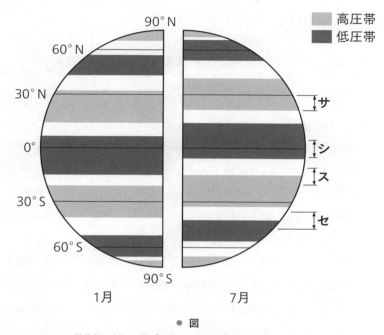

● 図

福井英一郎ほか編『日本・世界の気候図』などにより作成。

①**サ**の緯度帯では、下降気流の影響で、<u>年間を通じて雨が降りにくい。</u>

②**シ**の緯度帯では、上昇気流の影響で、<u>年間を通じて多量の雨が降りやすい。</u>

③**ス**の緯度帯では、<u>1月ごろに雨季のみられる気候が形成されやすい。</u>

④**セ**の緯度帯では、<u>7月ごろに高温で乾燥する気候が形成されやすい。</u>

（センター試験2020年度地理B・一部改変）

第2章

地理情報システム（GIS）ってなんだ？

1　地理情報という考え方

（1）日本の植生や土地利用は100年間でどう変わった？

　今から30年以上前のことだけど、日本全国の地形図を使って、日本列島のおよそ100年間の環境変化を明らかにしようという、日本の地理学者たちによる大きな研究プロジェクトがあった。5万分の1地形図にタテヨコに線を引いて1キロ四方の格子（メッシュ）をつくり、一つ一つのメッシュの中の代表的な植生や土地利用（例えば、広葉樹林、田、畑、荒地、市街地など）を読み取って分類していき、そうやって1キロ四方を単位とする日本全国の植生・土地利用マップを作ったんだ。

　当時はまだGISは普及していなかったので、基本的に手作業で地図を作成している。そして、最も古い日本の近代的な測量による地形図が入手できる明治時代から1980年代まで、いくつかの時期について地図を作成したんだ。この成果は、『アトラス　日本列島の環境変化』という地図集として出版されている。

　その地図集の中の目玉は、およそ100年の間に日本各地の植生や土地利用が、どのような状態からどのような状態へ変わったのかということを示したことだ。これを示すためには、同じ位置（緯度経度）にある各メッシュについて、100年前のものと現在のものを見比べて、変化のパターンを分類して凡例を作り、地図にすればよい。凡例というのは、例えば農地から市街地へ、農地から農地へ（変わらないということ）、広葉樹林から針葉樹林へといったようなものだ。

植生・土地利用	明治・大正期を100とした時の1980年代の割合
市街地・鉄道・道路	243
農地	103
森林	102
その他（荒れ地など）	45

西川治監修（1995）『アトラス　日本列島の環境変化』朝倉書店より

　このプロジェクトの結果、100年間で森林は減少せずむしろ増加していることや、農地は北海道で大きく増加し、それ以外の地域では減少したこと、農地から市街地への変化が顕著なこと、特に西南日本ではかつての荒れ地から森林への変化がみられることなど、地図を作成してはじめてわかる多くの発見があったんだ。

　荒れ地というのは、地図上に荒れ地を示す記号で表される土地利用ということなんだけど、具体的にどんな場所かっていうと、いわゆる里山として利用されていた土地が多い。里山では薪をとったり、一部に火を入れて田畑の肥料にするための草地を作ったりといった利用が多かったので地図上では荒れ地として表現されたんだね。里山はかつて日本の農村にくらす人びとの資源採取の場としてとても重要だったんだけど、主な燃料として石油を使うようになるエネルギー革命を経て、里山の資源が使われなくなり、代わりにスギやヒノキを植えて植林地にしたということなんだね。日本ではむしろ現代になるほど森林が増加してきたなんて、面白いと思わない？　しかも環境保全の結果というよりは、里山が使われなくなった結果だなんてね。

　このプロジェクトで行われた手法は、今日、GISを用いて行われることの典型的なものだといえる。違うところはただ一つ、現在では全てコンピュータ上で行われる作業を、手作業でやったっていうことだけだね。

(2) GIS とは

さて、GIS（地理情報システム）の「**地理情報**」（「地理空間情報」ともよばれる）とは、ごく簡単にいえば「**位置情報と結びつけられた全ての情報**」のことだ。先のプロジェクトの例でいえば、異なる場所に設けられた格子（メッシュ）一つ一つ（これを、セルという）が位置情報だ。そして、「植生・土地利用（森林や荒れ地など）」や「時期（どの時代の情報なのか）」が、「位置情報と結びつけられた情報」だ。

イメージとしては、君たちの目の前にあるいろんなもの（鉛筆とか消しゴムとか、電気スタンド、机、教科書、地図帳……）一つ一つに、それを収納する場所を書いた荷札（タグ）をつけたものを想像してごらん。机には「ぼくの部屋」というタグがついていたり、教科書や地図帳には「本棚の一段目」というタグがついていたり、鉛筆と消しゴムはともに「ぼくの筆入れ」だったりと、そんな感じだ。これも、位置情報と結びつけられた、一種の地理情報といってよいかもしれない。

GISにとっての「タグ」、すなわち位置情報の形はいろいろだ。緯度・経度もタグの一種だし、「埼玉県」みたいな広い範囲を含む場合も、タグ＝位置情報の一種だ。例えば、「埼玉県」のある時点の人口が「730万人」というのは、地理情報だ。

少しくどい説明になったかもしれないね。でも大もとの大事なところだから、まず地理情報というものの具体的なイメージを頭にしっかり定着させておこう。次の節では、GISで位置情報を表す形式に、ベクターデータとラスターデータという2つがあることを理解しよう。

まとめ

▶▶ 地理情報とは「位置情報に結びつけられたあらゆる情報」のことで、GIS（地理情報システム）とは、それをコンピュータで扱うものである。

2　GISの仕組み

（1）ベクターとラスター

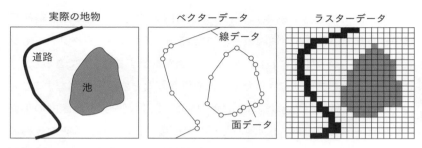

実際の地物　　　　　ベクターデータ　　　　ラスターデータ

道路

池

線データ

面データ

● 図2-1：ベクターとラスター

　ベクターデータは、点、線、面のいずれかで位置を表すものだ。例えばコンビニだとか学校、保育園などの分布をGISで示す場合にはしばしば点が用いられる。コンビニも学校も、建物があるわけだし実際には点ではないんだけど、建物や敷地の広がりという情報が必要ない場合には、点で示せば十分というわけだ。線は道路とか川など線状の地物の位置を表す場合に用いられる。これも点データと同じで、道路の道幅とか川幅なんかのデータが必要ない場合に、線で表される。面データは、例えば県境線で囲まれた範囲の埼玉県などのデータをイメージすればよいね。

　もう一つの**ラスターデータ**については、さっきの日本列島の植生や土地利用のメッシュマップをイメージすれば良いだろう。「メッシュマップ」の格子のように、同じ大きさの最小単位をタテヨコに並べ、その格子の中に情報を入力して関連づけるのがラスターデータだ。標高（例えば格子の中心点の標高値）とか人口（例えば格子内に居住する人口数）みたいな、広い範囲に分布して、等高線みたいな等値線で表すことができるようなデータがラスターデータで扱われることが多い。メッシュ人口やメッシュ標高とは少し性質が異なるけど、例えば特定の範囲の地表面を撮影した**デジタル空中写真とか、衛星画像なんかもラスターデータの一種**だよ。この場合は写真の画

素（ピクセル）を最小単位とするラスターデータということになる。

（2）重ね合わせとレイヤー

　さて、以上でGISの基本は終わりだ。GISの強みは、**全て位置情報で紐づけられている**こと。地図の基準さえ統一しておけば、ベクターでもラスターでも一つの地図に自由に重ね合わせて表示することができるし、同じ範囲に重なるデータどうしで足し算や引き算などの四則演算をすることができる。単純な例を挙げれば、地区内の人口数データを地区内の小売店数のデータで割れば、1店舗あたりの人口数がわかるね。適正な規模の出店がされているかどうかを判断する参考資料になるだろう。また四則演算でなくても、植生・土地利用変化の例で言えば、100年前の植生・土地利用と現在の植生・土地利用を比較して変化のパターンを地図化するのも、時期の異なるデータの重ね合わせの典型的な例だ。

　GISの活用法で大事なところは、この重ね合わせだ。メッシュ人口とかコンビニ分布みたいな、個別のデータを表示したものをそれぞれ「**レイヤー**」と呼ぶ。2つのレイヤーを重ね合わせて表示することによって、例えばコンビニの立地が人口分布とどのような対応関係にあるのかを確かめることができるね。こういういろんな分析は、パソコンとウェブに接続できる環境さえあれば、君たちだってすぐにできるよ。今昔マップと同じく谷謙二先生が開発した「MANDARA」とか、大勢の人たちがボランティアで開発した「QGIS」のような、誰でも使うことのできるフリーのGISソフトウェアをダウンロードして、簡単な統計データの表示から始めるみたいな感じで、とにかく使ってみたらいいよ。これらのGISは、ウェブでの解説も充実していて独学で学習できる。アイデア次第で、データの重ね合わせなどで皆があっと言うような面白い地図が描けるかもよ！

> ▶▶ GISにはベクターデータとラスターデータの2種類があり、個別のデータは一つのレイヤーで表示される。レイヤーの重ね合わせによって様々な地図の作成や演算が可能。

3　GISで何ができる？

（1）GISの役割①：情報の格納・管理

　GISの役割は、大きく分けて3つある。一つ目は、情報（地理情報）の格納・管理。デジタルのデータなので、紙地図のように場所をとらない。ありとあらゆる地理情報を、コンパクトに収納管理できる。そして紙地図とのもう一つの大きな違いはデータの改変や更新が簡単にできることだね。紙の地図だと、土地改変などの変化があった場合、地図を描き直して印刷するという手間があるので、そう頻繁には改訂できなかった。でもデジタルのデータなら部分修正は容易にできるので、地理院地図などは頻繁に情報更新がおこなわれているんだ。

（2）GISの役割②：地図化

　2つ目は、地図化＝「みえる化」。これは説明は要らないよね。これまでいろんな例で話してきたように、地図を用いていろんなものをみえる化することで、気づかなかったいろんなものごとのつながりが発見できる。いろんな情報の重ね合わせ、関連づけの試行錯誤が容易にできるようになったGISは、ぼくらに地図の有用さを改めてわからせてくれたんだ。

（3）GISの役割③：分析

　3つ目は分析。空間上の位置や分布をもとにいろんな分析をすることを空間分析と言うんだけど、紙地図を使った手作業だととても手間がかかる分析も、GISではコンピュータに計算させて一瞬でできるようになった。ベクター分析、ラスター分析に分けて、典型的なものを紹介するね。

❶バッファ分析

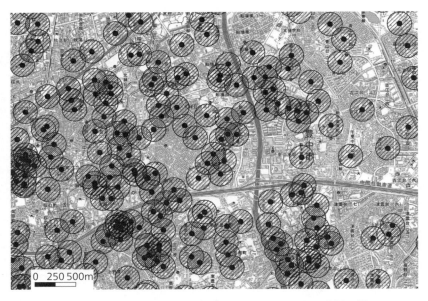

● **図2-2：大阪府における都市公園の分布データを用いたバッファ分析の例**
国土交通省のデータにより作成

　ベクターデータを用いた分析の最も典型的なものとして、バッファ分析を紹介しよう。これは、点や線データから一定の距離の範囲内にある領域を抽出するものだ。図2-2は大阪府北部の都市公園の分布を点データ（図中の黒い点）で示し、そこから150メートル以内の範囲をバッファとして抽出したものだ。地理院地図を背景に表示させている。円の外側の部分は、すぐ近くに公園がないエリアってことになる。歩いて2〜3分で行ける距

離って考えて150メートルにしてあるけど、100メートルとか、200メートルとか、いろいろ基準を変えて試してみることもできるだろう。

　歩いて行ける範囲に公園があると、そこに行って運動をしたりしやすいね。お金に余裕がある人ならスポーツクラブの会員になったりできるけど、そうでない人の場合、公園のような場所があるかどうかって、結構健康に影響を与える要因になるんだよね。実際に、こうした小さな環境の違いがその地域に住む人びとの健康の格差を生み出しているっていう研究もあるんだよ。こんなふうに、ある条件を満たす地域とそうでない地域をあぶり出す際に、バッファ分析は威力を発揮するんだ。

❷ボロノイ分割

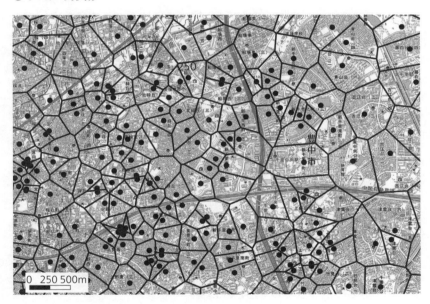

● **図2-3：ボロノイ分割の例**
国土交通省のデータにより作成

　図2-3はボロノイ分割を使った分析の例で、図2-2のバッファ分析と同じ大阪府北部の範囲で、点データは都市公園の位置を示している。ボロノイ分割というのは、すべての点とそれに隣り合う点の間に垂直二等分線

を引いて、その線の交点をつなげたものだ。これが何を意味するかっていうと、要するに分割線で囲まれた面は、その中にある点の「勢力範囲」のようなもの、つまり外側にある他のどの点よりも、その面の中にある点からの距離が近い範囲を表しているっていうことだね。例えば人口メッシュデータなどを重ねてそれぞれの面の中の人口を計算してやると、それぞれの都市公園にどれくらい潜在的な利用者がいるかが推定できるね。他にも例えば、ピザ店の点データを取って同じような分析をすれば、各店舗の潜在的な顧客数がわかって、出店戦略をたてるのに役立つかもね。

（4）GIS という革命

どうだい、GISって面白いだろう？　情報通信技術が急速に発達し始めた1980年代からGISも急速に普及し始め、**GIS革命**とよばれたんだけど、その前後で地理学者たちの研究の進め方も大きく変わった。もちろん、地理的なアイデアが大きく変わったわけじゃないけど、地図の描き方から分析技術など、いろいろな手続きや、作業の効率が劇的に向上したんだよね。

さらに、21世紀に入って、国や自治体などの公的な機関が整備した統計などのデータを、世界各国が積極的に公開するようになった。こういうデータは国の政策を決めるためにきわめて重要だから、近代国家では国勢調査などの統計を取ることが義務となっているんだけど、それを利用するのも税金を支払っている国民だから、公開すべきだという考えによっている。日本の総務省が整理公開しているeStatなんかは、GISの分析に適した地理情報データも豊富だから、君たちもアクセスしてみてどんなデータが利用できるのか知っておくといいよ。

まとめ

▶▶ GIS はレイヤーの重ね合わせによって空間的な演算が一瞬でできる。アイデア次第で面白い空間分析も可能だ！

4 地図やグラフ表現の注意点

(1) 適切な地図を選ぶ

　さて、さまざまなデータを扱って地図やグラフを作る際に、それぞれどんな表現法が適しているのかを考えてみよう。例えば主題図の表現法としては、階級区分図とか、ドットマップ、円積図、等値線図、流線図……と、さまざまなものがある。あまり厳密に考える必要もないけど、主題図やグラフをみるときにはデータと表現法のマッチングに注意してみるようにすると、だんだん自然に地図やグラフをみる目が肥えてくる。

　ここでは最低限、気をつけておくべきことを言っておきたい。それは、主題図では**絶対分布図**と**相対分布図**の違いに注意すること。前者は人口数のような数のデータ、後者は人口密度のような割合を表すものだ。例えば国土面積は国ごとに大きく違うよね。だから国の人口数を階級区分図で表すと、面積の大きな国の人口数が誇張されてしまう。間違いではないけど、この場合は10万人を1つのドットで表すドットマップだとか、人口を円の面積の大きさで表す円積図なんかの方がいい。一方、人口密度のような割合の値（相対値）であれば、階級区分図が適している。

　わざと不適切な図表現を選んで、見る人を欺こうとすることもある。図2-4は、アメリカ大統領選挙の州別の選挙結果を表したものだ。（a）をみると、共和党の圧勝にみえるね。でも実際にはニューヨークとかロサンゼルスのような大都市の分布する州では民主党の得票が多いから、総得票数の差は実はごくわずかだ。このように州別の勝敗で表してしまうと、実際とは違った印象を与えることになる。メルカトル図法のところ（P54）で話したのと同様、「地図がウソをつく」例の一つだ。

　絶対分布図の面白い表現法としては、（b）のような**カルトグラム**というものもある。これは州ごとに獲得された選挙人の数を州面積に比例させたものだ。これだと民主党、共和党がそれぞれどのくらいの票数を獲得できたかが直観的にわかるね。

（a）通常の州別地図。黒が民主党、白が共和党の勝利した州を表す

（b）州の面積を選挙人数に比例させたカルトグラム

● 図2-4：2016年アメリカ合衆国大統領選挙の結果を表す2つの図

出典：若林芳樹（2018）『地図の進化論』創元社（69p）

（2）メンタルマップ

　メンタルマップ（認知地図）についても紹介しておこう。メンタルマップは、人の頭の中にある地図のことだ。ぼくらの頭の中にある地図は、地理院地図とピッタリ重なるような客観的で正確なものとは限らない。むしろ、客観的なものとはずれている。例えば、自分がよく知っている親しみのある国は実際よりも大きく、よく知らない国は小さく感じたりする。また、メルカトル図法の高緯度の国みたいに、頻繁に大きさが誇張された地図を見ていると、それが頭にすり込まれてしまったりすることもある。

● 図2-5：米大統領レーガンの頭の中（?）

　図2-5はモスクワの現代史博物館に展示されている、冷戦時代のソ連で作られた仮想的な「アメリカ大統領のメンタルマップ」だ。もちろん、当時のレーガン大統領の頭の中を調べたわけじゃなくて、ソ連がアメリカの覇権主義への皮肉をこめて作った一種の風刺画だね。アメリカの利害にあまり関係ない（と考えられる）アフリカがとても小さく描かれていたり、中国の大陸部が「あいつらの中国」、台湾が「おれたちの中国」、日本列島が自動車の形にゆがめられて「日本株式会社」、アラビア半島は「おれたちの石油」となっていて、隣のイスラエルも大きく扱われていたり……とても皮肉が効いているよね。現在のロシアのメンタルマップというのを想像して作ってみても、面白いかも。

まとめ

▶▶　主題図はウソをつく。とりわけ、分布図を作る際の、「実数」と「割合」の違いに注意！

　GISを利用して統計地図を作成する際には、統計データの種類や性質によって適当な地図の表現方法を選択する必要がある。次の図は、ある県における人口を、異なる方法によって統計地図として表現したものである。人口を表現した統計地図として**適当でないもの**を、図中の①〜④のうちから一つ選べ。

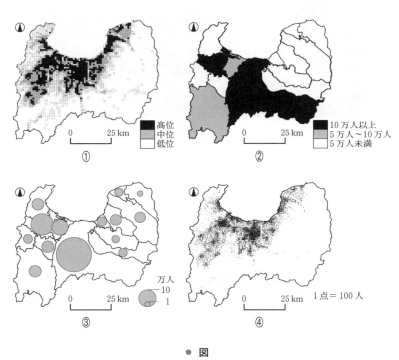

●　図

統計年次は2015年。国勢調査などにより作成。

（共通テスト2021年度地理A・一部改変）

縮小し続ける世界
──モノ・情報・人はどのように流れている?

1　時間と空間の圧縮

　ふたたび、エチオピア・マジャンの森の話をしよう。ぼくが2年ほどの間、マジャンの森の集落に居候していた頃、何度となく集落を離れて、マジャンの友人に案内をしてもらって2週間とか、3週間とかの旅をした。マジャンの全ての集落を訪ね、自分の目で見ておきたかったんだ。森は広い。夕方にはある集落に着いて、そこに泊めてもらい、次の日朝出発して、また夕方まで森の踏み跡をたどり、集落を訪ね歩く。

　だいたい大人の人は1時間に4キロくらい歩くことができる。1日10時間歩けば40キロ進むことができるわけだね。森の道はけもの道みたいな未整備の道で、川を渡ったりとか、険しい箇所もあったりするので、実際にはせいぜい30キロくらいだった。

　江戸時代、江戸から京都までおよそ500キロの道のりを、マジャンの森でのぼくのペースで歩くと16日ほどかかる計算だ。江戸時代、実際に東海道五十三次を歩いたドイツ人のシーボルトは17日かけたそうだから、なるほど健脚だった当時の人も似たようなペースなんだね。

　でも、今の時代には、そんなぶっ通しで何日も歩き続けることなんてそうそうないよね。東京から京都まで行くのに、今なら新幹線のぞみで2時間10分ほどだ。実をいうと、2000年代になるとマジャンの森の中にも政府が車の通れる道路を作ったので、今ではぼくも車でマジャンの村を訪ねることができるようになった。

　距離を道のりでなく、かかる時間で表示したものを「時間距離」と言うんだけど、歴史上、特に自動車や鉄道、そして航空機などが使われるようになった近代以降、世界中で時間距離は急速に縮まってきている。デヴ

ィッド・ハーヴェイというイギリスの地理学者は、これを「時間と空間の
圧縮」と表現したんだ。

まとめ

▶▶ **時間と空間は圧縮され続けている。**

2 輸送機関の特徴をおさえる

「時間と空間の圧縮」の過程で、さまざまな輸送機関が特徴的な役割を
果たしてきた。例えば船や鉄道は、速度では飛行機にかなわないけど比較
的安いコストで大量の貨物を運ぶことができるので、現代でもモノの輸送、
とりわけ貿易にとって不可欠な輸送機関となっているよね。地球温暖化で
北極海の氷が溶けて環境問題となっているけど、その代わりに船でモノを
運ぶことが可能となって、北極圏の航路が有望視されたりもしている。

　鉄道は最初の敷設コストが大きく、線路の上しか走れないので融通が利
きにくい。だからアフリカなどでは最初から鉄道よりも自動車道を整備し
て人やモノの輸送手段を確保する傾向にあるし、日本でも、だんだんと貨
物輸送にとって鉄道の果たす役割は縮小して、小まわりの利く自動車へ
とシフトしてきている。だけどアメリカ合衆国のように、国土が広くて大
都市が離れた位置に分散している国では、いまでも大量に物資を輸送する
場合に鉄道の果たす役割が大きい。このように、**輸送手段は陸地の広が
りや人口の分布に影響を受けて選択される**。

　大量のモノを運ぶことに比べて、人の移動にとってはとにかく速いこと
が大事だよね。誰しも、江戸時代のように歩いて江戸と京都を往復するよ
りも、できれば新幹線や飛行機でストレスなく移動したいと思うよね。ま
たモノだって、生鮮品のように速く運ぶことが大事な場合がある。モノの

性質によって異なるわけだ。

　さて、モノは一つの国の中で運ばれるだけではないね。国と国とのモノやサービスのやり取りが、貿易だ。世界の貿易の姿をとらえる際にも、地理学の第一法則（原理3；P20）、つまり「近接性」という視点が有効だ。**人もモノも、基本的には距離が近いほど、また階層的な結びつきの強さに応じて、運ばれる頻度や量が大きくなる**。そして、人やモノやサービスの行き来が大きくなるほど、そこにお金のやり取りが発生するようになる。つまり経済規模が大きくなる。人口大国ではGDPが大きくなるのはそういうことだ。

　また、GDPの大きな国に隣接している国も、人やモノのやり取りが大きくなるから、発展のチャンスが大きくなる。隣接していることによって輸送コストも小さいわけだから、**隣国と仲良くすることは経済発展に結びつく**わけだ。逆に、貧しい国に隣接する国も貧しいことが多い。こうやって豊かな地域と貧しい地域の格差が生まれて拡大していくんだ。格差をなくすことが今日、ぼくらの課題なんだけど、解決法を考えるにあたっては、まず格差が生まれるメカニズムについても理解しておかなければならないね。

> **まとめ**
>
> ▶▶ **自動車、鉄道、船舶、航空機、それぞれ異なる長所と短所をもつ。**

3　地理的条件が文明史を決めた

　ここ1万年ほどの間、文明は温帯地域を中心に発展した。これは、農耕・牧畜の開始と関連が深い。緯度のところで述べた、ジャレド・ダイアモンドの『銃・病原菌・鉄』の話（P40）を思い出してみよう。地中海東岸

で農耕と牧畜が始まり、これに類似した気候条件をもつヨーロッパや北西インドまで広がっていった。中国では黄河流域でアワやキビ、長江流域ではイネが栽培化され、東アジアにも文明が生まれた。一方、コムギは熱帯での気候に合わないし、イネも熱帯では集約的な水稲耕作ができる土地が限られていたので、大人口の社会が形成されにくかった。中国の農耕や家畜飼養の文化の一部は太平洋の島々にも運ばれたんだけど、多くの島では穀物は欠落して、代わりに熱帯に適した**タロイモ**（サトイモ）**やヤムイモ**（ヤマイモ）**などが太平洋の島に移住した人びとの主食になった**んだ。

　穀物は貯蔵に適しているし、一度に収穫して大量に貯蔵すると、それを管理する仕事が生じる。そうして管理のための算術とか、記録するための文字とか、穀物を基準にしてモノやサービスを交換するためのお金が、地中海や中国の文明から生まれた。いろんな発明品や知識・技術がそうして積み上げられていったわけだね。

　ともあれ、ユーラシア大陸に東西の文明の連なりができて、後の文明史もこの連なりの地域を中心に展開することになったんだ。ダイアモンドにいわせると、**たまたまユーラシア大陸が温帯を中心に東西に長くのびる位置・形状だった**から、ヨーロッパや中国の人びとが文明史の主役になれたっていうことなんだね。独自の農耕文明はメキシコ高原やアンデス高地やエチオピア高原など、低緯度だけど標高が高いために温帯に似た気候になる地域でも生まれた（第6章1を参照）けど、同じ気候の地域が周囲に広がっていなかったために、人やモノや情報の交流がユーラシアほど広がらなかったんだ。

まとめ

　▶▶　**緯度帯や標高は人間活動の広がりにも密接に関連する。
大陸の位置や形状が人類史に大きな影響を与えた。**

4 人口分布が決める経済

さて、以上から、隣接する国どうしが協力して経済的なやり取りを増やせば、「ウィンウィンの関係」を築くことができて経済発展が進むことがわかったね。これが地域貿易圏を各地で作る理由だ。関税をなくして自由に貿易できるようになるほど、モノのやり取りは増えてお互いに豊かになる。EUとかASEANとか、北米の「USMCA（米国・メキシコ・カナダ協定）」などは、みなこういうウィンウィンの関係を目指したものだ。他の地域、アフリカやラテンアメリカでも、まず関税障壁を低くしてできるだけ自由な貿易ができるような模索が続いている（ただし、しばしば自国の産業と利害が衝突することもあって、うまく進まないことも多いんだけどね）。

地域経済協定とか国際機構なんかは、一生懸命暗記する必要はぼくはないと思うんだけど、世界の経済規模が大まかにどういうふうに分布しているかはおさえておいた方がいいだろう。現在、地域ごとの経済規模をみた場合、アメリカ合衆国のある北米、中国と日本のある東アジア、そしてヨーロッパがビッグ3と言っていいだろう。GDPは北米、東アジア、ヨーロッパの順で、人口だと東アジア、ヨーロッパ、北米の順となる。**国ごとの細かい統計の数字なんかを覚えるよりも、こういうふうに大ざっぱな規模での相対的な比較を、頭の中でしておいた方がはるかに応用が利く**よ。繰り返しになるけど、試験の問題でも統計の順位を問うような暗記問題はだんだん出なくなってきてるし、それよりは大まかな規模の比較をもとに考える癖をつけることだね。

北米の場合は人口も経済規模もアメリカ合衆国が突出していて、逆にヨーロッパは人口規模の比較的小さな国の集まりだけど、裕福な人口が多いね。ここから例えば、地域内の貿易額や国際人口移動（どちらもヨーロッパ、東アジア、北米の順だ）でEUが特に大きな理由もわかるよね。北米は国内の人口移動が大きいし、国内での経済活動が活発だけど、それらは貿易額や国際人口移動の数字には表れないもんね。

これらの3地域は、互いの地域間の貿易額ももちろん大きい。その他の

地域に関しては、近接性の法則が原則となる。ラテンアメリカは北米との貿易額が大きいし、アフリカや西アジアはヨーロッパと、インドは西アジアの産油国と、東南アジアやオーストラリアは東アジアとの貿易額が大きい（ただし、アフリカの場合は中国の**一帯一路**という経済・貿易戦略の関係で、21世紀に入ってから中国との結びつきを急速に強めているので、そのことに少し注意する必要があるね）。

> **まとめ**
>
> ▶▶ **統計の読み取りには、国や地域の人口規模が有力な手がかりになる！**

5　観光流動も同じ考え方で理解できる

（1）観光の国際比較

貿易と関連が深い国際人口移動や観光の話にうつろう。これも原則は、近接性の法則と、大まかな人口・経済規模からだいたいの理解が可能だ。

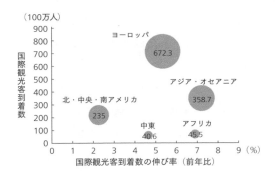

● **図3-1：国際観光客到着数とその伸び率**（2018年）
UNWTO のデータにより作成。

図3-1は2018年（コロナ禍が始まる前だね）の地域別国際観光客移動数を示している。前節で話したように、比較的裕福な人びとが多く、**面積の小さな国が集まるヨーロッパが圧倒的に国際移動量が大きい**のがわかるよね。

　実際のところ、世界の国際観光客移動の8割は、地域内の国への観光なんだ。ヨーロッパももちろん、イギリスとかフランスとかドイツとかイタリアとかスペインなどの国々が、互いに隣国を訪れてバカンスを過ごしているわけなんだね。これに対して、北米の場合、アメリカ合衆国内での人の移動は活発なんだけど、それはここでは数字に表れないのでヨーロッパやアジアよりずっと小さな値になっている。

　ぼくらは日本に住んでいるので、東アジア・東南アジアのことは感覚的にわかりやすいかもしれないね。まあ、コロナ禍で大きく変わってしまったんだけど、それ以前は日本を訪れる観光客は中国、台湾、韓国、東南アジアなどが圧倒的に多かった。近接性の法則だね。そして、台湾や韓国のように隣国だと旅行日程も短い短期滞在の旅行者が多く、逆にヨーロッパや北米など、遠くからやってくる旅行者は長く滞在する傾向がはっきりしている。欧米からだと往復旅費もかかるし、はるばるやってきて2〜3日で帰ってしまうのはもったいないもんね！

（2）日本人の海外旅行

　日本から海外に旅行に行く人はどうだろう。日本からの海外渡航者数と訪日外国人数の関係は、図3-2をみて時間軸に沿って把握しておくのがよいね。日本は戦後復興以来、1960年代の高度経済成長、1970年代のオイルショックを経て、1980年代にはバブル経済、そしてバブルが崩壊して1990年代以降は低成長が続いている。この間、日本人の旅行のあり方も変わってきたんだ。

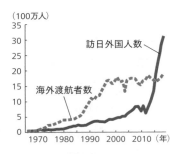

（100万人）

● 図3-2：日本人の海外渡航者数と訪日外国人数の推移
出典：日本政府観光局の資料に基づいて作成。

❶ 敗戦から高度経済成長期まで

　日本は戦争に負けてしばらくは貧しく、日本円の価値もドルに比べると
とても安かったし（当時は1ドル360円の固定レートだった）、何より日本人が自由
に海外に行けるようになったのは1964年のことだ。それまでは企業の海
外駐在とか、限られた海外留学制度とか、一部の恵まれた人だけが海外に
行けたんだ（その時代、小田実という若者が、フルブライト奨学生としてアメリカに渡り、そこ
から欧米やアジアの国々を「一日一ドル」で貧乏旅行した『何でも見てやろう』という旅行記の名
著があって、君たちにもおすすめしたい！）。

　それに海外渡航自由化の後しばらく、高度経済成長の頃はまだそんなに
海外旅行できるほどのお金持ちも少なかったし、当時の旅行といえば、都
心の近郊にある観光地に出かけて、旅館に泊まって家族で海水浴をした
りとか、会社の慰安旅行という団体旅行で、大きな温泉ホテルなんかにみ
んなで泊まって疲れを癒やすといった「**マスツーリズム**」と呼ばれる旅
行形態が普通の人びとの旅だった。

❷ 好景気の時代

　ところが1980年代になると日本中が好景気になって、ちょっとぜいた
くな暮らしをすることができるようになった。一方で円高ドル安が続き、
海外に相対的に安い値段で旅行したりできるようになって、日本人の多く
が自分の稼いだお金で海外旅行に行けるようになったんだ。大学生もせっ

せとアルバイトをしてお金を貯めて、バックパッカーとして海外で貧乏旅行するようになった。

　ちなみにぼくは1987年に大学に入学したんだけど、翌年に半年くらいかけてパキスタン、イラン、トルコやインド、タイなどを歩く旅をした。パキスタンのヒンズークシ山脈で未踏峰を登る登山隊に加わって渡航したんだけど、登山を終えた後に、そのまま帰国するのがもったいなくて、登山隊が解散して一人になった後も旅行を続けたんだ。高校時代から、大学に入ってからもその時になるまで山登りばっくりしていたんだけど、その時アジアを歩いたことがきっかけで、山よりも下界の方に興味をもつようになった。それで大学院に進んで、世界の人びとの文化を研究したいと思うようになったんだ。

● **図3-3：筆者もいろいろな場所を訪れた**
左：パキスタン・アフガニスタン国境のシャハーン・ドク峰 (6194m) ／右上：シャハーン・ドク峰に向かう
キャラバン　右下：放浪中に泊めていただいたイラン人の家族 (シラーズ)

❸ バブル崩壊後
　ちょっと脱線しちゃったけど、そんなふうに1980年代から90年代にか

けて日本人の海外渡航者数が急激に増えていったんだ。けれども90年代
後半くらいから経済が停滞して、渡航者数も伸び悩むようになった。2010
年代以降は円の価値も下がってきて、ますます海外旅行の敷居が高くな
っている。だけど大学では交換留学制度を利用して海外の大学で学ぶ大
学生が増えているから、君たちも是非、海外に目を向けてほしいね。その
ためにも地理をしっかり勉強してほしい。

(3) 外国人の日本旅行

　訪日外国人の数は、2010年頃から急激に増えているね。背景としては、
日本の隣国の中国や東南アジア諸国の経済発展がある。とりわけ中国は
21世紀に入ってから急速に発展している。こうした背景のもと、日本政
府は近隣国からの観光客誘致によって利益を得ようと「インバウンドツー
リズム」推進を重点目標にしたんだ。図3-2はそれをはっきり示している
わけだね。2020年のコロナ禍以降しばらくの停滞は、君たちもご承知の
通りだ。

まとめ

▶▶ 観光客流動も規模と近接性で理解できる。小さな先進
国が集まるヨーロッパは貿易量や国際観光客流動が大
きい！

6　情報通信の歴史的な流れ

（1）声から紙へ

　本章の最後に、情報通信の話も少ししておこう。文化（知識や技術）というのは、簡単に言うと人から人へ、世代から世代へ伝えられる情報だ（P94）。ぼくは森に住むマジャンの人びとがどのように文化を世代から世代へ継承しているのかを研究しているけど、基本的に子どもが仕事をする親の姿をみて覚えたり、口頭で教えられて学習するという形によっている。

　おそらく、文化情報の伝達という側面において、人類史上最初の大革命は**文字という記号を使って文化を蓄積・継承するようになった**ことだろう。地図を描くという作業も、この革命の延長線上にある。口頭で伝えることは生きているうちにしかできないけど、文字や絵に描いて遺したものは何千年、何万年の時を経て後代の人たちに情報を伝えることができる。当然、伝える情報の量についても制約が圧倒的に小さくなる。口頭で情報を伝える場合、例えば学校で先生が生徒に教える場合でもせいぜい40人くらいまでだね。ところが文字を使って紙に書いた教科書であれば、何万部も刷って生徒に渡せば伝える情報量も膨大になるよね。

（2）紙から電気へ

　文字や地図は紙や布に書いて、印刷などで大勢に配られる形だったけど、次の革命はいわば「紙から電気へ」だ。19世紀に信号で情報を伝える電信技術や、電話による音声の送信技術が登場し、19世紀半ばには大西洋を横断する**電信ケーブル**が敷設され、大陸間で電気通信が行われるようになった。19世紀は電信技術の大革命が起こった時代というわけだね。

　20世紀半ば以降は、この電気通信革命の延長線上に、様々な情報通信技術（ICT）の革新が行われた時期だと言える。20世紀半ばには通信衛星

を使った通話が、また1980年代には**海底光ファイバーケーブル**が登場し、高速かつ大量の情報通信が世界中で行えるようになった。この時期にはGIS革命（P72）が起こって、地図に関しても大きな技術の前進があった。1980年代以降のコンピュータの普及、さらに1990年代のインターネットの普及と同じ時期だ。

　1991年にぼくが大学で卒業論文を書いたとき、400字詰めの原稿用紙に手書きだった。それが修士論文ではパソコンのワープロソフトに変わり、地図もコンピュータで描くようになったんだ。その頃から電子メールや携帯電話が日常の通信手段として定着していった。1990年代は日常生活での情報通信にとって、とても大きな変わり目の時期だといってよいと思う。

　先進国では20世紀のうちに固定電話が生活に浸透したため、今でも固定電話は使われ続けているね。一方で、アフリカなどでは固定電話はオフィスやホテルなど限られた場所に設置されただけで、一般の家庭にまではあまり普及しなかった。電話を使うときは雑貨店（今でいうコンビニだ）に出かけていってお金を払って使わせてもらったり、電信電話局にいってかけたりしていたんだ。

　ところが、2000年代以降は固定電話を通り越して携帯電話の普及が始まった。ケニアなどアフリカのいくつかの国では、2010年代以降、プリペイド式の携帯電話を使ってお金を送金したり決済するシステムが始まって、都市に出稼ぎに来た人が家族に送金したり、ビジネスにも使われ出した。お金のやり取りにかかる手続きが大幅に簡素化されることになって、アフリカの経済成長を助けているんだ。

（3）情報格差（デジタルデバイド）

　もちろん、ICTの普及でいいことばかり進んでいるわけじゃない。アフリカでも農村に住んでいる人や貧困層はそういった通信技術を使うことができない場合が多いし、先進国でもコンピュータが普及する以前に人生の多くを過ごしてきた高齢世代には、うまく世の中の変化についていけない人も少なくない。これは**デジタルデバイド**と言われる現象で、経済的な格差だけでなく情報通信技術へのアクセスでも世界で格差が広がっている現状があるんだ。

> まとめ
>
> ▶▶ **ICT技術の革新によって情報空間はまたたく間に圧縮したが、一方でデジタルデバイドという格差も懸念されている。**

　近年、観光や商用などで外国を短期間訪問する国際旅行者が、世界的に増加している。表1は、2015年時点で外国からの旅行者の数が上位の国・地域について、外国人旅行者受け入れ数、自国人口100人あたりの外国人旅行者受け入れ数、人口1人あたり国民総所得（GNI）を示している。また、表2は、日本を訪れる旅行者が、2015年時点で上位の国・地域について、2005年と2015年の訪日旅行者数を示している。

※東大の解答用紙は1行あたり30文字。

(1)　表1の(ア)〜(ウ)は、下記の中のいずれかの国である。それぞれの国名を、(ア)
　　　─〇のように答えなさい。

　　　アメリカ合衆国　　　　スペイン　　　　ドイツ　　　　フランス　　　　ロシア

(2)　(ア)国と(ウ)国は、自国人口100人あたりの外国人旅行者受け入れ数が著しく多い。その両国に共通する理由として考えられる自然的および社会的条件を、あわせて2行以内で述べなさい。

(3)　表2からは、中国とタイからの訪日旅行者が、近年、とくに増加していることが読みとれる。中国とタイからの旅行者数が増加している共通の理由として考えられることを、下記の語句をすべて用いて、3行以内で述べなさい。語句は繰り返し用いてもよいが、使用した箇所には下線を引くこと。

　　　所得階層　　　　政策　　　　航空　　　　入国管理

● 表1

(2015年)

順位	国・地域	外国人旅行者 受け入れ数 (百万人)	自国人口100人あたり 外国人旅行者受け入れ数 (人)	人口1人あたり 国民総所得 (千ドル)
1	(ア)	84.5	131	37.1
2	(イ)	77.5	24	58.1
3	(ウ)	68.5	149	25.8
4	中国	56.9	4	8.0

国連資料による。
外国人旅行者の定義は国によって異なる。
中国には台湾・香港・マカオは含まれない。

● 表2

順位	国・地域	訪日旅行者数 (万人) 2015年(a)	訪日旅行者数 (万人) 2005年(b)	(a)／(b)
1	中国	499	65	7.6
2	韓国	400	175	2.3
3	台湾	368	127	2.9
4	香港	152	30	5.1
5	アメリカ合衆国	103	82	1.3
6	タイ	80	12	6.6
	世界計	1,974	673	2.9

日本政府観光局資料による。
中国には台湾・香港・マカオは含まれない。

(東京大学2019年度地理・一部改変)

文化の不思議を読み解く

生活文化の多様性と国際理解

文化の多様性は
どのように生まれるの？

1　文化とは──人間の営みのほとんど全て！

（1）文化って何なんだ？

　さて、第Ⅱ部のテーマは「生活文化の多様性」だ。ここでは「生活文化の地理的多様性はどのようにして生まれ、現在にいたっているのか」を学ぶ。「生活文化」は教科書で使われている言葉だけれど、実質的な意味は、これまでぼくが使ってきた「文化」という言葉の意味とほとんど違いはない。だから今まで通り文化という言葉を使って説明していこう。

　で、文化っていったいなんだ？　文化という言葉はぼくらが日常的に使うものだけど、あまり厳密な意味を意識しないことが多いように思う。例えば文化的生活、なんて言ったりするけど、この場合の文化ってなんだろう。ぼくが子どもの頃には、文化包丁とか文化住宅とか、いろんなものに文化という言葉がつけられたりしていたけど、正直なんのことかサッパリわからない。テキトーに使われている言葉だからこそ、学習するに際しては意味をしっかり考えておいた方がよさそうだ。

　学問の定義するところによると、文化というのは、人間が（遺伝のような）生まれつきもっているものではなくて、生まれた後に学習したり、人の真似をしたりして身につけた、全ての情報（知識・技術・信念・制度）だ。文化は多くの場合、**人から人へ、世代から世代へと伝えられ**、いつしか伝統と呼ばれたりする。ただし、伝えられ損なったり、忘れ去られたりして消滅してしまったりすることもある。例えば、縄文時代に当時の人びとが使っていた、窯を使わずに野焼きをして、縄目の文様をほどこした土器は、今の日本には残ってない（今あるものは、縄文時代の土器をつくる知識をなんらかの形で受け継

いだものではあるけどね）。地理で主に学習するものは、今日まで消滅せずに残っている世界各地のさまざまな文化、ということになるね。

　文化をこのようなものだと定義すれば、世界各地で使われている言語も文化の一つだし（生まれたばかりの赤ちゃんが、誰からも習わずにぺらぺら日本語や英語をしゃべった例なんか今まで一つもないもんね……お釈迦様は生まれたときに、七歩歩いて「天上天下、唯我独尊」とつぶやいたというけど、もちろん後世の人が考えたつくり話だ）、地域に特徴的な知識や技術、衣服とか住居、また芸術とか宗教、あるいは法治国家みたいな制度も前の世代から受け継がれてきた文化の一種だということになるね。つまり、**人間のもっているほとんど全ての知識や技術は文化**だということだ。工業などの産業も、ひとまとまりの知識・技術・制度によるものだから、文化の一種だ。どんな天才的な人間が生まれてきたとしても、たった一人で誰からも教わらずにこうした文化を身につけたり発見したりする人はいない。全て、先人たちから受け継いで、それをそのまま受け継いだり、改良したりして、次の世代に受け渡すんだ。

（2）文化の伝えられ方

　文化の伝達・継承のされかたを三つに分けて整理しておこう。

● 表4-1：文化の伝達・継承の３つの経路

伝達経路のタイプ	内容	特徴
垂直伝達	親（片親ないし両親）からの伝達	発信・受信側ともに一人ないし少人数であり、ひと世代の時間スケールであるため、変化はゆっくりして変わりにくい
斜め伝達	上の世代から下の世代への伝達（親子間以外）	学校教育やマスメディアなど、伝わる速度が早く、変わりやすい
水平伝達	同世代の他人どうしの伝達	変化のスピードは早く、一時的な流行など消滅可能性も大きい

アレックス・メスーディ（野中香方子訳）（2016）『文化進化論』NTT出版（94p）をもとに改変

❶ 親から子へ：垂直伝達

　まず、基本にあるのは親から子に文化が伝えられる経路（垂直伝達）だ。ちなみにこれは遺伝の伝わり方と同じ経路だね。現代では学校教育で学ぶ知識の量がとても大きくなっているので、君たちにはピンと来ないかもしれないけど、親から子への知識の伝達・継承は長い人間の歴史のなかで、最も重要な役割を果たしてきたといってよいものだ。

　例えば母語（マザー・トング）という言葉に表れているように、言語はまず親から子へと伝えられることによって習得される。狩猟採集民とか焼畑民なんかの生業技術、例えば狩猟や採集とか、料理の仕方なんかの多くは、父親や母親から学ぶ。「親から子への伝達」という経路の特徴は、**時間の幅がとても長くゆっくりとしていて、変化したり拡散したりするのに時間がかかる**ことだね。なぜかっていうと、子どもが生まれてから結婚して自分の子どもを産むまでの時間は、まあ大ざっぱにいって30年くらいだし、親は二人しかいないし、その親が産む子どもはせいぜい数人くらいだからね。言語は文化のなかでは比較的保守的で変わりにくいものと考えられているんだけど、それはこうした伝達経路の特徴のせいなんだ。

❷ 親以外の大人から子へ：斜め伝達

　次に、親や近親者以外の大人から子どもへ、年長者から若者へと伝えられる経路（斜め伝達）。これは君たちにはなじみがあるはずだ。学校がまさに斜め伝達によって文化を伝える場だし、今こうして本を読んでいる君たちは、間接的に斜め伝達によって学んでいるわけだしね。この経路の特徴は、垂直伝達に比べてバツグンに拡散スピードが速いことだね。学校では先生一人で大勢の生徒に同じ知識を伝えることができるし、教科書に書いて生徒に配れば全国の生徒に同じ知識を伝えることができるもんね。

　こう考えると、文字が発明されたことによって文化の拡散や変化、また蓄積のスピードが革命的に変わったことが理解できるだろう？　文字のない社会では、演説をしたりして知識を伝えようとしても一度に伝えることができるのはせいぜい数十人程度だからね。これに対して、教科書のよう

に、本にまとめて大量に印刷して配れば、これまでの知識のエッセンスを効率的に伝えることができる。

❸リアルタイム：水平伝達

3つ目は「水平伝達」で、これは斜め伝達よりもさらに速く拡散したり消滅したりする、**リアルタイムで生まれて広がっていく情報**だと言える。水平伝達というのは同世代間での伝達という意味だけど、重要なのは「リアルタイム」だということで、年齢や世代はあまり関係ないといってよい。例えば学術論文が発表されて学界に新しい知見が加えられることも水平伝達だといえるし、もっと身近な例だと、若者言葉が流行語として世間に広がったり、流行りもの全般についていえるかもしれない。流行り言葉なんかは、大半は一瞬で使われなくなって廃れてしまうけど、定着して正統な言葉だっていう地位を獲得したりするものもあるね（今の「正しい日本語」の多くは、かつての流行り言葉が定着したものだ）。そういうのは、文化が拡散して定着したり消滅したりすることの、イメージしやすい例だよね。

（3）文化の分布

さて、文化の継承パターンについて学ぶだけでは地理の勉強としては不十分だ。なぜかというと、地理の学習で大事なことは、そうして**継承されてきた世界の文化が、どうして今のような分布をしているのか**だからだ。地理的な見方・考え方には、位置や分布、地域、場所といったキーワードがあることを思えば当然だよね。だからここではさらに「文化の分布の形成に影響を与えるもの」を整理しておかなければならない。

具体的に、地理で学習するものとしては（1）自然環境の影響を受けて形成されるもの、（2）経済的な理由によって形成されるもの、（3）歴史＝時間の積み重ねの結果形成されるもの、の3つに要約できる。ただし、ある分布の形成要因が必ずどれかに当てはまるわけではなく、多くは3つの要素のミックスによって形成される。だけど農業の分布は（1）の側面が

強く、工業などは（2）の影響が強い、というふうに、その文化の性質によって異なっていることが多い。

　（1）については、第5章と第6章（気候・地形）のなかで詳しく解説するし、（2）については第7章（産業）で解説することになる。（3）については、今話したように文化の伝達・継承そのものだと言ってよいだろう。（3）はとりわけ、近接性（地理学の第一法則）の影響を受けやすい。その場にあるものは、もっと遠くにあるものに比べて伝達・継承されやすいし、広がりも近いところから広がりやすいからね。

（4）カタツムリの呼び方の分布

❶同心円分布

　少し抽象的な話になってきたんで、いくつか具体的な例から考えてみようか。図4-1を見てみよう。どちらも「カタツムリ」を指す方言の分布を表した図なんだけど、上の図はおよそ1910〜20年代頃に柳田國男という著名な民俗学者が調べた結果で、下の図は2010年頃に日本語学者がおこなった調査結果だ。つまり2つの図はおよそ100年間の変化を表している。

　まず、柳田國男の図では、本州の真ん中へんで主に「デンデンムシ」という呼称が使われていて、その地域を取り巻くように「マイマイ」が、さらにその外側に「カタツムリ」が分布しているように見える。そして東北地方の北部や九州南部などに「ツブリ」や「ナメクジ」のような方言が分布している。君たちは驚くだろうけど（ぼくですら、知識として知っているだけだ）、わずか100年前には日本のなかで「カタツムリ」を指すいろんな呼び方があったんだね。

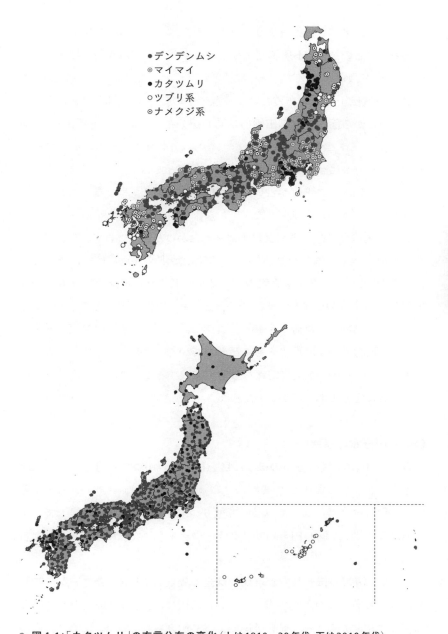

凡例
● デンデンムシ
◉ マイマイ
● カタツムリ
○ ツブリ系
◉ ナメクジ系

● **図4-1:「カタツムリ」の方言分布の変化**（上は1910〜20年代、下は2010年代）
柳田國男（1980）『蝸牛考』岩波書店（218-221p）および大西拓一郎編（2016）『新日本言語地図』朝倉書店（11p）に基づいて筆者作成

ところで、東北と九州という、遠く離れた端っこどうしで同じことばが使われているのって、不思議だよね？　こういう分布パターンは「同心円分布」と呼ばれているんだけど、言語とか文化だけではなくて、例えば「お酒に弱い遺伝子」の分布みたいに、遺伝子の分布でも同心円分布がみられたりするから面白い。柳田國男は同心円分布が形成される理由を、「新しい文化（ことばを含む）は中心地（この場合は長く日本の都だった京都を指す）で生まれ、時間が経つにつれて少しずつ周辺に広がっていく。その結果、中心地の近くでは新しいことばが古いことばに置き換わり、その周辺では古いことばが残る」からだと説明した。

　この学説は全ての学者に受け入れられたわけじゃないけど、地理的な分布の形成に関する核心をついている。実は、地理学が近代的学問として成立した19世紀に、ドイツを代表するフリードリッヒ・ラッツェルという地理学者も文化の広まり方を説明するとてもよく似た理論を提唱しているし、現代の先端的な理論とも共通性がある。ただし、柳田の想定するように、単に情報だけが時間とともに伝わっていくだけじゃなくて、人の移住によって、つまり人が文化情報をもって拡散することによって広まっていくことも想定しておくのがよいだろう。

❷同心円分布の崩壊

　さて、2010年代の分布のほうに目を移すと、かつての同心円分布は跡形もなくなってしまって（沖縄に「ツブリ」が残っているのが面白いけど）、ほとんど「デンデンムシ」か「カタツムリ」で塗りつぶされているね。どうしてわずか100年の間に、同心円分布が「グチャグチャ」になってしまったのだろう？

　これは、**情報の伝わり方が現代では全く異なってしまった**ことを示唆している。大半の人が農村で暮らしていた時代には、生きていく上で必要な知識は主に親から子へ、垂直伝達によって伝えられていた。伝わり方もゆっくりなら、それが変わっていくスピードもゆっくりで、狭い地域の中で進んでいく。ところが、近代になって皆が学校へ行って、国が決めた指導

要領にしたがって同じ内容の学習を、学校の先生から習うことになった。

「♪でんでんむしむし、かたつむり〜」この歌、知ってるよね？　文部省唱歌というやつだ。戦前は「尋常小学唱歌」とよばれ、全国の小学1年生がこの歌を学校で習ったんだ。つまり、学校に通う子どもたちはお父さんお母さんの使うことばの代わりに、歌を通して「デンデンムシ」や「カタツムリ」ということばを使うようになり、その結果わずか100年間のうちに、この二つのことばだけが全国で生き残ったというわけだ。全てのことばがこのように均質化されたわけじゃない。序章の「肉と言えば何を指すか」の例（P13）をみればわかるよね。カタツムリについては、文部省唱歌に採用されたことが大きかったんだね。

　カタツムリの方言分布図の読み取りからわかったことをまとめておこう。まず、分布は<u>長い時間の積み重ねの結果として形づくられる</u>ものであること。それはしばしば同心円分布のような特徴的な分布になる。その理由は、「位置と分布」について序章で紹介した**地理学の第一法則**、すなわち距離が近いほど関係が深いという法則があるからだ。そしてもう一つ、近代以降の世界では、それまでと比べて、人やモノの移動や情報の伝わり方が大きく変わったということだ。とりわけ、航空路線や海路、高速鉄道などで大都市間のような拠点地域が結ばれることにより、**近接性が単純な物理的な距離だけではなくなってきている**ということだ。

まとめ

▶▶　文化とは、人から人へと伝えられる情報のほとんど全てである。文化の拡散は距離の影響を受けるが、現代世界では単純な物理的距離以外の結びつきが拡散スピードに大きな影響をおよぼしている。

2 歴史の積み重ねとしての民族・言語

(1) 民族・人種・言語

❶「民族」のあいまいさ

　民族ってなんだろう？　世間では、民族集団が自明のまとまりのように語られることが多いけど、実は民族を正確に定義することはすごく難しいし、民族集団にきっちりと境界線を引いたりすることって、ほとんど不可能なんだ。

　日本人の定義であれば、「日本国籍をもっている人」のことだとすることは一応、可能だよね？　でも、もし日本人を「一つの民族」だと考えるとしたら、いろいろな難しい問題が起こってくる。

　アイヌの人たちが、日本のマジョリティと異なる日本のなかの少数民族だということは、法律でも認められている。じゃあ沖縄の人たちは？　沖縄の人たちには、自分たちのアイデンティティ（自分が日本人だとか、鹿児島県人だとかいったような、心のなかにある「帰属意識」のこと）が「大和」の人たちとは異なっていると考える人もいるし、言語学でも「琉球語」は日本語の方言というよりは、独立した一つの言語だと考える学者も結構いるんだよね。

　結局、民族に客観的な境界線みたいなものを引くのは無理なんじゃないだろうか、というわけだ。だからとりあえずは、民族というのは、当人たちが「一つの民族」だという「アイデンティティ＝われわれ意識」をもっている、そういう人びとのまとまり、というくらいにしか定義はできない。これはもちろん、ぼくらが自分たちを日本民族、大和民族だとなんとなく思っていることにも当てはまる。

❷「人種」のあいまいさ

　ついでにいっておくと、「人種」というのも、実は科学的に、客観的な基準で分けることはほとんど不可能だと考えられている。かつては肌の色やその他のみための違いで黒人、白人、黄色人種などと分類されて、それ

は生物学的に客観的な区分だと信じられていたんだけど、20世紀になって遺伝学が発達すると、かつて異なる人種として分類され、区別されていたものが、遺伝的にハッキリと区別することができないことがわかってきたんだ。ラテンアメリカなどでは、いまでも黒人や白人、混血（例えば、先住民と白人の混血を意味するメスティソという呼称がある）といった言葉が使われることはあるけど、これも本人のアイデンティティの表現という意味合いが強い。人種が客観的な区分だということが科学的に否定されるようになったことから、地理の教科書でも次第に人種ということばは使われなくなってきている。

❸「言語」のあいまいさ

民族についていえることは、言語にもいえる。日本語と琉球語の関係については既に話したけど、東京と大阪の言葉の違いだって、ぼくらは普段単なる方言の違いと考えているけど、異なる二つの言語とみなすことだって可能だ。要するに科学的、客観的な線引きは難しい、ということだね。ここでそんな厳密な議論をしても仕方がないから、この先は大ざっぱに、大方の言語学者が考える分類にしたがって話を進めるけど、民族や言語っていうのは突き詰めるととても曖昧なものだってことは頭に入れておくといいと思う。

❹民族と言語の関係

ところで民族と言語とは、互いにどういう関係をもっているのだろう？これも大ざっぱな話なんだけど、だいたい一つの民族とみなされている集団は、その集団固有の言語（母語）をもっている。同じ言語を共有する人たちの間では、自分たちは同じ集団なんだという共通のアイデンティティが形成されやすいからだ。ぼくらも日本語という母語を共有しているから、大阪人でも東京人でも名古屋人でも、皆同じ日本人なんだっていう感覚を共有できるんだね。

ぼくらにはおそらく生まれつき、同じことばを話す人を仲間だと考え、

異なることばを話す人びとには親しみを感じにくいような性質が備わっているらしい。そして、当然のことながら言語を同じくする人どうしでは同じ文化を共有しやすい。ことばが通じれば、いろんな情報が伝わりやすいもんね。だから同じ民族だと、いろいろ似たような習慣をもつようになるわけだ。

（2）語族・語派・諸語

　さて、言語・民族の分布の話にうつろう。教科書や地図帳に、世界の言語の分布が載っているよね。できればそのページを開いてみてほしい。言語分布図をみると、数千もある世界の言語を一つの地図に表すのは非常に難しいので、「**語族**」や「諸語」といったグループごとに色分けされている。語族というのは、**もともと同じ言語だったもの**が枝分かれして独立した言語になった、そういう言語を集めてグループ化したものだ。

　例えばインド＝ヨーロッパ語族のなかにある英語もヒンディー語も、もとをたどれば共通する一つの祖先語にさかのぼることができるというわけだ。要するに、語族というのは**互いに親戚関係にある言語**を集めたものだ。語族の下には語派というのがあって、これは語族のなかでも近い親戚、言わばきょうだいのようなグループだ。諸語というのは、語族のように祖先語を想定するにはまだちょっと証拠が足りない、というグループのことだけど、細かいことだからここではだいたい語族と同じようなグループだと考えておけばよいだろう。

（3）言語の拡散と分布

　そうすると、多くの場所で、特にユーラシアやアフリカ大陸では、同じ語族が空間的にまとまって分布している理由がわかるね。そう、これらは歴史的に、ある場所から時間とともに拡散していって、それぞれの場所で独立した言語に枝分かれしていったからだ。

この拡散は具体的に言うと、情報だけが伝わるというよりは、人の移動によるところが大きいと考えられる。先に話したように、言語は親から子へと伝えられる保守的な文化で、他人のものをそっくり自分の言語にすることは考えにくいからだ。いくつかの語族の拡散の歴史は、言語学者や考古学者、人類学者などが研究して明らかにしているんだけど、それによると面白いことに、1万数千年前に農耕・牧畜が始まったことをきっかけに、急速に拡散していったことがわかっているんだ。その拡散の歴史を想像しながら言語の分布図を眺めてみると、面白いよ！

❶西アジアからの拡散

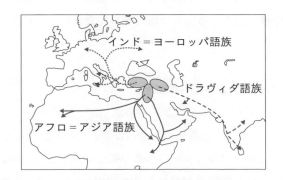

● **図4-2：西アジアからの3つの語族の拡散**

Cavalli-Sforza, L.L., Menozzi, P. and Piazza, A. 1994. *The history and geography of human genes.* Princeton: Princeton University Press などを参考に作成

　代表的な例は、図4-2のように、インド＝ヨーロッパ語族、アフロ＝アジア語族、ドラヴィダ語族という3つの語族が、西アジアの地中海東岸部から拡散したという歴史だ。地理の知識がある人は、ドラヴィダ語族がインド南部やスリランカに分布していることを知っているだろうから、疑問に思うかもしれないね。確かに、現在の分布ではそうなっているんだけど、ドラヴィダ語族は以前にはイランからインド亜大陸にかけて広く分布していたと考えられているんだ。その後の時代に、インド＝ヨーロッパ語族がこれらの地域に入ってきて、ドラヴィダ語族の集団は飲み込まれてしまっ

た可能性が高い。実は今でも、ドラヴィダ語系のことばを話す集団がわずかながらこれらの地域に残っているよ。

なぜ、これら三つの語族が西アジアで生まれ、放射状に拡散したのだろう？　実はこの三つの語族の拡散仮説というのは、考古学者、遺伝学者、人類学者が別々に研究を進めて、同じ結論に達した仮説なんだ。彼らの仮説によれば、最も大きな要因は地中海東岸部で麦類を主体とする穀物農耕が始まったことだった。それまでの人類は狩猟や採集で暮らしていたんだけど、穀物を生産して食料を確保する文化が成立したことで、人口が増加して、増加した人口がフロンティアを求めて拡散したということなんだね。これはヨーロッパを含むユーラシアの西半分からアフリカにかけての広大な地域の今日の文化に関わる話だ。**農耕・牧畜の開始が、現代世界の地理的多様性にとても大きな影響を与えた**ということを示唆する、面白い仮説だよね。

❷台湾からインド洋・太平洋への拡散

さらに広大でロマンティックな拡散の歴史が、太平洋からインド洋にかけてのオーストロネシア語族の分布からわかっている。彼らの場合はタロイモ（サトイモ）とかブタのような農作物・家畜もさることながら、卓越した航海術を武器にした拡散だ（第Ⅰ部でも出てきた「スターコンパス」（P30）を思い出してみよう）。

オーストロネシア語族の言語の研究から、現在残っているこの語族の言語で最もこの語族の祖先語に近い形を残していると考えられているのは、台湾の先住民が話している言語だ。おそらくこの地域が起点となり、まずフィリピンやインドネシアの島々に渡り、次にメラネシアの島々に拡散した（なお、インドネシア・マレーシアからは、逆方向、すなわちインド洋を渡ってアフリカのマダガスカル島へと移住した人たちもいる！　**マダガスカルで古くから米が主食となっている**のはこのためだ）。

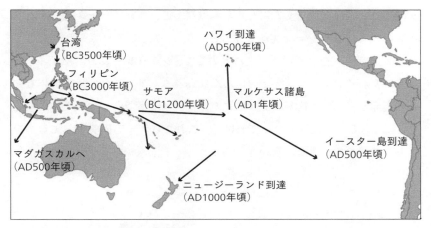

● 図4-3：オーストロネシア語族の拡散

ジャレド・ダイアモンド（倉骨彰訳）（2000）『銃・病原菌・鉄（下）』草思社をもとに作成

　目を見張るのは図4-3に示したメラネシアからポリネシアへの急速な拡散だ。おそらくはフィジーとかサモアあたりから、ハワイ、イースター島、ニュージーランドなど、広大なポリネシアの島々の隅々にまで移住したわけだ。「人類は素晴らしい！」というほかはない。

❸ 好運か航海技術か

　ちなみに太平洋の島々への拡散に関しては、二つの仮説があった。一つは、彼らは「イチかバチか」の漂流航海をして、運よく漂着して定着したっていうもの。もう一つは、彼らは高度な航海技術をもっていて、おそらく遠く離れた島々を往復航海することも可能だったろうっていうものだ。

　航海技術については、ノルウェー人のヘイエルダールという20世紀の考古学者・探検家が、第二次大戦後まもなく南米ペルーの港からポリネシア南部をめざして、コン・ティキ号という「いかだ」で航海実験をしたのが有名な話（航海記もあるし、映画にもなっていて、おすすめ！）。でも、いくら仮説を検証するためとはいえ、こんな命がけの実験をやってたら命がいくつあっても足りないよね！

　そこで、オーストラリアやイギリスの地理学者・人類学者の研究チーム

が、面白い航海実験をしたんだ。これはなんと、コンピュータ上で何万回も航海シミュレーション実験をするというものだ。彼らは太平洋周辺の細かな気象データをコンピュータに入力して、シミュレーションモデルを組み立てた。それで、太平洋上のいろんな島々や、アメリカ大陸の海岸などから出発して、漂流航海によってどのくらいの確率で別の島にたどり着くことができるかを確かめたってわけだ。これなら何十万回実験しても命を落とす危険はないよね。賢い！

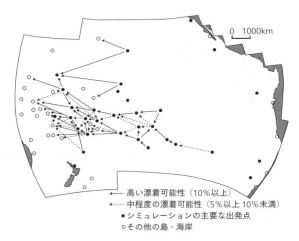

● 図4-4：漂流航海シミュレーション実験

Levison, M., Ward, R.G. and Webb, J.W. 1973. *The settlement of Polynesia: A computer simulation.* Minneapolis: The University of Minnesota Pressをもとに作成。実験の結果、ポリネシアの外側からポリネシア中央部に「運よく」達することはきわめて困難だとわかった。

　結果はどうだったと思う？　2つ目の仮説を支持するものだったんだ。例えば、ポリネシアの中心（サモアなどの南太平洋の島々）から出発して、ハワイやイースター島に漂流によってたどり着ける可能性はほとんどなく、またポリネシアの外側からポリネシアに到達することもほとんど不可能、という結果になった（実をいうと、コン・ティキ号も、ペルーから西に向かって、ペルー海流をいかだで越えることはできず、ペルー海軍の助けを借りている）。

　こうなると、やはりポリネシア人は卓越した遠洋航海技術をもっていた

と考えざるを得ないね。ちなみに中南米原産の作物のサツマイモなどが、コロンブスのアメリカ大陸到達以前に太平洋の島々で栽培されていたことがわかっているけど、これもおそらくポリネシア人がコロンブスよりもずっと早くアメリカ大陸に到達して、持ち帰ったものだとぼくは思う。

まとめ

▶▶ **民族・言語の分布のなかには、農耕・牧畜の開始以降の、人類の移動の歴史を反映するものがみられる。**

3　文明の広がりとともに世界に広がった宗教

(1) 宗教って何なんだ?

　宗教って何だろう?　この問いにはいろんな答えがある。それは宗教についていろんな考え方があるってことなんだけど、ここではとりあえず、心理学者や生物学者、人類学者などが過去にしてきた様々な研究や仮説のなかで、ぼくが個人的に納得し、支持している考えを話しておきたい。ぼくは、**宗教とは、超自然的な、霊的なものがこの世に存在すると信じる、人間に普遍的にある心理に由来するもの**だと考えている。

　なかにはキリスト教の聖書みたいな経典が存在する組織的なものだけを宗教とする定義もあるけど、ぼくのような考え方をとるなら、人間にとって宗教とは普遍的なものだということができる。神様とか幽霊が存在するとぼくが信じているわけじゃないよ。そういうものは人間が想像によってつくり出した妄想のようなものだと思っている。けれども、人間が神は妄想だと次第に考えるようになったのは、科学の発達や、科学の考え方が一般の人たちに広がった現代になってからの話だ。もともと人間には、霊的なものが実在するんだっていう妄想をしがちな心理的傾向が備わっている。

そしてそれはおそらく、人類が進化のプロセスで身につけた性質だと思っている。

　例えば、アマゾンの森の奥とかニューギニア高地には、つい最近まで文明世界と直接的に接触することなく暮らしてきた小さな民族がたくさん住んでいるんだけど、彼らも森のなかには精霊が住んでいると信じている。そしてその精霊たちは自分たちの行動を把握していて、守ってくれたりもするけど、時に悪さをしたりもするから、なだめたり、精霊を怒らせないようにしないといけない、という信仰をもっている。

　そして精霊をなだめるために皆で集まって、蜂蜜や甘いヤシの樹液から作った酒を飲んで気分を高揚させたりする。日本でも呑みニケーションとかが好きな大人（ぼくもその一人だ）は仲間意識を作るためには宴会が役に立つんだ、なんて言い訳をしては酒を呑んだりするけど、おそらく文明が始まる前の時代から、人類はそうやって仲間内での連帯意識を作り出して、共同の仕事とか、時には異民族と戦ったりしていたんだ。戦争に参加して自ら危険な行動をするなんて、仲間内での連帯意識がないと無理だよね。

　その際、信仰の共有、つまり同じ宗教を共有することが、連帯意識を作るために役に立ったはずだ。何より、神様がどこかで自分のやることをみている、という感覚をもっていると、人がみていないところでも悪いことをしてはいけない、みんなと協力して行動しなければいけない、と考えるようになるだろう。こういう感覚は、道徳心の根源だということもできる。

　以上が、宗教というものが世界中に広がっている理由だ。日本人は無宗教だっていわれることもあるけど、「神様っているんじゃないか」っていう感覚は多くの日本人ももっていて、その点では世界中の人たちと変わらないんだ。後で話すように、現代世界では日本も含めて、そういう信仰心は人間が心の中で作りだした錯覚なんだって思う人が、ぼく自身も含めてどんどん増えているけどね。

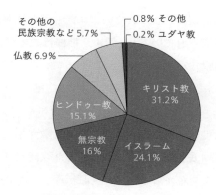

● 図4-5：世界の宗教人口割合（2015年）
出典：ピュー研究所

　さて、地理の授業では普通、今話したようなことにはあまり深入りはしない。地理で学習するのは、やはり世界の宗教分布をベースに、信者の数が多いいくつかの宗教だ。具体的に言うと、**キリスト教、イスラーム（イスラム教）、ヒンドゥー教、仏教**などだ。これらの宗教を信仰する人の数をあわせると、**世界人口の70％以上**になる。特にキリスト教とイスラームの信者だけで世界人口の半数を超えていて、両方とも信者数は増え続けているけど、分布パターンはこの二つの宗教では対照的だ。どういうことかっていうと、ムスリム（イスラム教徒）人口の分布はアジアに集中しているのに対して（アフリカと合わせると100％近くになる）、キリスト教徒の分布はアフリカ、ラテンアメリカ、ヨーロッパでほぼ人口数は等しく、これらの地域を合わせると60％くらいになる。北米やアジアにも少なくないから、ほぼ世界中に散らばっているってことになるね。

（2）西アジアで生まれた一神教

　キリスト教とイスラームが、ユダヤ教とともに**一神教**と呼ばれているのは知ってるかな。実はこの３つの宗教は語族みたいに、共通祖先をもつ親戚どうしということができる。実際、これらの宗教はいずれもアフロ＝アジア語族（アフリカ・アジア語族）という語族の話者によって始められ、拡散し

たんだ。だから旧約聖書とよばれているユダヤ教の経典は、キリスト教や
イスラームにも共有されているし、何より神様はこの世にたった一つの存
在だという「一神教」の考え方を共通にもっている。農耕・牧畜と同じよ
うに、この3つの宗教は全て西アジアで生まれ、西アジアから世界に広ま
っていったんだ。

　ユダヤ教がなぜ他の2つの宗教みたいに信者数が増えなかったのかとい
うと、ユダヤ教が「**民族宗教**」、つまりユダヤ教徒だけの宗教だからとい
うことになる。つまり親から子への「垂直伝達」だけで広る宗教ってこ
とだよね。キリスト教やイスラームはそんな制約はないし、信仰があれば
誰でも信者になれるから、仏教とともに「**世界宗教**」とよばれる普遍的な
宗教になったんだね。

　キリスト教やイスラームが世界中に信者が広まっていったもう一つの理
由は、共通の文明世界があって、それを土台にして広がっていったという
こと。具体的にいうと、キリスト教はローマ帝国の中で広がっていったし、
イスラームはかつて西アジアから北アフリカにかけて領土を拡大したイス
ラーム帝国のなかで広がっていった。その後、キリスト教はヨーロッパ人
のアメリカ大陸への移住や、サハラ以南アフリカの植民地化によって、一
方イスラームは中央アジアや南・東南アジアへの交易ネットワークの拡張
を通じてさらに広がっていったのだけど、土台は2つの帝国による共通の
文明圏ができたことだったんだ。宗教もまた、言語や民族と同じように
「歴史の積み重ね」によって広がった文化の一つなんだね。ヒンドゥー教
と仏教の違いについても、理屈は同じ。ヒンドゥー教はユダヤ教と同じく
民族宗教なので、空間的な拡大は限られていたわけだ。

　西アジアや地中海周辺世界は、3つの一神教が生まれただけでなく、3
つの宗教が興亡を繰り広げ、複雑な歴史をもっているから、その影響で
空間的にも複雑な側面をもっている。例えば、西アジアというとイスラー
ム一色のイメージだけど、実際にはユダヤ教とイスラームが対立している
イスラエル・パレスチナはもちろん、周辺のレバノンとかシリアのような
国にも、キリスト教徒が少なくないし、しかもそれぞれ歴史をもった古い

コミュニティを形成していたりする。

　また、イランのように、同じイスラームでも周辺国とは異なるシーア派という宗派の国もある。イランはインド＝ヨーロッパ語族のペルシャ語を話す国だから、いわゆる「アラブ」（アラビア語を母語とするムスリム）ではないしね。こうした西アジアのなかの多様性について、地図を眺めながら調べてみるのも楽しいよ。

（3）変わりゆく宗教

❶分布の変化

　宗教について最後に心に留めておいてほしいのは、宗教人口割合とか宗教分布は固定されたものではなくて、現代ではどんどん変化していっているということだ。食生活の変化なんかは教科書にもきちんと書かれていて、君たちもしっかり学ぶと思うけど、宗教でも同じ現象が進んでいることは知っておいてほしい。正直いっちゃうと、教科書や地図帳に載っている宗教分布図はもう古くて、地域によっては不正確なものになっていたりする。

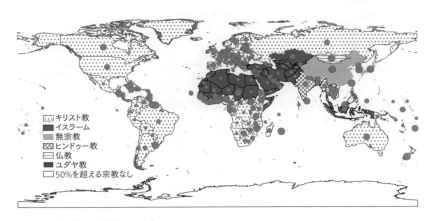

●　図4-6：世界の宗教人口分布

出典：ピュー研究所

凡例は一つの国の中で信徒が50％以上を占める「マジョリティの宗教」を示している。さらに、マイノリティ宗教人口割合を円の大きさ（40％台〜10％未満）で表した。

例えば図4-6からわかるように、サハラ以南アフリカの多くの国では今日ではキリスト教徒が半数を占め、全体としてキリスト教徒がマジョリティになっているんだけど、教科書にはいまだに、サハラ以南アフリカの大半は「その他」とか、「伝統宗教」とかに分類されている古くさい地図を載せているものもある。アフリカのキリスト教は、アフリカの国々が第二次世界大戦後に独立して以降、欧米のミッションなどの布教活動によって増えたものが多いんだけど、それが地図にはまだ反映されていないんだね。

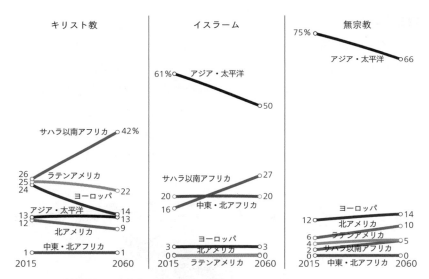

● **図4-7：地域別にみた宗教人口の変化予測**（2015〜2060年）
出典：ピュー研究所

宗教って、国勢調査なんかでも普通は調査項目に入ってないし、実数とか細かい分布とかを把握するデータが得にくいってことも大きいんだけどね。アメリカ合衆国の調査会社などが世界の宗教人口や、その将来予測なんかを熱心に調べているけど、それによると、図4-7からわかるように、**将来的にキリスト教徒の分布の中心はアフリカになる**ということだ。ムスリムも、西アジア・北アフリカよりもサハラ以南アフリカの人口が大きくなる。これは、今後しばらくの間、アフリカが最も人口が増加する地域だからだよね。さらに、**ムスリムの分布の中心はインドネシアではなく、インドになる**と予測されていたりもする。これも、インドネシアは少子化が始まっているのに対して、インドはまだ当面の間は人口が増加するためだ。

❷世俗化：無宗教の増加

　そうした宗教の変化に関する調査でもう一つ目をひくのは、世界で特定の宗教を信じていない人や無神論者をあわせると、約17%にも達するということだ。ぼくは、無宗教・無神論者はこれからもどんどん増え続けるだろうし、それが世界のトレンドだと思っている。それは、近代以降、科学的な知識が世界に広がっていったことによるものだ。欧米や日本でも無神論的な考え方をする人はものすごく増えているし、アジアでも中国とかベトナムのような社会主義の国では自分は無宗教だと答える人がとても多くなっている。こういうトレンドは、宗教的な伝統から社会が脱していく「世俗化」と呼ばれている。

中東・北アフリカ 0.2
ヨーロッパ　ラテンアメリカ

| アジア・太平洋 75% | | 12 | 4 | 6 | 3 |

北アメリカ
サハラ以南アフリカ

● **図4-8：宗教に帰属意識をもたない人びとの地域別割合**
出典：ピュー研究所

　現在、特定の宗教に帰属意識をもたない人びとの数が最も多いのはアジアだ。日本もそうだし、中国やベトナムのような社会主義国家も、かつて

は仏教や道教が信仰されていたけど、現在では宗教に帰属意識をもたない人びとの割合が多い。そのほか、ヨーロッパの例えばイギリスなんかも、科学的知識、とりわけ生物進化についての科学的知見が一般の人びとに理解されるにつれ、無宗教や無神論の人びとが増加し続けている。

こういう人びとの信念の長期的な変化については、アメリカのミシガン大学のロナルド・イングルハートという政治学者が中心となって「世界価値観調査」というのをここ数十年の間定期的におこなっていて、すごく面白いことがわかっている。図4-9はその一部の結果を示していて、国ごとのデータだけど、全体としてだんだんと右下（伝統や宗教を重んじる価値観）から左上（世俗的・個人主義的な価値観）へと変化している様子を表している。

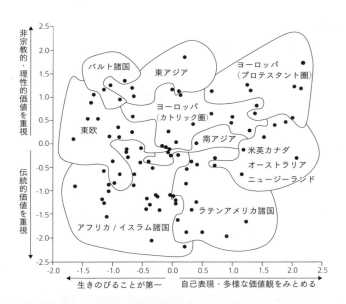

● **図4-9：「世界価値観調査」からみた価値観の地域差**

出典：ロナルド・イングルハート（山崎聖子訳）（2019）『文化進化論』勁草書房（49p）をもとに改変。右へ位置するほど個人の「生きがい」に大きな価値を、上に位置するほど伝統よりも合理的な価値観を強くもつ。

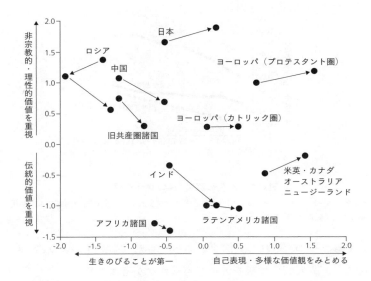

縦軸: 非宗教的・理性的価値を重視 / 伝統的価値を重視
横軸: 生きのびることが第一 / 自己表現・多様な価値観をみとめる

図中のラベル:
日本
ロシア
中国
ヨーロッパ（プロテスタント圏）
旧共産圏諸国
ヨーロッパ（カトリック圏）
インド
米英・カナダ オーストラリア ニュージーランド
アフリカ諸国
ラテンアメリカ諸国

● **図4-10：価値観の地域性は時間を経ても持続する**

出典：イングルハート（2019）（60p）をもとに改変。全体としては右や上に動きつつ、相対的な位置関係はあまり変わらない

　図4-10をみていると面白い発見がたくさんある。その一つは、全体として同じような方向に動いているけど、国ごとの相対的な位置はあまり変わらないことなんだ。これは、各国の文化が、その国（ローカルな地域）の中で経路依存的（原理1；P15）に動いていることを示している。グローバルな時代といっても、世界がいっぺんに変わるわけではなくて、文化（価値観）はやっぱり地域ごとに人から人へと伝えられ、その中で少しずつ変わっているってことなんだね。

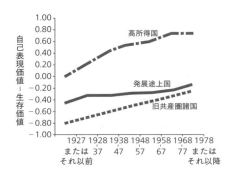

<figure>

● **図4-11:変化の原動力は「世代交代」**

出典:イングルハート(2019)(59p)をもとに改変。横軸は生まれた年。同じ国や地域でも、世代によって価値観は大きく異なっていることがわかる。
</figure>

　そしてもう一つ、それと関係することだけど、図4-11のように、同じ地域の中でも、個人個人は歳をとってもなかなか考えは変わらなくて、変化は世代交代によって起こるっていうことだ。つまり変化の実態は、一人一人の価値観が変わるというよりは、人が入れ替わることによって変わっていくってこと。ぼくもだんだん歳をとって、最近では君たちみたいな若い人たちにオッサン扱いされることが多いけど、日本だけの話じゃないってことだよね(笑)。やがてぼくらの世代が引退して、君たちがマジョリティになったら、さらに次の世代の人たちから君たちがオッサン扱いされるかもしれないね。

> **まとめ**
>
> ▶▶ **宗教の分布も歴史を反映している。そして、宗教の分布は現代では、価値観の変化などによって大きく変わりつつある。**

　世界の難民や紛争をめぐる問題に関する次の文章を読み、下の問いに答えなさい。

　2015年、大量の移民・難民が地中海やバルカン半島などを経由してヨーロッパに流入し、移民・難民問題が世界的な注目を浴びた。しかし、難民はそれ以前から世界の様々な地域で発生しており、深刻な問題であり続けている。

　難民発生の最も主要な原因は紛争である。紛争の背景や形態は時代ごとの特徴を持っている。1980年代末期から1990年代にかけては、それより前の時期とは異なる背景による紛争が多発するようになり、また2000年代以降になると、テロリズムなどを手段とする組織の活動が活発化した。

　現代の紛争は、民族をめぐる問題や、国民国家の概念・あり方にも深刻な問題を投げかけているものと言え、平和構築に向けた新たな枠組みが問われている。

問　下線部に関して、民族と言語との関係、民族と国家との関係、および国家と言語との関係について、世界の事例や現状を踏まえて説明しなさい。なお、具体的な国・地域名や民族・言語名などの語句は用いないこと（200字程度）。

（大阪大学2021年度地理）

1　気候と生活文化

（1）地理総合の最重要ポイント！

　さて、教科書では最初に地形と生活文化、次に気候と生活文化ってい
う並びになっているものが多いけど、この本では逆（気候が先）になってい
る。なぜかっていうと、生活文化のなかで最も重要な農耕・牧畜は、気候
（そして気候にしたがって成立する植生）にダイレクトに結びついた文化だからだ。こ
の章で学ぶ**気候・植生と生活文化**（とりわけ農耕・牧畜）**は、ある意味地理総
合で最も大事なところ**だといってよい。それは、今ぼくらが生きている世
界は、気候・植生と密接に関わって成立した農耕・牧畜文明を基盤にし
て発展してきたものだからだ。

　いや、現代は第2次・第3次産業がより重要だし、空間も圧縮してる
（P77）っていったじゃないかって？　それはちょっと違う。**いくら空間が
圧縮したって、過去に積み重ねられた歴史を消去することはできない**。何
度もいうように、現代世界は歴史の積み重ねによって成り立っているんだ。
農耕・牧畜はおよそ1万年前に始まり、各地で気候や植生の影響を受けて
適応し、それを基盤として文明が生まれ、発展した。何より、ぼくらが毎
日食べているのは、米や肉、野菜など農業によって生産されたものだ。現
代世界は、依然として農耕・牧畜を基盤とする文明に支えられているって
いうことだね。

（2）ケッペンの気候区分

　気候・植生の分布を学ぶ際に必須なのがケッペンの気候区分図だね。これは年間の気温と降水のパターンによって分類したものだけど、特に**植生・景観の特徴を考慮して区分したもの**だ。例えば熱帯雨林（密林）がみられる気候とサバナ林（これも熱帯林だけど、熱帯雨林に比べて樹木の分布密度や樹高が低い「疎開林」）が別の区分になるようにしたり、とかね。こうした植生景観の違いは農耕・牧畜の分布にとっても重要な要素だ。だからできれば君たちも地図帳を何度も開いて、ケッペンの気候区分図を確認しながら学んでほしい。例によって、暗記しようとしなくていい。大気の循環について既に学んでいる君たちは、世界の気候分布の成り立ちについて大まかな理解ができているはずだ（できていなかったらもう一度戻って復習しよう！）。地図帳をみて、何度も分布の成り立ちについて理解し、わからなければ大気の循環に立ち戻って確認する。そうしているうちに自然に頭に入るはずだ。自然に頭に入ってしまった君は、既に地理の達人だ。

（3）水収支ではっきり二つに分かれる世界

　何度も地図帳をみているうちに自然に頭に入るとはいったものの、ケッペンの気候区分図は10以上も区分があって、結構複雑なんだよね。地理学者（いや、科学者はだいたいそうかもしれない）は一般に、**世界をまず単純に整理して理解した上で、複雑なものの理解へと進む**。木をみて森をみず、という言葉があるね。木を理解するためには、まず見晴らしのよいところで森をながめてみるのがよい。全体がわからないと、細かい部分のどんなところに面白さがあるかもなかなかわからないわけだ。ひたすら暗記するという勉強法は、森の全体をみることなく一本一本木の名前をおぼえるやり方みたいなものだ。そんなやり方で勉強したら、誰でも地理が嫌いになってしまう！

　というわけで、ここではまず**水収支**という考え方を使って、世界を単純

に区分してみたい。水収支は、各地の降水量を収入、蒸発量を支出とみなして、差し引き勘定をするものだ。要するに年間の降水量が蒸発量よりも大きければ黒字、逆なら赤字ってわけだ。水は植物（作物）の生育に最も大事な要素なんで、**水収支が黒字か赤字かで大きく景観が異なる別世界**になるわけだ。

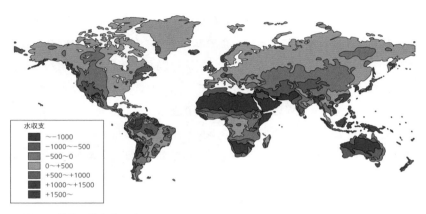

● **図5-1：世界の水収支分布**
出典：国連環境計画ほか。

　ここで図5-1をみてみよう。これが水収支によって世界を分けたもので、特にグレー系統の色と茶系統の色の区分に注目してみてほしい。実は**黒字の範囲は、世界の森林分布とかなり対応している**んだ！　熱帯と冷帯に森林が多く分布しているのは、実は水収支と深い関係があるのだ。黒字の世界はおおむね、アジアモンスーンの世界（東アジア、東南アジアからインドの海岸部にかけての地域）と、赤道付近のアフリカ、そして中南米の赤道を中心として広がる地域に分布している。

　一方、ユーラシア北部と、北米の北部～東部の高緯度帯にも大きな黒字のかたまりがあるね。この地域は、降水量はそれほど多くはないけど気温が低いため蒸発量が少ないから黒字になるわけで、要するに低緯度帯の黒字地域とはちょっと収支の内訳が違うんだ。

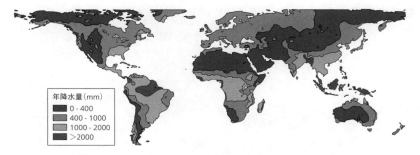

● 図5-2：世界の降水量分布
出典：国連環境計画ほか。

　高緯度帯と低緯度帯の水収支の成り立ちが違うことを確認するために、さらに図5-2をみてみよう。これは年降水量で世界を区切ったもので、とくに降水量1000ミリの線（茶系統とグレー系統の色の境界線）に注目してほしい。実は、**この1000ミリ線は、世界の農業を大きく2つに分けるきわめて重要な線**といえるのだ。1000ミリ線よりも降水量の少ない地域では、**乾燥や寒冷とたたかう農業**が行われ、主な作物は小麦・大麦とかジャガイモで、牧畜もさかんに行われる。これに対して1000ミリ線よりも降水量の多い地域では、**雑草とたたかう農業**が行われ、水田稲作や焼畑（陸稲、トウモロコシ、雑穀、イモ類の栽培）が行われる。

　さらにいっておくと、1000ミリ線の境界線付近では、いろいろな条件の違いによってどちらかの系統の農業が展開する。トウモロコシとか雑穀はどちらの側にもみられる作物だ。国や大陸レベルの農業地域区分図なんかをみるときには、この図と見比べて、各地域がどちらの系列に属するのかを考えながらみると、退屈な暗記でない、楽しい勉強になるはずだ！

（4）小麦の世界と稲の世界

　1000ミリ線の重要性について学んだところで、国別の統計でこの境界線の重要性を確認しておきたい。図5-3は小麦、図5-4は稲の生産と降水量との関係をしめしたグラフ（散布図）だ。生産の指標として、その国の穀

物栽培面積に占める小麦・稲の栽培面積の割合を％で示している。要するに上に位置しているほどその国では小麦（稲）が重要だってことだね。

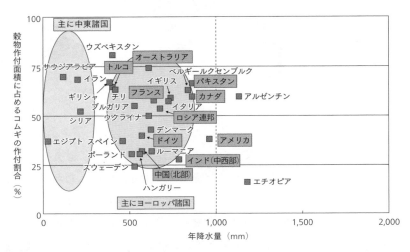

● **図5-3：おもな小麦生産国の作付割合と降水量**

農水省資料による。

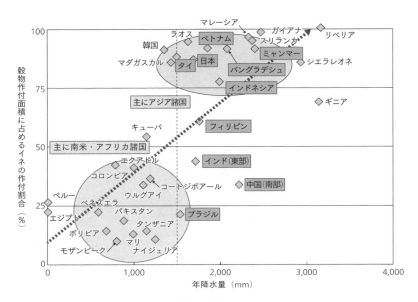

● **図5-4：おもな稲生産国の作付割合と降水量**

農水省資料による。

図5-3をみるとわかるとおり、小麦を主に栽培している国のほとんどは年降水量1000ミリ以下の国々だね。小麦は比較的乾燥した地域で栽培されているっていうことが確認できるね。500ミリ以下の地域では主にかんがいによる栽培が行われている。これに対して図5-4をみると、稲の主要な生産国（穀物生産の50%以上が稲である国々）のほとんどは年降水量が1500ミリ以上の地域だね。本当にハッキリ違いが出ていて面白いよね？　ちなみに稲の場合には年降水量1000ミリ前後の国々でもかんがいによって生産されているけど、これらの国ではトウモロコシや小麦の生産もさかんだから稲の作付割合は低くなっているわけだ。

　ここでついでにトウモロコシを加えて、**世界三大穀物**の性質を比較してみよう（表5-1）。米と小麦の生産量を重量で比較すると、それほど大きな違いはないことがわかるね。ところが輸出量をみると小麦がはるかに大きい。生産量に大きな差はないのにかかわらず、小麦の輸出量は圧倒的に多く、稲は逆に少ない。要するに、**小麦は企業的穀物農業を行う少数の大国によって大規模生産され、グローバルな貿易によって取引される**作物で、**稲は逆に東アジア〜南アジアの国々で比較的ローカルに生産・消費される**作物だってことだ。

● 表5-1：三大穀物の比較

	年生産量 （百万トン）	年輸出量 （百万トン）	輸出の 占める割合 （%）
米	753	41	5.4
小麦	764	186	24.3
トウモロコシ	1138	192	16.9

年次は2019年。FAOSTATにより作成。

　一方トウモロコシは、生産量の8割が家畜飼料やバイオ燃料などとして消費される、特殊な穀物だ。ただし、家畜飼料としてのトウモロコシの多くは貿易によって取引されているけど、中米やアフリカでは主食になって

いて、それらの多くは地産地消されている。そんな両極端の利用の仕方が
この統計に表れているっていうわけだ。

（5）ド＝マルトンヌの乾燥指数

　さて、実は君たちは農耕と気候の関係について最も大事なところを既に
学んでしまっている。それは序章で紹介した**ド＝マルトンヌの乾燥指数**
を使って世界の農耕を説明した図（P17）だ。この図は、「年降水量が多い
か少ないか」と「夏に雨が降るか冬に雨が降るか」という２つの軸で世界
の農業をみるものだったよね。大規模な河川かんがいの有無みたいな要素
を除けば、世界の農耕の特徴を実に見事に表した図だといってよい。だ
からぼくは世界の農耕文化を論理的に理解するための講義をするときには、
いつもこの図を使う。この図をきちんと理解すれば、この章の話の半分以
上は済んだと言っていいんだ。「えっ、あれだけで半分学んじゃったの」っ
て？　そうなんだよ。それだけド＝マルトンヌの図は世界の農耕文化を理
解するためのエッセンスが詰まっているんだってこと。あとは気候ごとに
事例をみながら理解を深めていく作業ってことになる。

　図の見方を思い出してみよう。左が乾燥の極、右が湿潤の極、要するに乾燥の度合いだね。これが植物（農作物）の生育を決める最も重要な要素
だ。そして右下（モンスーンアジア〜湿潤熱帯地域）以外は乾燥とたたかう保水農
業（乾燥農業）、右下は雑草とたたかう除草農業だ。このように、乾燥・湿潤
の軸と降雨の季節パターンから世界の農業を整理すると、表5-2のように
なる。この表で、最後の企業的農業だけが気候以外の要因によって成立
している例外的な区分だ。以下はおおむね、この表の順番に世界の農業と
環境との関係をみていこう（企業的農業については第Ⅲ部で）。「えっ、熱帯から始
まって、乾燥帯、温帯っていう順番じゃないの」って？　表をみてわかる
ように、これらの農業は気候帯をまたがって区分されているものも少なく
ないだろう？　あくまで地理の論理（気候＝自然環境と農業＝生活文化）を理解す
ることがこの章の趣旨だから、まあどうかおつきあいいただきたい。

● 表5-2：世界の農業

主な作物	主な気候条件	代表的な地域	ポイントとなる条件
かんがいで小麦を栽培する農業	砂漠気候（乾燥）	西アジア・北アフリカ	気候・水分
天水または**かんがいで小麦を栽培する農業**	地中海性気候・ステップ気候・冷帯（亜寒帯）湿潤気候（乾燥）	南欧・東欧・西アジア・北アフリカ	気候
小麦・雑穀・家畜飼料などを組み合わせた農業	西岸海洋性気候（やや乾燥）	北西ヨーロッパ	気候
雑穀またはそれに小麦を組み合わせた農業	サバナ気候・ステップ気候・温帯夏雨気候（やや乾燥）	中国華北・インド中央部（デカン高原）・サヘル	気候
かんがい稲作農業	熱帯・温暖湿潤気候（湿潤）	東～東南アジア・マダガスカル	気候・地形
焼畑による**稲作・雑穀・イモ農業**	熱帯（湿潤）	東南アジア・太平洋・南米・熱帯アフリカ	気候
企業的穀物・プランテーション農業	温帯・乾燥帯・熱帯	北米・南米・オーストラリア・東南アジア	気候・農地面積・資本

まとめ

▶▶ 世界を「乾燥とたたかう農業」と「雑草とたたかう農業」に分けるとスッキリ理解できる！

2 稀少な水・温度をやりくりする
――乾燥・寒冷とたたかう農業の世界

(1) 乾燥帯≠砂漠

　乾燥帯とは読んで字のごとく、降水量が少なく乾燥した地域のことだ。第Ⅰ部で既に学んだように、砂漠は主に大陸の中緯度高圧帯の西側から内陸側にかけて分布する。西側に偏っている理由はもうわかるよね。中緯度付近の大陸の西側には寒流が流れているからだ。そしてだいたい、砂漠の低緯度側はステップ気候（BS）を経てサバナ気候（Aw）に、高緯度側は地中海性気候を経て西岸海洋性気候（Cfb）に推移していく。

　さて、乾燥帯はすべて砂漠っていうわけじゃない。年降水量がおよそ250〜500ミリのステップ気候の地域は草原地帯で、果樹栽培に向いているだけでなく、乾燥に強い雑穀とか、降雨パターンによっては天水で小麦栽培を行うことも可能だ。例えば、肥沃なチェルノーゼム（黒土）地帯としてよく知られているウクライナ南部（黒海の北岸）は、世界有数の小麦栽培地帯だけど、ケッペンの気候区分でいえばおおむねステップ気候だ。稀少な水をやり繰りすることによって農業や牧畜を行う工夫がみられるのが乾燥帯の暮らしだ。

(2) 麦類を主体とする乾燥帯の農耕と牧畜

❶メインは牧畜

　乾燥帯の代表的な生業は、農耕よりもなんといっても牧畜だ。なぜかというと、例え農業ができても、降雨が安定しないため、収穫も安定しないから。しょせん水物、なんて言い方があるけど、降水量なんて毎年同じなわけがない。多い年もあれば少ない年もあるね。少ない年には収穫が激減したりもする。そんな頼りにならない農業だけでは心許ないので、牧畜をやった方がよいということになるわけだ。だから気候が乾燥するほど、農

耕よりも牧畜の比重が大きくなる傾向がある。

❷アフリカに見る農耕・牧畜の分布

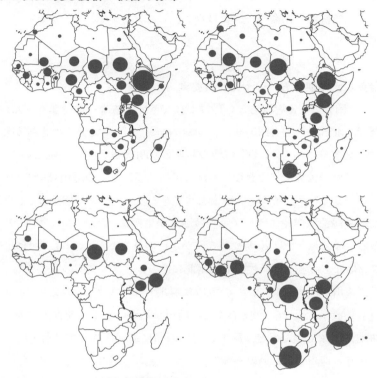

● **図5-5：アフリカの国別家畜頭数分布**
年次は2020年。FAOSTAT.各図はウシ、ブタ、ヤギ、ラクダのどれかを表す。どの図がどの家畜かわかるかな？（答えはP135）

　熱帯から温帯にいたる連続性をみるには、赤道を中心にして南北に長くのびるアフリカ大陸、特に北半球側が便利だ（エチオピア高原など、東部の標高の高いところは除く）。赤道付近の熱帯雨林では焼畑で特にイモ類の栽培がおこなわれ、その北側のサバナ気候では焼畑で雑穀栽培などがおこなわれているんだけど、ここでは焼畑をやるかたわら、ウシやヒツジの放牧がおこなわれている。さらに北に行くと、ステップ気候の地域に移っていく。サハラ砂漠の南縁を意味するサヘルということばでよばれる地域だね。ここで

は、乾燥に強い雑穀（トウジンビエというのが代表的だ）を栽培する農耕と、同じく乾燥に強いヤギの放牧などをおこなう牧畜がみられ、さらに砂漠気候になると、ラクダの遊牧などがおこなわれる。このように、乾燥度が増すにつれて、農耕から牧畜へ、家畜はウシ、ヒツジ、ヤギ、ラクダというふうに遷移していくんだ。

❸貴重な水の使い方──かんがい農業

　さて、雨がほとんど降らない砂漠気候でもできる唯一の農業がかんがい農業だ。北部の山岳地帯（ヒマラヤ山脈の西の端）を除いて国土の大半が砂漠気候に属するパキスタンは、耕地のおよそ80%がかんがい耕地という、アジア一、いや世界でもまれにみるかんがい王国だ。その理由は図5-6をみればわかるだろう。イランは砂漠とオアシスのイメージが強いけど、実際には地中海性気候やステップ気候の地域が東西に回廊上にのびていて、これらの地域では天水の小麦栽培なんかが行われている。これに対してパキスタンはほとんど砂漠気候の上に南北にあのインダス文明の基盤となったインダス川が流れていて、この流域に農地が集中して、かんがい農業（小麦や稲の栽培）が行われているわけだ。河川かんがいは水路を作って河川水を耕地に運ぶものだけど、河川と河川の間に運河を作って水路網を広げるやり方も河川かんがいの一種だ。イラクや周辺国にまたがって流れるチグリス＝ユーフラテス川流域にも数多くの運河が建設されていて、古くからの文明を支えたんだ。

　河川かんがいと並んでよく知られる乾燥地のかんがい方法として、西アジアから北アフリカにかけて分布するかんがい施設として知られているカナート（カナートはアラビア語で、ほかにフォガラとかカレーズとか、言語・地域によって呼び名が異なる）などの地下水かんがいがある。図5-7のように帯水層から横にトンネルを掘って集落や耕地に水を引くもので、トンネルの長いものは数十キロにもおよぶんだ！　図5-6のイラン中央部の地域などではこのような方法で古くから水を得ているのだ。

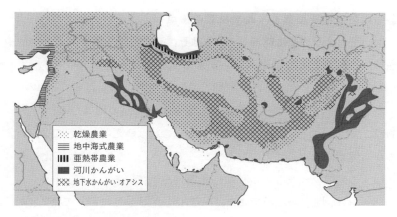

● 図5-6：西アジアの農業類型

出典：織田武雄・末尾至行・応地利明（1967）『西南アジアの農業と農村』同朋舎（3p）。砂漠気候ではかんがい農業、回廊状にのびるCs・BS気候地域では乾地農業が行われる。

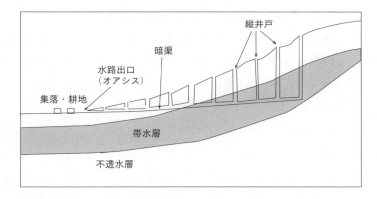

● 図5-7：カナート

❹冬雨型の小麦農業──乾地農業の頂点

暑い夏はカラカラに乾燥して、冬はそこそこ温暖で雨が降るのが地中海性気候の特徴だね。普通は暑い季節に上昇気流が起こりやすく、雨も降りやすい。それを考えると冬雨型の地中海性気候は変わってるよね。

麦類を主体とする穀物農業はこの地中海性気候の地域（具体的には地中海東岸部）で始まったと考えられているけど、これはゆえなきことではない。つまり偶然ではなく必然だ。なんでかっていうと、ここには栽培化にもっとも適する野草、つまりイネ科の一年草が生えているからだ。

一年草は、地中海地域でいえば温暖で雨が降る冬に育って実をつけ、カラカラに乾いた夏には種の状態で休眠する。こういう気候に適応した植物だ。多年草だと乾季でも地下に根をはったりしてやり過ごさないといけなくて、無駄なエネルギーを使うことになってよろしくない。だから地中海沿岸では一年草が競争に勝って広がっているわけだ。

一年草は乾季が始まる頃に一斉に結実するので、人間が集めるのにも便利だ。野生の一年草を大量に収穫して食べているうちに、より実（種子）が大きくて食べごたえがあるものや、実が穂からこぼれ落ちたりしにくいもの（こぼれやすいと、家にもって帰る前に落として無駄にしてしまうから）を選別して保護したり、蒔いて育てたりするようになった。こうして地中海沿岸で小麦の農業が始まったと考えられているんだ。

この気候の農業にとってのメリットはほかにもいろいろある。まず、あまり強力な雑草がみられないことだ。強力な雑草というのは、日本にもたくさんあるススキとかチガヤみたいな多年生雑草のことだけど、暑い夏にカラカラに乾くこの地域では一年草に負けてしまうわけだ。だから日本みたいに除草に苦心しなくてすむんだ。

ウシやヒツジのような家畜も、西アジアで始まったとされていて、**家畜と農業が有機的に結びついている**のもこの地域の農業（西アジアで始まり、後にユーラシア全体に広がった農業）の特徴で、優れた点だ。他の地域、例えばサハラ以南アフリカ（エチオピア高地は除く）とか南米のアンデス高地などでは、肉やミルク（アンデスではミルクの利用はない）、荷駄用に家畜を使う牧畜文化が発

達したけど、農業には基本的に家畜は使われない。

　家畜の農業への利用法の最も重要なものは犂耕作だ。犂を使って耕地を耕す理由は、作物が根を張りやすいように土をやわらかくすることもあるけど、**最大の意義は土のなかから水分が逃げないようにすること、つまり保水機能**なのだ！　犂をかけて土を砕くことによって、毛細管現象によって土壌水分が地表面に上がり、蒸発してしまうのを防ぐことができる。毛細管現象は地表面に塩分がたまる塩類集積という、乾燥地の土地の不毛化につながる問題の原因になるものだから、これを防ぐことは乾燥地の持続的農業にとって大きな意味をもつんだ。この犂耕作の技術は、農耕・牧畜が同時に始まった西アジアで生まれ、地中海性気候やステップ気候など、小麦が栽培される地域を伝ってヨーロッパやインド・中国まで拡散した。このような技術は、やがて鉄の車輪が発明されると家畜を動力にした文明の原動力となって、ユーラシアの東西で文明が発展したわけだ。

　西アジアで生まれた「**ムギとヒツジ」を基盤とする文明**は、地中海性気候からステップ気候にかけての温帯と乾燥帯の境目で誕生し、発展した。だからそこから広がったさまざまな文化は、乾燥帯という気候での暮らしを背景とするものだ。「**乾燥とたたかう文明」と「雑草とたたかう文明」は、ユーラシアの西と東の文明の違い**といってもいいのかもしれない。

（3）寒冷と乾燥は似ている──冷帯・寒帯の文化

　農作物の生育には温度と水が必要だってことは、繰り返し話してきたね。そうすると、最低限の温度、最低限の水が得られない地域では農業をおこなうことができないっていうことになる。つまり農業には二つの境界（限界線）があって、それぞれ寒冷限界、乾燥限界とよばれる。これまで主に乾燥（降水量）を基準に話してきたけど、寒冷限界では、最暖月、つまり最も気温の高い月の平均気温が大体の目安になっていて、それは摂氏10度だ。実はこの限界線は、冷帯（亜寒帯）と寒帯を分ける線に等しいのでわかりやすいね。つまり亜寒帯ではなんとか寒さに強いコムギやライムギな

どの作物を作る農業が可能だけど、寒帯では基本的に農業はできないんだ。

ケッペンの気候区分図をみてみよう。冷帯は冷帯（亜寒帯）湿潤（Df）気候区と冷帯（亜寒帯）冬季少雨（Dw）気候区の２つがあって、前者は降水量の年較差が少なく、後者は大陸東岸部に位置するために冬の降水量が少ないという違いがあるけど、どちらもタイガとよばれる針葉樹林が卓越する地域だ。温帯は歴史的に早くから開発が進んだためにあまり森林は残っていないけど、水収支が黒字になる冷帯では、熱帯とならんで今日森林が広く分布する地域だ。

穀物栽培の寒冷限界線を示した図5-8をみてみよう。やはり稲やトウモロコシに比べて小麦は（乾燥だけじゃなく）寒冷にも強い作物であるとハッキリわかるね。暖かい偏西風の影響を受ける大陸西岸部のほか、内陸部で限界線が高緯度側にのびているのは、夏の気温が相対的に高いからだね。おっと、北限近くでは春播き（春小麦）栽培となるので、冬ではなく夏の気温が関係してくることはわかるよね！

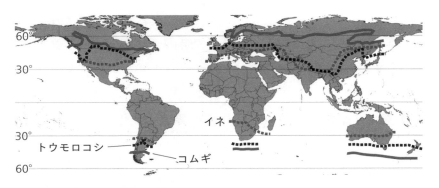

● 図5-8：穀物栽培の寒冷限界線

冷帯では牧畜も可能で、ウシを夏の間放牧し、冬は舎飼いで行う。シベリアでは先住民によって寒さに強いトナカイの遊牧がおこなわれてきた。**乾燥帯と同様に、寒冷地では農耕よりも牧畜の比重が増す**わけだ。

小麦の栽培限界に近い寒冷地では、大麦、ライ麦、エン麦（オート麦、カラスムギ）といった穀物とか、寒冷に強いジャガイモなんかの重要性が増し

てくる。北欧やドイツなどではジャガイモは食生活の主役だし、ライ麦パンとか、エン麦から作ったお粥（オートミール）なんかもよく知られているね。ヨーロッパに限らず、例えば寒冷なチベット高原では大麦の粉から作ったツァンパという主食がある。

　寒帯に入ると高木はみられなくなり、最暖月の平均気温が0〜10度のツンドラ気候区（ET）ではコケ類・地衣類などのみ生育し、年中平均気温が0度を下回る氷雪気候区（EF）では、植生はみられない。ちなみに北半球では北極圏は主に海洋で占められていて、氷雪気候の陸地は主にグリーンランドでみられる。南半球の南極大陸ではほぼ大陸全てが氷雪気候だ。

　北極圏では、イヌイットなどの先住民が古くから生活してきたことが知られているね。人類の歴史を通じて、人間は基本的に植物性の食料に頼って暮らしてきたので、北極圏の暮らしはまさしく人間が居住できるエクメネの極限、人類の到達した最先端の居住限界だと言えるだろうね。植物の生育がほぼ不可能なこれらの地域では、主としてアザラシなどの狩猟や、漁撈によって生計をたて、氷や雪を使ったイグルーとよばれる住居を作って生活してきた。動物の肉を生で食べることを好むことも知られているけど、これは日射量の不足によるビタミンDの欠乏を補う効果があって、環境への文化的適応の一つだと考えられている。

　住居に関連した話だけど、シベリアやカナダには永久凍土が分布している。この永久凍土がパイプラインや建物からの熱によって溶かされて地盤沈下を起こしたりする問題があって、そのためにこれらの地域の建築物は高床式になっていることがある。これも文化的適応の好例だね。

まとめ

▶▶ **「乾燥とたたかう農業」の生きる道は、家畜を使って土壌水分を保つか、大河川や地下水かんがいを行うか！**

※P129図5-5の答え：左上がウシ、右上がヤギ、左下がラクダ、右下がブタ。ウシとヤギの区別は難問。ウシに比べ、ヤギは乾燥に強い（北アフリカに多い）。

3 ほどほどに乾燥、ほどほどに温暖
──小麦と稲のあいだ

さて、「乾燥とたたかう農業」の系列に入るけど、比較的降水にめぐまれた地域がある。それは主に2つに分けると理解しやすい。一つは**西岸海洋性気候の地域**で、北西ヨーロッパに最も大きな広がりがあり、ニュージーランドや南米、アフリカ大陸の南端や北米北西海岸部にも分布しているね。西岸海洋性気候は偏西風が海から吹いてくる地域であるため、年降水量は決して多くはないが、一年を通してそこそこの降雨がある。それに低緯度側から吹く偏西風のおかげで高緯度のわりには冬も比較的温暖だ。

もう一つは、ケッペンの気候区分では表現しにくい地域で、BS気候とCw気候、あるいはBS気候がAw気候に接するあたりの地域だ。地域名でいうと、**中国の華北地域とかインドの中央高原（デカン高原）、アフリカのサヘル地帯**なんかが典型だ。これらの地域では、夏に雨が降る（AwやCw気候との境界に位置することからわかるね！）気候をいかし、**夏作をメインに、地域によっては冬の小麦作を組み合わせた輪作による畑作農業**が行われているんだ。

（1）小麦・夏作物・家畜飼料を組み合わせた北西ヨーロッパの輪作・混合農業

南西ヨーロッパは地中海性気候、北西ヨーロッパは西岸海洋性気候だね。地理的に接していて小麦を作っている、似たような気候に思えるけど、この2つの気候には農業にとっては決定的な違いがある。それは西岸海洋性気候の地域では**夏にもそこそこ雨が降って、穀物農業が可能**なことだ。

中世には成立していたという**三圃式農業**は、耕地を3つに分けて、冬作物（小麦・ライ麦など）を翌年の夏に収穫した後、さらにその翌年の春に夏作物（エン麦・豆類など）を作り、秋に収穫した後で1年休閑させ、その後再び冬作物を作るものだ。3年で一巡することになるね。冬作物と夏作物を組み合わせたローテーションは、西岸海洋性気候のような年中そこそこの雨

が降る気候だからこそできることであって、地中海性気候のような地域だと、かんがいを導入しない限りはどうやっても無理だ。

「そもそもなんで輪作なんかするの？」っていう話だけど、常畑（毎年同じ耕地で畑作をすること）農業ってのは、毎年同じ作物ばかり作っていると連作障害が起こるし、たまには休閑させないと地力も落ちてしまう（その点、水田だと水のなかに含まれた栄養分があって、畑作よりも持続性がある）。いろいろな作物を組み合わせるほどこうした地力の劣化は防げるし、マメ科の作物は窒素を土壌に固定する働きがあるので、豆類を輪作のなかに入れるとさらにグッドなんだ。さらに、休閑中は「刈り跡放牧」といって、家畜に雑草を食べさせてついでに糞をさせて肥料にする。こうした工夫はヨーロッパの畑作だけじゃなくて、インドや中国（華北）で行われる畑作農業でも同じようにみられるんだ。

現代のヨーロッパでは、冬の穀物（小麦・ライ麦）、飼料用のカブ類、夏の穀物（大麦・エン麦）、マメ科の飼料（クローバー）といったようにさらに複雑な4年サイクルの輪作システムがとられ、放牧じゃなくて舎飼いのウシのエサを供給しながら切れ目なく輪作するシステムになっている。産業革命の頃に成立した**混合農業**って呼ばれるやつだね。むろん、ウシは乳製品などを市場に供給するために飼っているものだ。

（2）乾燥とたたかう夏雨型の畑作農業

この農業が行われる地域は、主に稲を栽培する地域と小麦を栽培する地域にはさまれて、一般にはあまりハッキリ認識されていなかったりするんだけど、実は**数々の独自の栽培植物を生み出した、農業の歴史にとってきわめて大事な地域**なんだ。例えば中国の華北で黄河文明とよばれる古代文明が誕生したことは知っているよね？　この文明をささえたのは、この地域で栽培化された可能性の高いアワ、キビといった作物だ。これらの作物は今では三大穀物に入らない「雑穀」としてひとくくりにされているんだけど、今でもこれらの地域では重要な主食作物なんだ。

● **表5-3：夏に栽培される主な雑穀**

穀物	栽培起源地	主な栽培地域	特徴
アワ	ユーラシア	ユーラシア	黄河文明をささえた雑穀で、現在でも中国内陸部の農村では粥などにして食べている。日本でもかつては全国で食べていた。
キビ	東～中央アジア	ユーラシア	黄河文明をささえた雑穀で、現在でも中国内陸部の農村では粥などにして食べている。日本でもかつては全国で食べていた。
ソバ	中国	ユーラシア	イネ科ではなくタデ科（雑穀では珍しい）。かつての日本では現在のような蕎麦としてだけでなく、そば粉をお湯で溶いて練り、餅状にして食べる「そばがき」として食べていた。
ヒエ	東アジア	東アジア	寒さに強く、日本ではかつて東北地方や山間地の焼畑で栽培された。縄文時代にもすでに栽培されていたことがわかっている。
ソルガム（モロコシ、コウリャン）	アフリカ	アフリカ・インド・中国	アフリカで広く栽培され、食用とされている。中国ではコウリャンとよばれ、食用および蒸留酒の原料。日本ではタカキビ・モロコシなどの方言でよばれ、団子などにして食べていた。
トウジンビエ	アフリカ	アフリカ・インド	西アフリカで広く栽培される。ソルガムより乾燥に強く、サヘル地域で主食となっている。
シコクビエ	アフリカ	アフリカ・インド	アフリカでは酒の原料などになっている。日本の山間地でも焼畑で栽培されていた。

　表5-3に、これらの地域で栽培される雑穀をまとめておいた。これらのほとんどはかつて日本の山間地などで栽培され、主食として食べていたも

のなんだよ。「**日本人は古来から米を食べてきた**」なんてよく言われるけど、**実は米ばかりを主食にしてきたわけじゃない**んだね！　それから、これらの作物はアフリカやユーラシアのさまざまな地域で生まれたものが多いけど、日本でもかなり古くから栽培されていたものがほとんどだ。人の交流って、長くて深い歴史があるんだね。

　これはとても大事なことだけど、これらの地域の作物の特徴として、どの地域でも商業的な農業が行われるようになると、雑穀はトウモロコシ（中国ではそれに加えて大豆・ジャガイモ）のような商品作物におきかわっていっている。雑穀類は基本的に自給的な作物なんで自分で食べる分だけ作って、条件のよい土地では販売用にトウモロコシを作るようになっているってことだね。例えば中国の華北平原では、冬に小麦を作り、夏にトウモロコシ・大豆をつくる輪作が広く行われている。さらに北方（中国東北部）では冬小麦が作れないので、トウモロコシ、雑穀、春小麦などの一毛作となる（近年では、北海道みたいに寒冷地用の稲が栽培されたりもしているけどね）。

　いずれにせよ、これらの地域で行われる雑穀栽培は基本的に「乾燥とたたかう農業」系列なんで、小麦を主体とする農業と同じように、ユーラシアでは土壌水分を保持するために家畜を使った犂農業が行われてきた（ただし、黄河の水を利用したかんがい畑作農業は別）。ぼくは西アジアやエチオピア高原（ここはアフリカといっても、農業の系列的には西アジアの乾地農業と同じものだ）の農業をみたあとで中国の黄土高原で調査を始めたんだけど、犂やまぐわを使った畑の準備とか、脱穀の方法とか、農作業でとてもなじみのある風景をみてなつかしく思ったりしたんだよね。**気候条件の似たようなところでは同じような文化が定着する**っていうことなんだな。

アワ

キビ

ソバ

ソルガム

● 図5-9：中国・黄土高原で栽培されている雑穀

> **まとめ**
>
> ▶▶ 小麦の世界と稲の世界の中間には、小麦・雑穀・トウモロコシを組み合わせた畑作世界がある！

4 「すごすぎる」植物の繁殖力とたたかう
——熱帯とアジアモンスーンの文化

（1）熱帯は植物のパラダイス

　熱帯の特徴はいうまでもなく気温・降水量ともに高いことだ。これは植

物にとってはとても恵まれた世界だということになる。植物は温度と水が高いほど成長量が増すからね。だから熱帯雨林にせよ、サバナ林にせよ、バイオマス（植物の物理的な量）はとても大きい。反面、恵まれた環境だからこそ、植物どうしの競争が激しくなる。

　農作物にとってもその条件は同じことだ。温度と水の条件はよいので適切な技術があれば農業の好適地になる。ただ、雑草とのたたかいが避けられない。ド＝マルトンヌの図で言うところの、「雑草とたたかう農業」の極にあるのが熱帯というわけだ。

（2）雑草への究極兵器！　焼畑

❶焼かない焼畑？

　雑草とのたたかいという熱帯農業の課題をうまく解決する究極の農法が焼畑だ。焼畑って、森を焼くイメージが強いけど、実は**焼くことはあんまり重要じゃない**。それに焼畑は必ず火入れをするわけじゃなくて、「焼かない焼畑」っていうのもある。「そんなバカな！」って？　本当なんだよ。そもそも焼畑は英語だと「シフティング・カルティベーション（移動耕作）」などと呼ばれていて、火を入れる作業は必須でないし、あまり本質的でもない。焼畑をやっている人に「なんで焼くの？」って聞くと、「いや、そりゃ習慣だから」とか「焼いた方が畑がきれいに整地できるだろ？」とかいう答えが返ってくる。

　「焼いた灰を肥料にするんだから焼くことは重要なんじゃない？」っていう君は、よく勉強してるね。教科書なんかにもそう書かれているものがあるからね。でも実は「灰を肥料にする」っていう説は、昔から怪しいって言われていたりする。火入れをしてからずっと同じ畑で土壌養分の計測をした研究者もいるけど、灰は焼いた直後にほとんどが風で飛ばされてしまって、作物に養分が吸収されることはほとんどないとわかったんだ。

● 図 5-10：焼畑（エチオピア低地）

火入れをした直後の焼畑。背後にみえるのは焼畑休閑林。

● 図 5-11：「焼かない焼畑」

上の写真とは違って、畑の地表面には枯れた植物（伐採された植物）が積もり、その間からトウモロコシが芽を出している。

❷焼畑の本質：休閑によって「森にかえす」

「じゃあ焼畑って何なの？」っていうことだけど、焼畑の本質は序章でも言った通り、**休閑させることにある**んだ。焼畑を同じ土地で2年、3年と続けていると、**強害雑草**と呼ばれる強力なイネ科の雑草が根を張るようになる。日本だと、かやぶき屋根の材料に使われるチガヤとか、月見の風景によく出てくるススキなんかがそれだ。これらの雑草は地下にびっしりと根を張って、引っこ抜いてもすぐに生えてくる。農薬でも使わない限りは、こうなったらお手上げだ。だからチガヤやススキがはびこってくる頃までに、そこを休閑させることになる。そうすると熱帯ではすぐに樹木が成長して、数年もすれば立派な休閑林になる。その頃にはイネ科の雑草は日光がさえぎられて生き延びられず、死滅してしまう。ここまで来ると、もう再び焼畑をやっても大丈夫だ。教科書には休閑は10年以上とか数十年とか書かれていることがあるけど、これも正しくないな。確かにかつておこなわれていた日本の焼畑だと30年くらい休閑したりする例があるけど、それは10年近くも連続耕作するケースなんかが多く、その後はびこったススキやチガヤを利用したりする、少し特殊なケースだったりする。熱帯だと数年とか、10年前後とか、ケースバイケース、いろいろだ。ちなみに休閑期間と収穫量の間にもあまり相関がないことがわかっていて、長く休閑すればたくさん収穫できるってわけではない。ただし雑草の量と収穫量は強い相関があって、やはり大事なのは雑草にいかに対処するかなんだね。

❸休閑林の利用

焼畑をやっている地域では、休閑林の利用も重要な要素だ。次に焼畑をやるまでの間、ただ放っておくわけじゃない。そこはキノコ・タケノコとかの食べられる野草や薪などの生活に欠かせない資源をとるための場所だ。東南アジアなんかでは高く売れる森林産物も多くとれる。動物が多くやってくるから狩猟もできる。これは日本の里山と全く同じ役割をもっているってことだ。焼畑について知れば知るほど、そのシステムの合理性に感心してしまうよ。

❹ 焼畑の生産性の高さ

　焼畑の特徴のもう一つは、労働生産性（一定時間の労働に対してどれだけ収穫を得られるか）が高いことだ。焼畑って、伐採、火入れ、播種まで終わったら、もう収穫するまであまりやることがない（ただし、焼畑でも地域によっては除草が必要になることもあって、その場合は除草労働が加わる）。例えばかんがい水田稲作だったら、まず畔（うね）がくずれないようにメンテナンスしたり、かんがい施設のメンテナンスもあるし、苗をつくって田植えをして、除草をしてと、収穫するまで仕事が絶えない。生産性と言ってもいろんな種類があって、土地生産性（一定の面積の土地あたりどれだけの収穫を得られるか）であればかんがい水田の方が明らかに優れているけど、最小限の仕事で必要な収穫を得ようと思ったら焼畑の方が優れている。だから、もし土地が十分にある環境だったら焼畑を選ぶ方が合理的だとも言える。まあ、東南アジアなんかでは谷底で稲作をやって斜面で焼畑をやるっていうふうに、どちらもやっている人が結構いるんだけどね。

❺ 焼畑の主な栽培作物

　焼畑で栽培されるのは、主にヤマイモ（ヤムイモ）、サトイモ（タロイモ）などのイモ類とか、バナナ（主食用の甘くないものもある）、それからトウモロコシ、モロコシ（ソルガム、コウリャンとも呼ばれる雑穀）、そして東南アジアではイネ（陸稲）などの主食類を中心に、野菜類なんかを一緒に作ったりする（一つの畑に複数の作物を作ることを混作という）。これらは基本的に自給用作物だ。**焼畑は今も昔も、自給用の作物を中心に作るもの**なんだ。ただし、今は輪作（1年目、2年目、3年目と異なる作物を作付けしていくこと）で、例えばカカオとかキャッサバみたいな熱帯特有の商品作物なんかを作ることも珍しくない。焼畑で暮らすと言っても完全な自給自足の生活をしている人は現代ではほとんどいないから、例えば森林産物を採集して売ったり、日雇いとか出稼ぎで仕事をしに行ったりして現金を得ている。焼畑に商品作物を組み込んだりするのもそういう工夫の一つだ。

❻現在の焼畑の規模

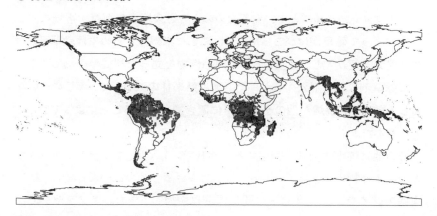

● 図5-12：焼畑がおこなわれている地域

Heinimann, A., O. et al. (2017). "A global view of shifting cultivation: Recent, current, and future extent." *Plos One* 12(9): 1-21をもとに作成。緯度経度1度ごとのメッシュに、焼畑の有無を高精度衛星画像で確認しGISに入力したもの。

さて、焼畑は今でも熱帯では盛んにおこなわれていて、グーグルアースを使って休閑林を含めただいたいの焼畑面積を測った研究によると、2.8億ヘクタールということだ。ヘクタールでいわれてもピンとこないって？じゃあ日本の国土面積を基準にしよう。日本は大ざっぱにいって3800万ヘクタールほどだ。つまり日本の国土面積の7.4倍ほどの土地で焼畑が行われているんだ。まだまだ**焼畑は熱帯の重要な生業であり続けている**ってことだね。今では熱帯に商業的農業が広がって、それである程度の収入を得られるようになった農家も多いんだけど、熱帯の農村ではそういった恩恵にあずかる機会もなく、自給的な農業にたよらざるを得ない人も少なくない。焼畑は何より、そういった人々のセーフティーネット（日本語でいえば命綱）としてとても大事な生業なんだ。

といっても、これは第Ⅲ部の環境問題のところでも話すけど、減少傾向にあることは間違いないし、多くの焼畑研究者たちは、今後数十年の間に焼畑は急速に減っていくだろうって予想している。代わりに増えているものは何かっていうと、焼畑ではない、常畑、つまり休閑させないで永年耕

作をするための農地だ。これらの多くは商品作物、例えばキャッサバとか
トウモロコシ、ダイズとか、売るためのものを栽培する畑だ。常畑にする
と例によって雑草がはびこってくる。これに対処するためには除草剤、つ
まり農薬を使うことが必要になる。商品作物を売った利益の一部でこうや
って除草剤などを購入するわけだ。実は**熱帯林の減少って、焼畑のせいな
んじゃなくて、焼畑が他の土地利用に置き換えられることによっておこっ
ている**んだよ！

　その他に焼畑休閑林を転用する土地利用としては、アブラヤシやゴムな
どの樹木作物のプランテーションがあげられる。この二つの作物は、特に
東南アジアでここ30年ほどの間に顕著に増加してきた。アブラヤシで作
られるパーム油と呼ばれる食用油はポテトチップスなんかを揚げるのに最
適な性質を持っていて、大豆油と並ぶ食用油原料の双璧だ。

（3）稲作も雑草とたたかう農業

❶ 「ホンマもん」の稲作国はどこだ！

● 表5-4：主な米の生産国

順位	国	生産量 （千万トン）
1	中国	21.0
2	インド	17.8
3	インドネシア	5.5
4	バングラデシュ	5.5
5	ベトナム	4.3
6	タイ	3.0
7	ミャンマー	2.6
8	フィリピン	1.9
9	パキスタン	1.1
10	カンボジア	1.1

年次は2019年。FAOSTAT。

● 表5-5：1人あたりの米消費量

順位	国	年消費量 （kg）
1	バングラデシュ	262
2	ラオス	252
3	カンボジア	235
4	ベトナム	205
5	フィリピン	195
6	ミャンマー	190
7	スリランカ	181
8	インドネシア	180
9	ブータン	170
10	タイ	160

年次は2019年。FAOSTAT。

第Ⅱ部

　日本は稲作の国だとよく言われるけど、「ホンマもん」の稲作文化の中心って中国南部から東南アジア、バングラデシュくらいまでのことだと言えるかもしれない。表5-4と表5-5をみて、そのことを少し確認しておこう。米の主な生産国と言えば、まず中国やインドが頭に浮かぶだろう。でも人口超大国の中国やインドってたいていの生産量ランキングには上位に顔を出すよね。中国もインドも、南部では米食が盛んだけど、北部では小麦の消費量が大きくて、1人当たりの消費量でみると20位前後にすぎない。日本に至っては50位くらいで、これで「米食民族」などと言われるのはどうかと思っちゃうね。表からわかるように、上位10カ国の実に7カ国が東南アジアの国々だし、バングラデシュやブータンも東南アジアに接す

る国だね。11位以下になると、マダガスカルなどのアフリカ勢が入ってくるけど、実はマダガスカルはかつて東南アジア島嶼部からインド洋を渡って移住した人たちの子孫だから、古くから稲作文化があるんだ（P106も参照）。

　バングラデシュやラオスの人びとは、平均的に1日3合もの米を食べている換算になる。ラオス人は水田や焼畑で作ったモチ米を好んで食べる人たちなんだけど、トウガラシをすりつぶして塩とライムを混ぜた「チェオ」というおかずをつけてご飯をモリモリ食べる。日本で言えば「イカの塩辛がちょっとあればご飯は何杯でもイケる！」みたいな感じかな。日本でも高度成長期以前までは今の倍くらい米を食べていたんだけど、それから半世紀の間、米を食べる量は減り続けて今に至っている。その代わりに肉や脂肪の摂取量が増えていて、「食の欧米化」なんて言われたりしているけど、ヨーロッパでも昔は今よりもずっと小麦やジャガイモを食べる量は多かったんだし、東南アジアでも今後は米食の割合が減り、肉の摂取量が増えてくる可能性が大きいから、食の現代化とか、食の都市化とでも言った方がいいのかもしれないな。

❷田植えをするのも雑草とたたかうため？

　熱帯を中心に栽培されているのが稲だとすると、やはり稲作も基本的には「雑草とたたかう農業」系列だと考えるのが自然だよね。ところで、日本の初夏の風物詩、「田植え」。どうして日本の稲作では田植えをするんだと思う？　「ええっ？　そんなこと考えてみたこともなかった！」普通はそうだよね。

　厳密に証明することは簡単ではないけど、伝統的な農業を研究している人たちのなかには、**田植え**（難しくいうと、移植栽培）**という技術は稲を雑草との競争に勝たせるために生まれた**んだと考える人が少なくない。そもそも水田のなかでは畑作農業の強敵であるススキとかチガヤのようなイネ科の多年草は繁殖できないので、それだけで水田稲作は熱帯で行う農業としてとても有利だ。それでも、水田のなかにも強敵はいて、例えば雑穀のヒエに似たイヌビエという雑草なんかがある。イヌビエって穂が出るまでは稲

と見分けがつきにくいから、余計に除草が難しい、ズルい奴！

　そういう水田のなかの強敵に立ち向かうためには、ある程度成長するまで苗を育てて、それを束ねて水田に移植するのがとてもうまいやり方ってことになる。束になった稲は雑草と容易に見分けがつくし、ある程度背が伸びた段階だからあとから生えてくるイヌビエに追い抜かれる心配も少なくてすむ。こう考えると、田植えは雑草とたたかう技術なんだっていうのも納得できるね。こうして、水田稲作が焼畑とならぶ熱帯の二大農業になれたわけだ。

❸実はかんがいだけじゃない、いろんな稲作がある！

　稲作というと、東南アジアで行われている焼畑稲作のことも忘れてはならない。日本では稲作といえばかんがい水田だけど、東南アジアではかんがい可能なところではかんがい水田が、そうでないところ（例えばコラート高原というタイ東北部の平原などではかんがいがしにくい）では雨季に雨水をためて**天水田での稲作**がおこなわれる。さらに山間地の斜面などでは**焼畑で陸稲が栽培される**。熱帯雨林気候のインドネシアやマレーシア（ボルネオ島）では、焼畑と水田の中間みたいな不思議な稲作もあったりする（実際、インドネシア語で焼畑を意味する「ラダン」と水田を意味する「サワ」をあわせて「サワ・ラダン」と呼ばれている！）。これは湿地の草を伐り倒して、地面にかぶさった草の合間に田植え方式で苗を植えるやり方で、「焼かない焼畑」に近い稲作だ。

　日本でも半世紀くらい前までは山間地で結構焼畑がおこなわれていたけど、日本や台湾の焼畑では陸稲はほとんど作られておらず、アワ・キビなどの雑穀とかダイズなどの豆類、その他イモ類や野菜類などが栽培されていた。つまり東アジアの焼畑では稲作がないのに対して、東南アジアの焼畑ではほとんど稲作なんだよね。どうしてそのような違いが生まれたのかは謎だ。君たちはどう思う？　ぜひ研究して、謎を解決して！

❹寒さに立ち向かう稲作文化

　「日本はホンマもんの稲作国ではないかも」って言ったけど、日本の稲

に対する執念はやはりあなどれないものがある。もともと**熱帯性の作物だった稲を、寒冷な東北地方や北海道に適した作物にしてしまった**のがその証だ。これは文化の力で環境の制約をのりこえた好例だね。

今日、「日本の米どころ」といえば、コシヒカリの本場である新潟県のほか、かつてはササニシキ、今ではひとめぼれやあきたこまちなどを生み出した東北地方の各県、そしてここ数十年の間に急速に日本を代表する米の産地にのし上がってきた北海道などだ。これらの産地は江戸時代以前には米どころといわれるどころか、米の安定生産も容易でなく、寒冷地でもよく育つ赤米などを飢饉にそなえて作ったり、ヒエを作っていたりした。米どころとよばれるまでになったのは、ひとえに品種改良の努力の結果だ。

北海道で稲を栽培する試みは江戸時代にもあったそうだけど、稲作の歴史はほぼ幕末から明治初期に始まる。東北地方にあった耐冷性の在来品種を北海道南部で栽培したのが始まりだ。それから品種改良と土壌改良を重ねて、昭和初期までに少しずつ広まっていったんだ。

1980年代くらいまでは戦中の食糧難時代に制定された食管法っていうのが残っていて、ぼくらの子どもの頃は「標準価格米」っていう安い米を皆食べていた。1990年代にそれがようやく廃止されて、好みのブランド米を買って食べるようになったんだけど、それをきっかけに品質のよい米を作って高く売ろうという意欲が稲作をする人たちの間に出てきた。それで北海道でもその頃から、耐冷性品種とコシヒカリのような食味の好まれる品種をかけあわせて新品種を作る試みがでてきた。「ななつぼし」とか「ゆめぴりか」はそうやって生まれた北海道ブランドの米で、コシヒカリに負けない評価を得ているね。ぼくも大好きな品種だ！

（4）言語も豊富な熱帯

❶世界の言語の半分以上が熱帯に集中

最後に、ちょっと不思議な話を。世界にはどのくらいの言語があると思う？　国際SILという、世界の少数言語を調査しているキリスト教系の組

織があるんだけど、それによると現在世界にある言語の総数はおよそ7000だということだ（何をもって一つの言語とみなすかは難しいって話はP103で既にしたけど、ここでは国際SILの発表に基づいて話をする）。で、そのうち、アフリカの言語数は2200ほど。大半はサハラ以南アフリカで、北アフリカの言語多様性はそれほどでもない。特にナイジェリアとかカメルーンなんかは国内に数百もの少数言語がある。さらにスゴイのは、パプアニューギニアという一つの国だけで850もの言語があることだ。さらに隣のインドネシアはおよそ700。ちなみにニューギニア島の半分はインドネシア領だね。つまり**アフリカとニューギニア・インドネシアだけで世界の言語の半分になる**ってこと。なぜ、熱帯の国々にこれほど多くの言語が集中しているのだろう？

❷熱帯の狭く小さな集団

　正確なことはわかっていなくて、これは仮説に過ぎないんだけど、気候帯によって社会の適応の仕方が異なるためだっていう考え方がある。例えばサハラ以南アフリカとかニューギニア、東南アジア島嶼部などの熱帯地域では、豊かな動植物相をもっていることもあって、比較的狭い地域のなかで自給自足が可能だ。だから小さな地域的まとまりで言語や民族ができやすく、結果として少数言語がたくさんできることになる。それから、高温多湿という環境だと動植物に限らず感染症を引きおこすさまざまな病原体にとっても好適な環境となる。感染症の拡散をおさえるためには、あまり広範囲に動き回って人と接触しない方がよい。

❸高緯度・乾燥帯の広く大きな集団

　これに対して高緯度帯や乾燥帯では、狭い範囲で自給できるほどの資源がないため、結果として広域のまとまりになりやすい。つまりは広い地域に共通する言語になりやすいというんだ。これに加えて、農耕・牧畜開始以降の文明は中緯度地域を中心に展開したことが挙げられるだろう。文明は帝国を作ってきた。国家や文明は文化の均質化を促しやすい、逆にいうと少数言語が持続していくには望ましくない環境だ。言語は地理的な隔

離によって枝分かれしていくものでもあるので、大きな帝国のなかでは逆に少数言語は生まれにくいわけだよね。これは一つの見方に過ぎないんだけど、熱帯の社会って豊かな環境のなかで満ち足りた生活をしてきたのかもしれないね。

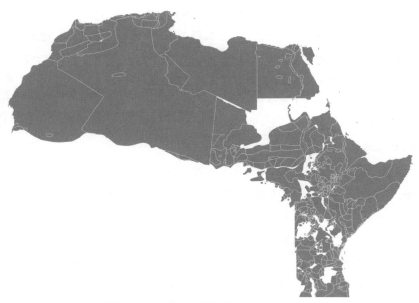

● **図5-13：北と南で対照的なアフリカの言語分布**

アシャー／モーズレイ（2000）『世界民族言語地図』東洋書林をもとに作成。中緯度の北アフリカでは言語は細分化されていないのに対して、サハラ以南アフリカの低緯度地域では多くの少数言語がみられる。

まとめ

▶▶ **焼畑とかんがい稲作はともに、雑草とたたかう農業の頂点に君臨する文化だ！**

---

5 食文化も小麦の世界・稲の世界でまっぷたつ

(1) 粉を食べる世界・粒を食べる世界

　当然のことながら、地域の食文化はそこで作られる農作物に密接に関係しているんで、食文化もやっぱり気候とかその地域で成立した農耕・牧畜文化と関係がふかい。そういうわけで、やっぱり世界の食文化も小麦の世界、稲の世界、雑穀・トウモロコシの世界、みたいに大きく区分して把握することができるんだ。

● 図5-14：15世紀頃の主食文化の分布
『週刊朝日百科　世界の食べもの121　テーマ編　①米とイモの文化』（1983）ほかを参考に作成。

　さて、図5-14をみてみよう。これは「15世紀頃」の世界の主食の分布を示したものだ。なんで15世紀頃かっていうと、ヨーロッパ人がアメリカ大陸に到達して以降は、アメリカ大陸の作物がユーラシアやアフリカに運ばれることによって激変してしまったから！　それだけ人類の歴史にとって大事件だったわけだけど、ここではまず気候と食文化の関係を理解したいので、15世紀頃の分布をみてみようっていうわけだ。

　この図からぼくがいいたいのは、世界の伝統的な食文化もまた、気候との関係、すなわち小麦の世界＝乾燥とたたかう世界＝穀物を粉にして食べる文化、稲の世界＝雑草とたたかう世界＝穀物を粒のまま食べる文化、に大別して理解することができるってこと。その中間にある雑穀・トウモ

ロコシの世界では、粉にして食べる文化と粒のまま食べる文化が混ざりあっている。例えば中国華北では、アワなどは粒のまま食べるけど、キビは粉にして団子にして食べたりするし、小麦は粉にして麺類などをつくるね。中南米でも、トウモロコシを粉にしてトルティーヤにしたり、粒のまま食べたりいろいろだ。

　小麦文化圏ではほぼ、パンにせよ麺にせよ、いったん粉にしてから成形する。これは皮と実を分離しづらいという小麦の性質によるものと考えられる。ただし寒冷や乾燥の限界に近い北欧や東欧などでは、大麦やエン麦、キビなどを粒のままお粥で食べる文化もあるけどね。

　これに対して稲の文化では、基本的に粒のまま炊いたり蒸したりして食べる。もちろん米を粉にして食べる文化（米粉とか団子とかね）もあるけど、これらの地域の主役はやはり炊いた米だ。

　さて、ここまでの話はイモを主食にするアフリカ、太平洋地域などを無視してきた。イモの文化は基本的には、粒のまま食べる稲の文化と同系列だと考えていいだろう。イモは基本的に皮をむいて煮たり焼いたり、石蒸し焼きにしたりして食べるからね。ただ、西アフリカ・中部アフリカのイモ食文化はちょっと面白い。ここは、サバンナで雑穀やトウモロコシを練り粥（固粥などともいう、粉にしてお湯で練った、熱々の団子のような食べもの）にして食べる文化と接しているためなのか、イモを煮たりふかしたりしてからつぶし、練り粥状にして食べる「フゥフゥ」（呼び名は地方によって異なる）という食べものがあるんだ。これは水平伝達によって食文化が伝わった例だろうね。

(2) 不思議な発酵文化の世界

　ぼくはときどき講義で学生にアンケートを取って、両親の出身地と納豆を日常的に食べるかどうかを聞いたりする。その結果をみて、今では大阪や兵庫出身の人も納豆を抵抗なく食べる人が増えたなあと思ったりするんだけど、ぼくが学生の頃には大阪出身で納豆は食わんっていう人がまだ多かったな。ぼくは関東育ちで、子どものころにときどき親にくさや（ムロア

ジという魚を開いて発酵させた、伊豆諸島の伝統食品）を食べさせてもらったりしていたけど、あれは客観的にみたら相当くさいよね。そういうのが食べられる、それどころか好きになっちゃうっていうのは、やはり慣れ、文化なんだとつくづく思う。さて、そうした発酵文化もこれまで話してきたような地域性があって面白いんだ。

❶酸っぱい！　ミルクの発酵文化

　ユーラシアの西側やアフリカでは、チーズやヨーグルトなどの乳製品が発酵食品の代表選手だよね。これらはカビをはやした強いにおいのチーズなんかもあるけど、大体はくさいというよりは酸っぱいものが主だね。酸っぱいのは乳酸菌による発酵だ。「小麦の世界」を含めて「乾燥とたたかう農業」系列の地域では、こうした発酵食品がとりわけ発達している。

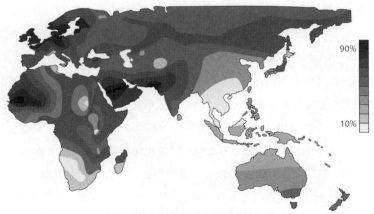

● **図5-15：ミルクを飲んでも大丈夫な成人の割合分布**
出典：Currey, A. (2013) Archaeology: The milk revolution. *Nature* 500: 20-22.

　さて、図5-15をみてみよう。これは難しいことばでいうと「乳糖耐性」という遺伝的な性質の分布を表していて、色の濃い地域には、ミルク（家畜の乳）をたくさん飲んでもお腹をこわしにくい人が多く住んでいる。東～東南アジアでは、牛乳を飲むとお腹をこわしやすい人が多いんだ。「自分は毎日牛乳を飲んでいるけどこわさないよ」という人も、いつもより多め

に飲んでごらん。意外に普通に吸収できる限界量が小さいってわかるかもしれない（無理はしないでね）。人間はだいたい、赤ちゃんのうちはミルク（「乳糖」という糖の一種が主成分だ）を消化吸収する力をもっているんだけど、大人になるとその力を失ってしまうんだ。大きくなってもご飯を食べずにおっぱいばかり欲しがっていたら困るからかもしれないね。

　さて、この地図をみると、北西ヨーロッパとか西アフリカでは乳糖耐性の人が多いようだ。なぜだろう？　実はこれは「生物学的適応」（特定の環境に有利な遺伝子が集団のなかで定着すること）の結果だということが、先史学や遺伝学の研究からわかっているんだ。

　今から1万年以上前に、西アジアの地中海東岸部のあたり（現在のトルコやシリアのあたりだ）で、コムギを栽培する穀物農業やヒツジ・ウシなどの牧畜が始まった。これは狩猟採集をおもにしていた人類のなかで、革命的な出来事だ。それで人口が爆発的に増えて、西アジアで始めた農耕・牧畜の技術をたずさえてヨーロッパやアフリカに広がっていったんだ。

　ところが当時のヨーロッパ北部では、寒冷のために西アジアでは栽培できた作物がうまく栽培できなかった。それで穀物よりも家畜の乳に依存する生活がしばらく続いたんだと考えられている。そうなると、ミルクを飲んで下痢をしてしまう人よりも、うまく吸収できる遺伝子をもった人（これは突然変異、つまり偶然によって生まれた性質だと思われる）が大人になるまで生き延びやすかったことは想像できるよね。アフリカの場合は寒冷ではなく乾燥のために、農耕よりも牧畜に頼らざるを得なかったことが背景にあって、結果的にヨーロッパと同じように乳糖耐性をもつ人が増えたんだろうな。現在でも牧畜は農耕に頼ることができない乾燥地や寒冷地で盛んにおこなわれているよね？

　以上は「生物学的適応」の例だけど、ついでにもう一つの適応、**文化的適応**というものがあることを説明しておくね。乾燥地が広がるモンゴルや中央アジアの人びとは、長く牧畜をおもな生業として暮らしてきた。でも地図をみると、乳糖耐性はあまりみられない。モンゴル人の乳糖耐性の度合いなんて、日本人と同じ程度なんだ。モンゴル人は家畜の乳を主食にど

うやって生きてこれたんだろうか？

　その答えが文化的適応なんだ。モンゴルでは家畜の乳をそのまま飲むことは多くない。馬乳酒は聞いたことあるかな？　アルコール度数は小さいけど、お酒、つまり発酵飲料だ。チーズやヨーグルトのように乳酸発酵させて食べたりもする。つまり**身体を適応させる代わりに、発酵という文化を作り上げることによって、文化という武器を使って適応した**ということなんだ（発酵によって乳糖は分解され、吸収しやすい糖になる）。人間って生身のまま環境と向きあっているわけじゃなくて、文化という仲介者が、人間と環境との間をとりもっているってことなんだね！

❷ くさい！　カビを利用する「稲の世界」の発酵文化

　いっぽう、稲の世界、つまり東アジアから東南アジアにかけての地域では、タンパク質を発酵させた、アンモニア臭の強い発酵食品が目立つ。これらの地域で日常的に使われている発酵調味料を大きく分けると、図5-16のように味噌、醤油、納豆などの大豆と穀物を使った調味料（豆醤・穀醤）と、塩漬けの魚を発酵させた調味料（魚醤）となる。大豆って主に温帯で栽培される豆なんで、東アジアの温帯では豆醤・穀醤が多いけど、日本でも秋田県でハタハタという魚を発酵させた「しょっつる」という魚醤があるし、さっき言ったくさやみたいな魚の発酵食品はたくさんある。

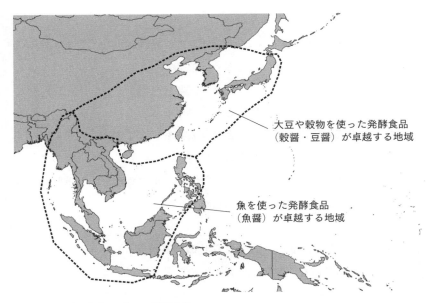

● 図5-16：東・東南アジアの発酵文化

出典：横山智（2021）『納豆の食文化誌』農文協（16p）ほか

　興味ぶかいのは、図の豆醤・穀醤圏と魚醤圏の境目あたりから、朝鮮半島・日本にかけての地域に納豆の文化が分布していることだ。海外の納豆は、日本のスーパーで売ってる納豆みたいなのばかりではなくて、もっと豆をつぶして固めたようなやつとか、いろいろある。そして、多くは日本の納豆よりも、くさい！　今売っている日本の納豆って、昔食べたやつに比べるとにおいが控えめなんだよね。大阪の人も、それで食べられるようになったのかも？

　「稲の世界」は、こういうわけで味噌・醤油とか魚醤という発酵調味料で味つけをする食文化で特徴づけられるんだ。これに対して、「小麦の世界」などその他の地域では、塩を基本として、それにコショウのようなスパイスとか、バジル、ミントみたいなハーブで味や香りをつける食文化がほとんどだ。インドも基本は塩とスパイスのミックスだよね？　こういうふうに世界をみると、やはり「稲の世界」ってすごく独特な文化なんだって思うね！　ぼくは世界中でいろんな食べものを食べてきたけど、やはり

中国や東南アジアでは食事がいつも美味しいって感じる。「稲の世界」どうし、日本の文化に近いからなのかもしれないな。

❸お酒も「小麦の世界」と「稲の世界」で違う！

　おっと、ぼくの大好物のお酒の話を忘れずにしておかないと。酒も立派な発酵食品だ（食というよりは、まあ飲料だけど）。糖やでんぷんを含んだものを酵母の力で分解して、その結果できるのがアルコールだ。実はパンもアルコール発酵で、発酵の結果炭酸ガスが出てふくらむんだ……パンは食べる前に焼くからアルコール分はとんじゃうんだけどね。

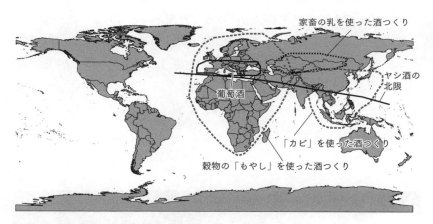

● 図5-17：世界の伝統的な酒つくり文化
出典：石毛直道監修（2007）『人類の食文化』農文協ほか

　さて、なんと酒も、小麦（この場合、トウモロコシも）の世界と稲の世界でハッキリ異なるんだ！　図5-17のように、ユーラシア・アフリカの酒は、ビールのような酒と、日本酒のような酒の二つに大きく分けられるんだ。ビールは麦芽を使ってでんぷんを糖化し、アルコール発酵させるものだけど、アフリカなんかでは麦芽の代わりに雑穀の芽を使って発酵させる酒なんかが含まれる。これは穀物の芽（わかりやすく言えば「もやし」）に含まれるアミラーゼ（唾液にも含まれている！）という酵素のはたらきででんぷんを糖に変え、ア

ルコール発酵を促すものだ。これに対して日本酒は麹という、味噌を作るのと同じ原料を使う。これは簡単にいえば、コウジカビというカビのはたらきででんぷんを糖に変えるんだ。湿潤な環境だから、カビを利用する文化が成立したってことだね。

「じゃあワインは？」っていうと、ワインは「小麦の世界」だからビールとかぶるね。なかでも、ブドウの栽培に適した地中海性気候やステップ気候の地域が主な生産地だ。ブドウは糖分でできているからデンプンを糖に変える工程がなく、カンタンだ。極端な話、ブドウを踏みつぶして放置するだけで、自然界に存在する酵母が酒にしてくれる。熱帯ではブドウのかわりにヤシの甘い樹液を使うヤシ酒文化がある。

ヨーロッパ人が移住する以前からあった南米の酒には、ペルーで「チチャ」とよばれるトウモロコシの酒がある。これはもともとは、口で噛んで発酵させる「口噛み酒」だったそうだ。唾液のアミラーゼででんぷんを糖に変える方法だね。えっ、ばっちいって？　ぼくもペルーでチチャを飲んだけど、今はそういう作り方はされてない。それに日本でも大昔は口噛み酒があったということだよ。

> **まとめ**
>
> ▶▶ **食文化も、「小麦の世界」と「稲の世界」に大きく分けて理解できる！**

世界の農業と水産業に関する以下の設問に答えなさい。

　世界各地の大陸の沿岸部をみると、海岸線から比較的近い場所に長大な山脈が走り、海岸から内陸に向かって数百キロ移動する間に、自然環境や土地利用が大きく変化する地域がある。このような地域に関する以下の問いに答えなさい。

※東大の解答用紙は1行あたり30文字。

(1)　図の地域Aと地域Bにはいずれも砂漠気候がみられる。砂漠気候がみられるのは、それぞれ山脈をはさんで海岸側と内陸側のどちら側か。地域A、地域Bの順に、それぞれの地域の砂漠気候の成立理由とあわせて、全部で3行以内で述べなさい。

(2)　地域Aの概ね2000m以上の山岳地帯で栽培・飼育されている代表的な農作物と家畜を、それぞれ1つずつ挙げなさい。

(3)　地域Cでは5〜10月、11〜4月のいずれの時期に降雨が集中するか。その理由とともに、1行で説明しなさい。

(4)　地域Cの海岸地帯で生産されるこの地域の主食となっている農作物(ア)と、山麓の丘陵地帯で生産される代表的な商品作物(イ)を、ア—○、イ—○のように、それぞれ1つずつ挙げなさい。

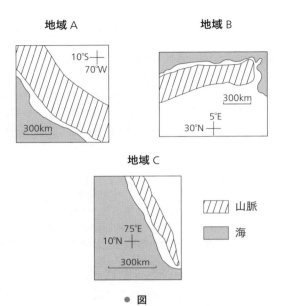

地域 A

10°S
70°W

300km

地域 B

300km

5°E
30°N

地域 C

75°E
10°N

300km

/// 山脈

■ 海

● 図

（東京大学2013年度地理・一部改変）

川の流れにしたがって世界をつかむ
——地形と生活文化の関係

1　源流・上流——山地と高原の生活文化

(1) 川の流れのように

　この章では地形と文化の関係を扱うことになる。まず大ざっぱに頭に描いてほしいのは、川の流れ、つまり地表の水が高いところから低いところへと流れることをイメージして世界をみることだ。

❶山地・高原

　例えば中国の大河、長江を地図帳でみてみようか。長江の源流は、世界の屋根と呼ばれるチベット・ヒマラヤの山岳地帯や高原地域だ。要するに**大河川のおおもとは山地や高原**というわけだ。ナイル川みたいなエジプトの砂漠を流れる河川でも、水源地はアフリカの東部高原とかエチオピア高原にあって、その源流にはしばしば豊かな森があったりする。だいいち、源流から河口まで、全部砂漠だったら大河川なんかできるわけないよね？　このように、上流と下流で異なる気候帯をまたがって流れるような川のことを外来河川というんだ。

❷平原

　源流の山地や高原から流れ出した水はやがて平野に下っていくんだけど、そこには川の**水によって運ばれた土砂が堆積されてできた沖積平野**などがある（これに対して、**侵食されてできた平野**を**構造平野**という）。沖積平野は大規模な穀物農業に向いていて、農耕文明が発祥した地域だ。とりわけ東アジア・東南アジアで古くからおこなわれてきたかんがい稲作は、この沖積平野の微

妙な地形を巧みに利用した農業で、小麦とかトウモロコシなどの畑作穀物農業と比べて、地形との結びつきがとても大きい農耕技術だ。

❸海岸

さらに川は流れて海に流れ、河口付近には三角州（デルタ）のような特徴的な沖積平野がある。海岸には堆積地形のほかにも、**陸地が沈降したり海水が侵入してできたリアス海岸**のような地形があって、そこは農業には向かないけど、海岸の水深がふかいため、港が立地することが多い。

（2）山地・高原の特徴

それでは、河川の源流にあたる、山地や高原の特徴についてみてみよう。下流の平野部を流れる川はさまざまな集水域から水を集めて水流も大きくなるけど、源流の山地や高原ではそうではないところも多い。高原というのは比較的平坦な地形が広がる地域に使われる言葉だけど、高原に隣接する低地に降りていく地域は険しい山岳地帯があったりする。こうした地域ではダムなどがつくられることも多い。

● 図6-1：エチオピア高地の畑作農業

サハラ以南アフリカでは犂を使った耕作はおこなわれないが、エチオピア高地では西アジアと同じようなウシ２頭引きの犂が使われる。ウシを犂に使うだけでなく、右の写真のようにウシに踏ませて穀物の脱穀をおこなう。

山地・高原ではどんな農業がおこなわれるだろうか。傾斜のある土地が

多いから、斜面を利用した農業がおこなわれることは想像がつくね。日本の山地での農業をイメージしてみよう。稲作の盛んな日本では、まず山地の傾斜を利用した**棚田**のことが思い浮かぶだろう。水田は水が得られるところでないとできないから、水の乏しい「乏水地」では、天水を利用した**段々畑（階段耕作）**などの畑作がおこなわれる。

　ところで、20世紀の半ば頃までは日本の山地でも焼畑が盛んにおこなわれていた。これも傾斜地の賢い利用法だといえるね。段々畑のような「常畑」と違って、平坦な耕地は作らず、斜面の森とか藪を伐採してそのまま雑穀やイモ類・野菜などの作物を作り、数年経って雑草がはびこってきたら休閑させて森に戻す農法だ。東南アジアなどの熱帯地域では、平野では水田を作り、山地では焼畑をおこなっている。日本の焼畑では東南アジアと違って、イネ（陸稲）を栽培せずに雑穀とか野菜などを作る。東南アジアの焼畑で稲作がおこなわれるのは、山地に住んでいる少数民族がお米が大好きで、米を作ることに文化的な執着をもっているということもあるね。

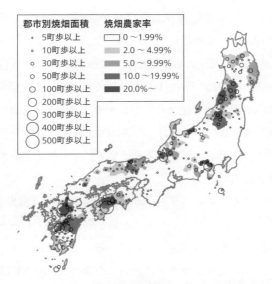

● **図6-2：かつて日本で焼畑がおこなわれていた地域**
佐々木高明（1972）『日本の焼畑』古今書院をもとに作成。特に九州や四国で盛んにおこなわれていた。

さて、世界の山地・高原のうち、特徴的な文明が展開した地域がいくつかある。具体的には、エチオピア、アンデス、チベット、そして中国の黄土高原などだ。エチオピアやアンデスは低緯度に位置していて、周囲の低地は熱帯だが、高地は高山気候で、温帯と同様に一年を通して穏やかな気候だ。チベット・ヒマラヤはもう少し緯度が高く、内陸にあることから冷涼で乾燥した気候だ。黄土高原はさらに高緯度に位置し、ほぼ乾燥帯（ステップ気候）だ。これらの地域はいずれも、独特の栽培植物・農耕文化を生み出した文明の発祥地だ。緯度の違いに注意しよう。とりわけエチオピアやアンデスのような**低緯度の高地では温暖な気候になりやすく、農耕文明が生まれるのに好適な条件が揃っている**んだ。

（3）エチオピア高原

❶実はいろんな穀物の原産地

まずはエチオピアだ。エチオピア高原は北緯9度くらいに位置していて、高地をとりまく低地では熱帯の森や草原が広がり、そして北側や東側の低地には砂漠がある。このため、エチオピアという国は気候的に熱帯から高山気候や砂漠まで、ほとんどが揃っていてアフリカで最も自然環境のバリエーション豊かな国だ。高地は年中温暖で常春のような気候なんだよね。だから温帯の地中海沿岸で生まれたコムギやオオムギ、ヒヨコマメ、レンズマメなどの作物をとりこむ一方、低地に囲まれ孤立した地域であったためか、エチオピアで栽培化され、エチオピアでしか栽培されていない独特な作物が生まれたんだ。

その代表がテフとエンセーテという作物だ。テフは「世界最小の穀物」と呼ばれ、これを粉にしてインジェラという平たくてふわっとしたクレープのような発酵パンを焼き、主食にしている。このほか、モロコシ（ソルガム、コウリャンとも呼ばれる）やシコクビエといったような、**かつて日本の焼畑でも栽培されていた穀物**（これらのマイナーな穀物はまとめて**雑穀**と呼ばれることが多い）なども、エチオピア高原か、その周囲のサバナ気候の地域で栽培化されたと

考えられている。そう考えると、エチオピアは（日本ではマイナーでよく知られていない作物が多いんだけど）世界の農耕文化の発祥地、大きな中心地の一つであるといえるんだ。

● 図6-3：「世界最小の穀物」テフの畑
エチオピア人の主食「インジェラ」（薄焼きの発酵パン）が作られる。テフ畑の背後にみえる花畑は、これもエチオピアでしか栽培されないヌグという油料作物の畑。

● 図6-4：「偽バナナ」と呼ばれる作物エンセーテ
バナナに似た植物だが、実はならない。地下や地上部にたまったデンプンを取り出して発酵パンを作る。

❷コーヒー

　エチオピアで栽培化された作物はマイナーなものだけじゃない。コーヒーもエチオピア起源の作物だ。エチオピアにはコーヒーの起源伝説がある。それによると、カルディという名前の男の子がヤギの放牧の手伝いをしていて、ある日いなくなった一匹のヤギを探しに森に入ってみると、そのヤギがコーヒーの実を食べて興奮して走り回っていたっていうんだ。そこで男の子はコーヒーの実を摘んで村に帰って、それをイスラーム修道院の修行僧たちにみせた。坊さんたちは、最初は要らないといって火にくべてしまったんだけど、そこからコーヒーの焦げたいい匂いがしたから取り出してお湯に溶かして飲んだ。そしたら退屈な修行にも熱が入るようになって、「これはいいぞ」ってことになった。これがコーヒー文化の始まりということだ。

　ちなみにエチオピア高地には4世紀にシリアから伝わったキリスト教、そしてイスラーム、二つの宗教があって、ムスリムは野生のコーヒーが分布している南部に多い。だからカルディの伝説はイスラーム修道院が舞台になっているわけだ。それと、コーヒーを焙煎して飲む文化って、イスラーム世界でまず広がっていったんだけど、エチオピアで孤立して存在していたキリスト教ではなく、イスラームであれば周囲のネットワークを通じて文化が伝わっていったことは十分考えられるだろうね。

　ぼくが調査しているマジャンの森には、野生のコーヒーが自生している。昔からマジャンはその実（豆）を摘んで、定期市に持っていって交換したり、葉を摘んでお茶にして飲んだりしていたんだよ。「えっ、豆じゃなくて葉っぱを使うの？」って思うだろう？　文化の起源地では、その他の地域に比べて多様な文化がみられることが多いっていうけど、エチオピア国内のコーヒー文化も民族によっていろんな多様性があるんだ。コーヒーに入れるものも、砂糖だけじゃなく、塩を入れたりトウガラシなどのスパイスとかいろんなハーブを入れたりと、いろんな飲み方があるんだ。葉をお茶にして飲むのは低地の人たちだけで、高地のエチオピア人は、豆を自宅で焙煎して客人たちに匂いをかがせるところからもてなしを始める「コ

ーヒーセレモニー」って呼ばれている文化がある。

● **図6-5：コーヒーの葉を煎って作るエチオピア低地の「コーヒー茶」**
色はコーヒーそのものだが、豆ではなく葉を煎って作られたものだ。煎ってからお湯
で煮出し、塩やトウガラシ、ハーブなどを入れて飲む。

自宅に客を招き、炭火で豆を炒るところを見せ、香りで
もてなす。

● **図6-6：エチオピア高地のコーヒーセレモニー**

　エチオピアってこういうふうに、低緯度帯の高原っていう農業に適した
気候を利用して、地中海沿岸や熱帯の文化と交流して巧みにそれを取り

込みながら、独自の栽培植物と農耕文化を生み出し、それを基盤に古代王国を作り上げ（エチオピア王国の起源伝説では、イスラエルのソロモン王とシバの女王との間に生まれた子どもが初代の王とされている）、さらに4世紀にはキリスト教を国教として取り込み、独自の文明を築いたんだ。これはある意味、全く**異なる自然環境・民族・文化にとり囲まれ、それが緩衝地帯となって、高地という舞台で独特の文明を築き上げた**、というふうにみることもできるだろう。

（4）アンデス高地

次はアンデス高地をみてみよう。アンデス高地といっても、実は赤道付近のエクアドルからチリ・アルゼンチンまで、南北にのびる長大な地域なんで、多様性がとても大きい。ここでは**インカ帝国が栄えたペルーアンデス**（中央アンデスとも呼ばれる地域、以下単に「アンデス」と呼ぶ）の話をしよう。

❶標高ごとの土地利用

アンデスも、エチオピア高地と同じように、**低緯度に位置するためにかなり標高の高いところまで人間が利用することが可能**だ。アンデス高地は南北にのびており、東側、西側には低地があるという地理的な特徴のせいもあって、図6-7のように標高帯によって異なる土地利用がみられることが特徴だ。この図の標高帯区分は現地の分類法によっている。大ざっぱにいえば、標高3000メートルくらいのところに人が住んでいて、主にジャガイモを主食作物として栽培している。**ジャガイモの栽培起源地**で、原産地の特徴である品種の多様性がすごい。多くの品種が栽培されているのは、いろんな品種が好まれていることもあるけど、その意義は**多様な品種を栽培することによって、気候変動や伝染病の流行などによる不作や飢饉のリスクを避ける**というのが大きい。

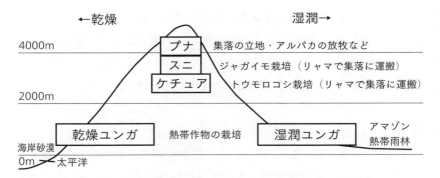

● 図6-7：標高帯・東西で異なるアンデスの土地利用
寒流の流れる太平洋岸は砂漠、東側の山麓はアマゾンに連なる熱帯雨林であることに注意しよう。
山本紀夫編（2007）『アンデス高地』京都大学学術出版会（16p）などにより作成。

　主食のジャガイモは、一年中食べられるように干しイモにして保存する。この干しイモの作り方は、**気温の日較差が大きい低緯度帯高地の気候を利用した**面白いものだ。どうするかっていうと、収穫した大量のジャガイモを屋外に広げておいて、気温の下がる夜間に凍らせるんだ。昼間は逆に高温になるので、凍ったジャガイモは解凍される。これを何度か繰り返すと、ジャガイモは柔らかくなって足で踏んだだけで水分が出てしまうようになる。ジャガイモは芽や皮の部分に毒があるんだけど、この毒も水分と一緒に出してしまう、一挙両得の素晴らしい干しイモ製造法ってわけだ！

　そして、それより標高の高いところではアルパカの放牧などをして、低いところではトウモロコシの階段耕作などがおこなわれる。さらに低地に降りていくと熱帯気候になって、トウガラシとか綿花などの熱帯にむいている作物が作られる。ここで注意したいのは、アンデスの東側と西側の違いだね。**アンデスの西側、すなわち海のある方の低地は乾燥気候で、反対側（東側）の低地はアマゾンの熱帯雨林**だ。なんで同じ緯度・標高なのに全く異なる気候になっているんだと思う？

　そう、第Ⅰ部で説明した、大気候のことを思い出してみればその謎は解けるよね！　南半球の太平洋海上を反時計回りに吹いている風によって、南米大陸の西岸では寒流（ペルー海流）が流れている。そのために上昇気流

が起こりにくく、西海岸には砂漠が広がっているわけだ。このため、アンデスの西側低地は基本的にかんがいをしなければ農業ができない地域だ。これに対して東側には大陸を西に向かって吹いている風がアンデス山脈にぶつかって雨を降らせ、熱帯雨林になっているわけだ。

❷定牧

　さて、アンデスの生業にはもうひとつ重要な特徴があって、それは**チベット高原とは対照的な特徴**だ。それは、緯度の違いによってもたらされるものだ。すなわち、**低緯度の中央アンデスでは、季節の差**（年較差）**がわずかしかないので、牧畜も季節的な移動があまりみられない**ことで、これがチベット高原の生業との大きな違いだ。アンデスではアルパカやリャマの放牧をするけど、これらは「移牧」ではなく「定牧」と呼ばれるんだ。同じ標高帯で一年中放牧するからね。だからアンデスの牧畜は季節移動の量が少ない。ちなみに農業は、高地に住んでいる人が低地に降りてトウモロコシの栽培などをおこなう。住む場所は同じで、同じ人が高地・低地双方で農業を営んでいるっていうことだね。標高差がある場所を行ったり来たりするのは大変だから、荷駄獣としてリャマを飼養して、リャマに収穫した作物などを運ばせるんだ（アルパカが毛用・肉用に飼われるのに対して、リャマは荷駄用・肉用だ）。

　ユーラシアの中緯度に位置するチベット高原では、同じ牧畜でも全く事情が異なっている。チベットでは夏と冬の気温差がものすごく大きい。冬には標高の高いところで放牧ができないから、夏の間は標高の高いところでウシやヤクなどを放牧して、冬になると下に降りてきて集落の近くで放牧をするという移牧という形態になる。これはやはり**中緯度に位置するヨーロッパ・アルプスの牧畜でも同じ**だ。チベットでは夏もエチオピアやアンデスほど温暖な地域はなく、冷涼なんで、比較的寒さに強いオオムギなどが栽培され、主食にする。オオムギは炒ってから粉にして、ヤクのバターを加えて練ったツァンパという食べ物にして食べる。ちなみに炒りオオムギの粉は日本でははったい粉と呼ばれているんだけど知らないかな？

一昔前は砂糖水で練って焼いたものが子どものおやつになったりしていたんだけど。

(5) 黄土高原

　最後に、中国の黄土高原について話そう。チベット高原は大ざっぱに北緯30度くらいに位置していて、黄土高原はさらに高緯度の40度付近だ。ただし標高はほぼ2000メートル以下で、チベット高原に比べると標高が低い分、冬の寒さはそれほど厳しいわけではない。黄土高原は、西方のタクラマカン砂漠などから飛来した砂や岩屑が分厚く堆積してできた台地が、風や雨、とりわけ雨によって侵食されてできたものだ。様々な地形があるけど、特に目をひくのはまるで魚の骨みたいに尾根と谷が続く地形とか、お椀を逆さまにしたような丸くてなだらかな丘が連なる地形だ。ぼくはこの黄土高原でも継続的に農村調査をしているんだけど、黄土高原の地形は思わず見とれてしまうような壮麗な景観なんだよ。

● **図6-8：黄土高原の景観**
まるで絵画のような風景だけど、これは現実を撮った写真だ。丘陵部には山頂に至るまで畑が広がり、山腹の斜面にはヤオトンとよばれる洞窟式住居がみえる。

● 図6-9：黄土高原の地形
侵食によって鋭く削られた谷と尾根とが魚の骨のように続く。

❶ヤオトン：洞窟の中に住む

　黄土高原の特徴は、激しい侵食のために広々とした平地が少なく、多くは尾根と谷とそれにはさまれた斜面でできていること、そして黄土は比較的掘削が容易なことだ。だから、**斜面の黄土を横に彫り抜いて横穴の洞窟状に作られた「ヤオトン」と呼ばれる住居**がみられる。この住居は、土の中に作られているので夏は涼しく、冬は暖かいスグレモノだ。そうはいっても、高緯度に位置する黄土高原の冬は厳しいので、しっかり暖房が必要になる。それはかまどの中とベッド（これも黄土でできている）の下をパイプでつなぎ、下からベッドを温める、朝鮮半島などにもあるオンドル式の暖房だ。横穴を掘っただけの住居なんで壊れやすいと思うかもしれないけど、ぼくが調査していた村のある老夫婦のヤオトンは、築造後60年以上経っているものだった。もちろん時々修理しながら使っていたんだろうけど、ある程度黄土に粘性があるためか、意外に丈夫なようだ。

● **図6-10：洞窟式住居（ヤオトン）の内部**
奥のベッドの下に、右手前にみえるかまどの熱を送って温めている。

❷斜面での農業

　黄土高原でおこなわれている農業が、また美しい景観なんだ。平地が少ないため、黄土高原では谷底でトウモロコシ栽培などの河川かんがい農業をするか、斜面で農業をするかだ。この地域は中国の古代文明が生まれた西安に接していて、アワ・キビなどの雑穀や、コムギの栽培などがおこなわれてきた。現代では換金作物としてトウモロコシ栽培も盛んだ。山の斜面一帯に広がるアワ・キビ・ダイズなどの畑にぼくは何度も見とれてしまったものだ。

　黄土高原は絶えず雨によって侵食されていて、現代ではその防止のために段々畑を造ったりしている。でも、黄土高原には谷底に小さなダムを造って侵食されて流れてきた土をせき止め、積もった土を畑にしてトウモロコシなどを栽培する素晴らしい技術もある。物理法則には逆らえないので斜面の侵食はいくら努力しても止めることができない。**ならば流れた土を下でせき止めて畑にしてしまえ**、というわけだね。この技術はチェックダムと呼ばれていて、明（みん）の時代からあったという。世界中いたるところで、こ

● 図6-11：回転式石臼をロバにひかせて雑穀を製粉する

乾燥気候の黄土高原では、西アジアに似た畑作文化がみられる。

● 図6-12：斜面を改変して作られた段々畑

谷底にはチェックダムによる耕地が広がる。

ういうふうに長年の知恵の積み重ねによって環境に適応するための伝統的
な知識・技術が蓄えられている。人間の文化ってすごいと思わないか？

● 図6-13：チェックダム（谷に堰堤（えんてい）をつくり、土砂をためて作られた畑）で栽培される雑穀（アワ）

● 図6-14：細かい地形を利用して多様な作物栽培をしている

谷底ではトウモロコシを、斜面では雑穀（キビ）を栽培している。

▶▶ **低緯度から中緯度にかけては、標高の高い地域で特徴的な文明が生まれた。高地の文化も、緯度の違いによって多様だ。**

2 中流・下流——平野の生活文化

(1) 平野と農耕・牧畜

　平野は基本的に農耕・牧畜開始以降の文明の主な舞台となった場所だ。単純に考えると、農耕、とりわけ穀物農耕をおこなうには広い土地が必要で、広い土地と水があれば大規模な生産が可能になる。だから新石器時代以降に生まれた農耕文明は、だいたい温帯から乾燥帯にかけて流れる大河の中・下流域に位置する。こうした平野は歴史的に文明が発展した場所なので、都市も古くから発達したため、今でも人口の集中している場所でもある。

　乾燥帯は一般的に農業には不利だけど、西アジアや北アフリカで広がった農耕は比較的乾燥に強いコムギ・オオムギを主体としていたので、河川水を利用したかんがいをおこなうことで大規模な農耕が可能となったんだ。さらにいえば、ステップは家畜の放牧に向いているため、農耕と牧畜が深く結びついた文化が生まれたんだね。

(2) 小地形の種類

　平野（ここでは主に堆積によってできた沖積平野を扱う）といっても、その中にさまざまな地形があって、それらは小地形と呼ばれている。ここでは大まかに、図6-15をみながら主な小地形にはどんなものがあるかだけをみておこう。

❶扇状地

　山地と平野の境目にあたる場所には、山地から流れてきた河川が運ぶ土砂が堆積した扇状地地形がみられることが多い。**扇状地に堆積した土砂は河口付近に比べると粒が大きいから、川の水も伏流水となって水無し川になりやすい**。地表面は水はけがいいから果樹栽培とか、畑作がおこなわれることが多い。

❷氾濫原

　さらに下流の氾濫原になると、河川の水量も多くゆっくりとした流れになる。傾斜のゆるい平野だと蛇行する川の流れが時間とともに変わっていき、水が流れなくなったところは旧河道と呼ばれ、ここに水がたまると三日月湖のような地形になったりする。また、川の氾濫が繰り返されると、土砂のたまったところは**自然堤防**と呼ばれる**微高地**になる。ここは比較的**洪水の被害が起こりにくいので旧い集落などが立地している**。これに対して自然堤防の背後の後背湿地は水田などの農地として利用されることが多いね。P58でいったように、こうした平野の小地形は旧版地形図でみると非常にわかりやすいけど、現代では開発されて市街地などになってしまっているので地図をみただけではわかりにくい。大きな川の河岸部には河岸段丘などが形成され、ここも農地として利用されてきた。

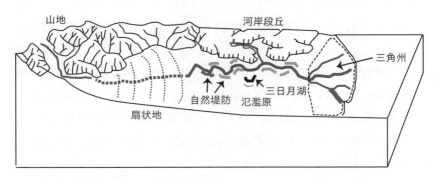

● 図6-15：平野にみられる小地形

❸三角州

　大きな川の河口付近には、**三角州（デルタ）** が形成されていることが多く、傾斜のゆるやかで大規模な平野がみられる。大阪平野や濃尾平野、福岡平野、広島平野など、日本の都市の多くはこの三角州の上に形成されているんだ。

（3）平野と稲作

❶日本：井堰かんがい・ため池からデルタへ

　稲作も古くからデルタを中心に発展したと思うかもしれないけど、実はそうでもない。土地も広く傾斜もゆるやかなデルタは氾濫の規模も大きいから、水のコントロールも簡単ではない。デルタで稲作をやるには、それなりの土木技術が必要になる。だからデルタの多くは近世以降に開発されたところが多いんだ。

　では、もっと古くからのかんがい稲作はどんなところで行われていたのかっていうと、もっと上流の小規模で適度な傾斜がある平野とか山間盆地のようなところだ。日本の稲作の典型的なかんがいのやり方は、井堰かんがいやため池によるものだ。井堰かんがいは、川に堰堤を作って水位を高くして、高くなった地点の河岸に水路を作って田に水を引く方法だ。まさに、自然の地形を利用して、そこにうまく手を加えることによって行われるものだね。近世の初め頃には既に高度な技術があったようで、豊臣秀吉が今の岡山県にあった備中高松城を水攻めによって攻略した時には、城周辺の微地形を把握したうえで、足守川に大きな堰堤を作って城の周囲に水を流し、水浸しにしてしまったということだ。この頃には水利工事の技術も相当発達していたらしく、やがて江戸時代になって平和な時代になると、日本各地のデルタで大規模な水田開発が行われ、それにともなって人口も増加したんだ。

● **図6-16：井堰かんがいの仕組み**（ラオスの例）

丸太を挟んでたくさんの木の杭を打ち込み、上流側の水位をあげ、そこから農業用
水を引く。

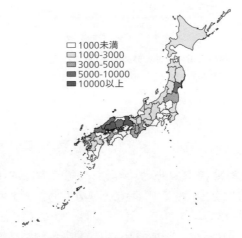

- 1000未満
- 1000-3000
- 3000-5000
- 5000-10000
- 10000以上

● **図6-17：ため池の多い地域**

夏の降水量が少なく集水域も狭い瀬戸内では、ため池
が多い。農水省のデータ（2022年）による。

❷アジアの盆地の稲作は昔の日本にそっくり！

　かんがい稲作が大規模なデルタではなくてもっと上流の盆地状の地形で発達したのは、日本に限ったことじゃないんだ。中国内陸部の長江流域の四川盆地とか、タイ北部のかんがい稲作は、井堰かんがいのつくり方といい、棚田景観といい、まるで日本の農村風景をみているように錯覚するほどだ。メコン川に代表される東南アジアの大河は日本の河川よりもはるかに規模が大きく、流量が大きくて傾斜がゆるやかだから、デルタの開発も日本以上に遅い。土木技術によってかんがい水路網を作れるようになった19世紀以降になってからのことだ。

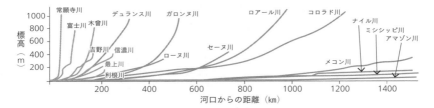

● 図6-18：日本と世界の河川の長さと傾斜の関係
国土交通省の資料などにより作成

まとめ

▶▶　平野は大規模な文明が発展した舞台で、それは農耕に支えられたものだった。特にかんがい稲作は小地形を巧みに利用して営まれる。現代では、かつての農業的土地利用は都市的な土地利用に転換されつつある。

3　海と海岸の生活文化

(1) 海という道

　海は人やモノの流れにとってきわめて重要な交通路だ。大昔から海の道は人の長距離移動にとって重要だったし、産業革命以降工業化が進むと、資源を大量に外から運び、できた大量の製品を運び出す海と、その玄関である港の役割はますます大きなものとなった。航空機による輸送が普及して人は空路を使って長距離移動するようになったけど、モノが運ばれる道としての海の重要性は基本的には変わっていない。

❶港があれば勝ち組に！

　だから貿易で繁栄するためには大きな港の存在は必須になる。アラビア半島に位置するドバイ（アラブ首長国連邦を構成する首長国の一つ）は西アジア随一の貿易都市だけど、面白いのはドバイって、湾岸諸国のなかでも石油埋蔵量は大したことないんだよね。なんでドバイが発展したのかというと、<u>空（ドバイ国際空港は国際線乗降客数が世界一のハブ空港だ）と海（ジュベル・アリ港は世界最大の人工港）の整備をして世界中の企業を誘致した</u>ことに尽きる。元々インド洋交易の港の一つだったんだけど、大規模な掘削工事をして巨大な人工港を作ったことによって貿易拠点になれたわけだ。

❷港のためには戦争や借金も

　逆に内陸国や、良港に恵まれない国の産業は大きなハンディキャップを背負うことになる。広大な領土をもつロシアも、海岸のほとんどは北極海などの高緯度にあって、冬期も使える不凍港は日本海に面するウラジオストックなどわずかしかないんだ。この不利を補うためにヨーロッパを含む周辺国に石油・ガスパイプラインを整備しているわけだけど、こう考えるとロシアが強硬的にクリミア半島を併合したりウクライナに侵攻したりした理由も、黒海に面してヨーロッパに通じるこの地域がロシアにとって

はどうしても欲しかったからなんじゃないかって思えるね。

　もう一つ例をあげると、エチオピアはもともと紅海に面していたんだけど（紀元1世紀の頃のエチオピアの王国は、象牙などの紅海交易を取り仕切ることで栄えていたんだ）、1990年代にエリトリアが独立して内陸国になってしまった。その後中国からの援助や借金によって首都アジスアベバと紅海に面するジブチを結ぶ鉄道を作ったんだけど、莫大な借金をしてまで海へと通じる道が必要だったんだね。

（2）海岸地形の種類

❶沈水海岸

　さて、港ができる地形っていうと、大きな船が入港できるような深い海が適しているよね。リアス海岸のような陸地が沈降してできた地形が代表的だ。日本でリアス海岸というと岩手の三陸海岸なんかが有名だね。漁業生産高が高い長崎県なんかにもリアス海岸が多い。リアス海岸と似た特徴をもつ海岸地形には、**氷河によって削られたU字谷が沈降してできたフィヨルド**などがある。**どちらも天然の良港が立地する地形だし、入り江は穏やかな海なんで、海岸養殖の適地でもある。**魚介類は減少して天然ものを食べることが今後ますます難しくなっていくだろうから、養殖業の重要性は増していくだろうな。

❷砂浜海岸

　一方、砂浜海岸では海流の作用で砂が堆積して砂嘴とか砂州のような細長い橋状の地形ができたりする。砂嘴が伸びて海を囲んでしまったのが砂州で、囲まれた部分は潟湖（ラグーン）だ。**ラグーンは汽水湖**といって、**塩分量が淡水と海水の中間くらいの湖で、生物多様性にとっても重要な場所**だ。日本だと、北海道のサロマ湖とか島根県の宍道湖なんかが有名だね。砂浜海岸は、海水浴はもちろんだけど、干潟を利用したり、海辺に暮らす人びとには重要な場所であることが多い。だけど近年は川の上流にダ

ムなんかを作ったりする影響とか、地球温暖化による海面上昇の影響とかで、土砂の堆積量が減って砂浜が縮小している。以前から浜辺の近くに住んでいた大人に聞いてみたらいいよ。「昔はこのへんの浜はもっと広かったんだけどな」っていう人がいるんじゃないかな。

❸熱帯の汽水域ではマングローブが！

　地形というより、気候・植生のからんだ話だけど、忘れずにおさえておきたいのが、熱帯の大きな河川の河口部、つまり海に近いところにある独特な植生としてのマングローブだ（厳密にいうと熱帯以外にも、例えば日本の西端に近い西表島なんかにもマングローブはある）。河口部なので、やはり**淡水と塩水が混ざり合って、独特の景観・生態系が形成されている。生態系だけじゃなくて、台風やサイクロンなどが来たときに起こる高潮や洪水による被害を軽減する機能もある。**でも、よく知られている話だけど、熱帯では企業的養殖業としてエビ養殖が行われるようになって、その養殖場を造成するためにマングローブが伐採される傾向にある。熱帯林がアブラヤシなどのプランテーションを作るために伐採されて減少しているのと同じ問題だ。

まとめ

▶▶　**海は貿易に必須の場所で、内陸国はその点きわめて不利だ。**

4　おさえておきたい地形の形成要因

　生活文化とは直接関係ないけど、自然地理的な理解は土台として必要なんで、おさらいしておこう。

　地形は大地形と小地形に分けて学ぶことになっているけど、これってどういう分類なんだろう？　必ずしもスケールの違いではない。成り立ち、

メカニズムに関する分け方なんだよ。

　大地形はプレートテクトニクス、つまり地球内部の変動によって起こる、世界の形の大枠を決めるものだ。内部のエネルギーによってできるので、内的営力というんだ。

　これに対して小地形を作る力は**外部からの作用。つまり雨や風や雪、そして高低差の作用によって、侵食、運搬、堆積、風化が起こる**。これは外的営力と呼ばれるものだ。こうした作用はたいていの場合、高いところから低いところへと移るプロセスで起こるけど、黄土高原の風による黄土の堆積みたいに必ずしもそうとはいえないものもあるね。

　基本的には、このくらいを頭に入れておけばいいだろう。個々の小地形を学ぶ時に、外的営力の4つの作用を頭に入れて地形の形成プロセスを理解すればよい。氷河地形とかカルスト地形なんかは教科書にも載っているだろう。地理総合では人間との関わりの深いもの（前節のフィヨルドはその一つだね）を中心に学ぶので、あまり細かいところを頭に入れる必要はないけど、世界のさまざまな地形がどんなふうにできたものかを理解しておくと、実際にそれを自分の目でみた時の感動もひとしおだ。

まとめ

　▶▶ **プレート運動によって地表の大枠が決まり、侵食、運搬、堆積、風化という4つの作用で小地形が形成される。**

　自然環境と人間活動との関係に関する以下の設問に答えなさい。

　図1〜図3は、1916年、1951年、2002年に作成された日本のある地域の地形図である。地形図の元の縮尺は5万分の1であるが、ここでは縮小されている。1916年の地形図から明瞭に読み取れるように、この地域の地形は、1）西側の「山地」、2）東側の河川沿いの「低地」、3）両者の間にある「台地」（谷に刻まれた扇状地）の3つの要素で構成される。

※東大の解答用紙は1行あたり30文字。

(1)　1916年のこの地域の土地利用は、地形の影響を強く受けている。上記の「台地」の東部と、「低地」のそれぞれについて当時最も卓越していた土地利用を、それらが卓越した自然的・社会的理由とあわせて、全部で3行以内で述べなさい。

(2)　1951年の地形図では、「台地」の一部の土地利用が1916年とは大きく変化している。その変化の内容とそれを可能とした技術について、あわせて2行以内で述べなさい。

(3)　2002年の地形図では、「低地」と「台地」の土地利用が1951年とは大きく変化している。その変化の内容と、変化を引き起こした諸要因を、「低地」と「台地」をあわせて3行以内で述べなさい。

第Ⅱ部

1916年

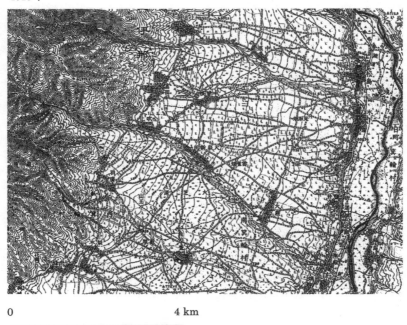

0　　　　　　　　　　　　　　　4 km

1：50,000 地形図（縮小）。

● 図1

1951 年

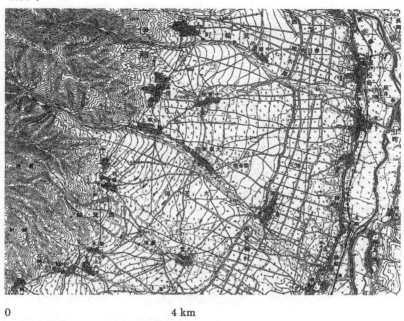

0   4 km

N

1：50,000 地形図（縮小）。

● 図2

2002年

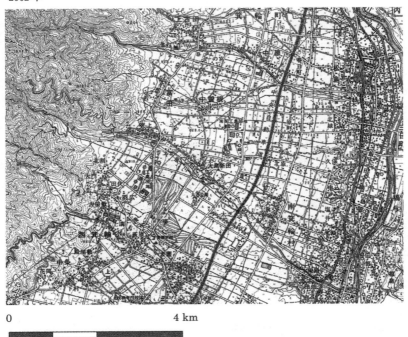

N

1：50,000 地形図（縮小）。

● 図3

（東京大学2015年度地理・一部改変）

第 7 章

産業の発展を
地理的にみると？

1　近代農業の発展

（1）自給的農業から商業的農業へ

　これまでは、農業や牧畜を主に自然環境への適応という側面からみてきた。君たちもよく知っているように、現代は世界中どこでも、農牧業の自給的な側面はどんどん小さくなっている。農村での自給的な農業や牧畜のイメージが強いアフリカも同じだ。なぜかっていうと、アフリカでも都市化が進んでいるからだ。都市に住む人は工業や商業などの仕事をしてお金を稼ぎ、食べものを買って暮らしているよね。そうすると農村では、自分で食べるための農業だけでなく、都市に住む人に売るための作物を作るようになる。もちろんそうやってお金を稼ぐことによって、農村でも衣服とか工業製品などを買って生活を豊かにすることができるね。つまり、**都市化が進めば進むほど、自給的な農業は衰退して農業も牧畜も産業化していく**ことになるわけだ。

　産業としての農業は国家や文明が生まれた古代から存在する。古代文明は都市を中心に興ったものだし、そこでは職業の分業があったわけだからね。でも自給的農業から大きく離れて、産業としての農業が成立したのは近代のヨーロッパだとされている。産業革命が起こり、都市で大規模な工業が成長し、農村ではなく都市が経済の中心になったからだ。自給のための農業は衰退し、農業と酪農や羊毛生産などを効率よく組み合わせた商業的な混合農業が始まった。地中海周辺では、小麦やマメ類などの生産に加えて、気候の特徴を生かしたブドウ・オレンジ・オリーブなどの商業的な生産が始まった。もちろん、現代ではこうした商業的な農業はヨー

ロッパだけじゃなくて日本も含め世界中で主流の農業になっている。

(2) 効率とリスク

　効率よく組み合わせた、と言ったね。この効率というのが重要だ。産業なのだから、できるだけ少ないコストで大きな利益をあげることが至上の目的になるわけだよね。自給的におこなわれる農耕や牧畜は必ずしもそうじゃない。家族が自分たちの食べる分を生産する場合には、必ずしも利益（収穫）を大きくすることが目的になるわけじゃない。それよりも、10年先も20年先も土地を荒廃させずに大事に使ったり、天候不順で飢饉になったりしないように、収量は少なくても干ばつに強い多様な品種を混ぜて作ったりすること、つまり利益よりも**リスクを減らす努力**が大切になるんだ。

　産業としての農業では、こうしたことがおろそかになりがちだ。例えば、19世紀のアイルランドでジャガイモ飢饉というのが起こったことがある。ジャガイモは南アメリカ原産の作物だけど、ヨーロッパ人がアメリカ大陸に到達した後に持ち帰って、寒冷な北西ヨーロッパで主食になったんだね。ところがアイルランドでジャガイモの病気が流行して収穫がほとんどできない状態になってしまったため、飢饉の間に100万人もの人が餓死したり病死したりしたんだ。

　　この原因は、**ほとんど単一品種のジャガイモに頼っていたために同じ病気で全滅してしまったからだ**と考えられている。ジャガイモの原産地であるアンデス高地（P170）では、多種多様な品種のジャガイモが栽培されていて、人びとには過去に飢饉が起こったという記憶がない。好対照の話だよね。これは遺伝子の多様性、すなわち**生物多様性がなぜ大事なのかを物語る教訓**だ（P252も参照）。農業の産業化が進んだ現代世界でも、こういうリスクは決して昔話ですませられるものではない。これについては、第Ⅲ部の食料問題のところでもう少し詳しく話そう。

（3）企業的農業

❶新大陸での発展

　産業としての農業を考えるとき、素通りできないのが企業的農業だ。企業的農業が広くみられる地域として、アメリカ合衆国とかラテンアメリカ、オーストラリアなどがあげられる。これらは全て、15世紀以降にヨーロッパ人が入植した地域だ。

　これらの地域はそれ以前も無人だったわけではない。先住民たちが暮らしていたけど、ヨーロッパ人が入ってきて先住民たちを辺境に追いやったり、ヨーロッパ人が持ち込んだ感染症の免疫を持たない先住民たちが病死したりして、人口が激減した。それで入植者たちは広大な土地を手に入れたわけだね。

　広々とした土地では機械を使って効率よく作物を大量生産するのが合理的ということになる。ユーラシアの温帯地域では古くから農耕や牧畜に適した土地には人が住んでいたから、こういう大規模経営はなかなかできないよね。これがいわゆる「新大陸」で企業的な農業が発達した理由だ。

　企業的農業の対象となる農産物は、主に温帯・冷帯・乾燥帯では小麦、温帯から亜熱帯にかけては大豆やトウモロコシだ。**これらは貿易量も大きく、いずれも世界中で取り引きされている作物**だ。

❷小麦

　小麦はいうまでもなく、パンや麺として世界中で広く食べられている代表的な主食作物だね。小麦の主な生産国は中国・インド・ロシア・アメリカ・カナダのように農地が広く人口の大きな国だけど、中国やインドなどは消費量も大きいので、主な輸出国となると、企業的な生産をおこなっているアメリカ・カナダ・オーストラリア・ロシア・フランス・ウクライナ・アルゼンチンなどだ。

❸米

　米も小麦と並ぶ世界的な主食産物だけど、小麦に比べると貿易量は少ない。これは米の消費が東アジア・東南アジア・南アジアに偏っていて、これらの地域の国内で生産・消費される量が大きいからだ。生産量はやはり人口大国の中国とインドが圧倒的だけど、中国は現在、米の輸入大国でもある。輸出はインド・パキスタンやタイ・ベトナム、アメリカ合衆国など、大河のデルタや氾濫原を利用して企業的なかんがい稲作を進めている国で多くなっている。

❹トウモロコシ

　トウモロコシは元来、米・小麦と並ぶ三大穀物の一つで、原産地のメキシコや、サハラ以南アフリカでは主食としてパンとか練り粥などにして食べられているんだけど、**現代では生産されたトウモロコシの主な用途は家畜飼料**となっている。日本でも食の欧米化なんて言われることがあるけど、現代では日本に限らず、経済発展とともに穀物のようなデンプン食品の摂取量はだんだん減少していて、代わりに増えているのが肉や油の摂取量だ。その需要を満たすための家畜生産は、伝統的な放牧だけでなくフィードロットと呼ばれる一種の「家畜工場」で生産され、その工場でトウモロコシを主原料とする飼料を食べさせて肥育するわけだ。

　トウモロコシは食用油やバイオエタノールの原料にもなり、いろいろな用途に利用される作物だ。生産が多いのはやはり、企業的農業がおこなわれるアメリカ合衆国・ブラジル・アルゼンチン・ウクライナのほか、おなじみの農業大国である中国・インド、そして原産国で主食としても食されているメキシコなどだ。国内消費が大きい中国・インド・メキシコなどを除く企業的農業の国々が主な輸出国だ。

❺大豆

　大豆はぼくたちにとっては味噌や醤油、納豆、豆腐や油揚げの原料としておなじみだよね。でも世界で生産される大豆の用途の中では、これら

はほんの微々たる割合を占めるにすぎない。じゃあいったい何に使われているのかというと、**主に食用油の原料**としてなんだ。家庭でも炒め物を作る際に欠かせない食用油のなかで、最もポピュラーなものが大豆油なんだよね。

　そして大豆の重要な用途がもう一つある。**油を絞った後の大豆粕を家畜の配合飼料の原料に使うこと**だ。ウシやブタの飼料は主にトウモロコシが使われるけど、これに植物油の成分を含んだ大豆粕を混ぜて食べさせるととても効率よく肥育することができる。石油を精製した後の絞りかすであるアスファルトが舗装道路の材料になるみたいに、**二次的な利用ができることが、大豆の需要が大きく伸びた理由**なんだね。

　大豆の主な生産国と言えば、ブラジル、アメリカ合衆国、アルゼンチンで、いずれも企業的農業が大規模におこなわれるアメリカ大陸の国だ。中国やインドはそれに続くけど、中国は輸入の超大国でもある。輸出はというと、**ブラジルとアメリカだけで世界輸出量の80%以上を占め、ほとんど独占している**と言ってよい状態だ。1970年代くらいまではアメリカ合衆国の生産量や輸出量が圧倒的だったんだけど、その後、ブラジルが急速に生産・輸出量とも伸ばして世界一となった。ブラジル産大豆の主な輸出先は、もちろん中国だ。

　実は、ブラジルの生産の伸びには日本が一役買っている。日本のODA（政府開発援助）の担い手であるJICAが、援助プロジェクトの一環として、熱帯で栽培するのに好適な大豆品種を開発して、ブラジルのセラードと呼ばれる熱帯サバナ林を伐り開いて大規模な大豆生産をおこなう手助けをしたんだ。

　これ自体は国際協力のお手本と言ってもいいし、JICAもこのプロジェクトを自賛しているけど、セラードの生態系が破壊されていると批判しているブラジルの団体もある。それに、JICAはこの熱帯に適した大豆品種をアフリカのモザンビークという国に持っていって大規模国営農場の建設を支援しようとしたんだけど、モザンビークの小さな農民の農地を奪ったりして人権侵害が問題になった。まあ、ちょっと脱線になったんでこのくらいで止めておこう。こういう問題は「ランドグラブ（土地収奪）」と言われ

ていて、地球的課題の一つだと言える。だから詳しくは第Ⅲ部で話そう。

❻プランテーション作物

● 表7-1：企業的に栽培される熱帯の主な作物

作物名	特徴
アブラヤシ	アフリカ原産だが、現在は**インドネシア・マレーシアで生産の90%近くを占める**。揚げ物などに使われるパーム油をとる。熱帯林減少や先住民の土地の権利などの問題が指摘され、解決のために**認証制度などが進められている**。
ゴム	南米原産のパラゴムで、天然ゴムの主原料。**タイ、ベトナム、インドネシア、マレーシアで天然ゴム生産の70%以上を占める**。
コーヒー	エチオピア原産。東アフリカ、南米、東南アジアの熱帯で広く栽培される。ロンドンやニューヨークの市場で価格が決められ、栽培する農民に十分な利益が届かない問題があり、解決のために**フェアトレードなどが試みられている**。
カカオ	南米原産だが、現在の生産は西アフリカ諸国とインドネシアが中心。チョコレートの原料。
茶	中国での生産が40%以上を占め、他に南・東南アジアや東アフリカなど、熱帯・亜熱帯地域で広く栽培される。紅茶の生産が最も多い。
キャッサバ	南米原産で、熱帯で広く栽培される。有毒品種と無毒品種があり、前者はチップにして水さらしをするなどの方法で毒を抜く。「タピオカミルクティー」などのように、東南アジアでは主に工業製品として生産される。
バナナ	東南アジア原産で、熱帯で広く栽培される。甘くない「プランテンバナナ」のように主食として生産されるものもある。
大豆	東アジア原産で、もともとは温帯の作物だが、改良品種がブラジルの熱帯地域で企業的に生産されるようになった。**油料のほか、油を絞った後のかすを飼料用に用いる**。ブラジルではバイオエタノール用にも生産される。
パルプ原料（ユーカリ・アカシア）	チップにしてパルプ原料とする。東南アジアで天然林や焼畑休閑林からこれらの作物の植林地への転換が進んでいる。

温帯を中心に生産されている主要貿易農産物については以上で、これくらい頭に入れておけば地理総合では十分だ。企業的農業のところでもう一つおさえておく必要があるのは、熱帯のいわゆるプランテーション作物だね。ブラジルのセラードを開拓して作られた大豆プランテーションは今やラテンアメリカの代表的なプランテーション作物と言えるけど、もともとは温帯の作物だと言ったよね。

　熱帯で企業的に栽培されるプランテーション作物として、アブラヤシ、ゴム、コーヒー、カカオ、茶などの樹木作物が知られ、そのほかバナナ、キャッサバ、トウモロコシ、サトウキビ、綿花などが、熱帯地域で広く栽培されているプランテーション作物だ。アメリカ大陸では、かつてプランテーションの働き手としてアフリカから奴隷が輸入され、できた生産物をヨーロッパに輸出する「三角貿易」がおこなわれていた。今日の北アメリカやラテンアメリカの民族構成にはそういう歴史が反映されているんだね。

第Ⅱ部

まとめ

▶▶ **近代の都市の発展によって農業は商業化し、入植による「フロンティア」では企業的農業が生まれた。**

2　工業立地のパターン

　農業の立地は、これまでみてきたように、自然環境、とりわけ気候に深く関わっている。作物が植物である限り、気温と水の制約を受けるから当然だよね。企業的農業の立地であっても、もやしみたいに工場で生産されるものは例外として、気温と水の制約を受けることには変わりない。

　工業立地にも同様に、原則のようなものがある。農業の場合は作物の生育条件が大きいので、「制約」と言ってもよいかもしれないけど、工業の場合には、**利益を最大化するために最適の場所が選ばれる**ということなの

で、制約というよりは、もう少しポジティブな意味合いを持っている。要は工業の分布は経済的な合理性を追求した結果を反映しているわけで、工業が経済地理学という分野で研究されるのもこういう理由があるからだ。

工業立地の原則はとても単純で、**製品の生産コストを最小化する**ことが一つ、そしてできた製品を消費地に運ぶ**輸送コストを最小化する**ことがもう一つだ。そのためにどのような場所が選ばれるかは、製品の特徴によって異なる。ともかく、基本的にはこれで工業立地を説明できる。具体的に頭に入りやすいように次のように整理しておこう。

● 表7-2：工業立地の原則

立地タイプ	特徴	事例
原料・燃料指向の立地	輸送コストの大きな**国産の原料・燃料を使う**産業などの立地パターン	セメント工業、パルプ・製紙工業
市場指向の立地	都市などの大消費地の近くに立地して商品の輸送コストを下げるパターン	ビール・清涼飲料などの製造業
労働力指向の立地	ローテク産業が**安価な労働力**が得られる場所に立地するパターン	繊維産業、コールセンター
交通指向の立地	鉄鋼や石油関連産業など、原料を**海外からの**輸入品にたよる産業が臨海部に立地したり、高速道路を使って商品を陸上輸送する産業がインターチェンジの近くに立地したりするパターン	石油化学工業、ネット通販産業
集積指向の立地	自動車の部品と組み立て工場など、互いに関連するものが集まって立地したり、文化産業などが知識や情報の得やすい大都市などに立地するパターン	愛知県の自動車関連産業、ハリウッドの映画産業など

工業立地の要点は以上で、残りは、国や地域ごとの工業の発展パターンをおさえておくことだ。例えばテレビとかラジオみたいな家電製品は、かつては日本で盛んに生産され、国内で消費されるとともに世界に輸出されていた。1960年代の日本の高度経済成長は主にそうやって達成されたんだね。メイド・イン・ジャパンのテレビやラジオが世界中で売れた時代だ。

ところが今、国内で作られている家電はほとんどない。生産国を調べてみると、中国とかインド、ベトナムなんかが多いはずだ。パソコンなんかも同じだ。

　日本ではまず、1970〜80年代に日米貿易摩擦という問題が起こった。日本が工業製品の輸出で大幅な貿易黒字になったため、農作物の関税撤廃などによって是正することを要求されたんだ。それで日本は貿易のバランスを是正するためにアメリカや東南アジアに工場を移転して生産するようになった。1990年代になると中国やインドにも工場移転を進めた。

　こういうふうに、20世紀以降、工業立地は先進国から新興工業国へと移転し、国際分業化がどんどん進んでいる。一方、先進国ではICTのようなより付加価値の高い産業の集積を進めている。時間軸でみると、工業はそんなふうに長期的に変化しているわけだね。

まとめ

▶▶ **工業の立地と分布・国際分業の展開は、経済合理性の追求と国際関係の変化を反映している。**

3　商業立地はどのように決まるか？

（1）最寄り品・買い回り品・専門品

　商業立地の場合は、基本的には人口分布との関係で考えることになるね。商店は、商売が成り立つだけの需要があるところ、すなわち人口が分布するところに店を構えるよね。潜在的なお客さんがいてはじめて商売が成り立つというわけだ。この潜在的な買い物客の広がりのことを商圏という。商圏の広がりは売り物の性質によって違っていて、**食料とか日常的に買う必要のあるものは狭く、たまにしか買わない高価なものなんかは広い**。日

用品の買い物は近くに店がないと毎日移動に時間がかかって大変だよね。

　毎日の食事のおかずとか、石鹸やゴミ袋みたいな消耗品とか、頻繁に買いに行く必要のあるものは、「最寄り品」と呼ばれる。日常的に着る衣類なんかは、たまに、何ヶ月かに一度買いに行けばいいよね。そういう最寄り品よりは頻度の低い買い物品は、「買い回り品」などと呼ばれる。一方、自家用車とかパソコンみたいな、何年も使い続ける高価な買い物品は「専門品」と呼ばれる。これらは**階層性のあるカテゴリー**で、最寄り品は一番階層が低く（低次の買い物）、専門品は高い（高次の買い物）。

　これらを空間的にみると、最寄り品を買う小さなお店は家から歩いていける範囲にあることが多く、お店の数も多い。逆に専門品は大きな鉄道駅の駅前みたいな、その地域の中心地だったり、都市圏の中の最も中心的な商業施設が集まっているようなところに立地していて、お店の数は限られている。大型書店なんかも、大都市の中心地に立地してるよね。それだけ多くの客を集めて売らないと商売が成り立たないからだね。大型書店も高次の専門品を取り扱うお店だというわけだ。

（2）ショッピングモールとシャッター街

　以上は商業立地の基本的な論理だけど、**空間と時間が圧縮する現代世界では、こうした基本的な論理が必ずしもあてはまらなくなりつつある**。例えば、ショッピングモールみたいな最寄り品や買い回り品を扱う大型店舗が郊外に多く立地するようになった。幹線道路沿いにあったり、広い駐車場があったりするのがこの手の店舗の特徴だ。これは**多くの人が車で買い物にいくようになったから**だね。

　そして、かつて最寄り品の買い物に利用されてきた商店街のような施設は利用客が減って、シャッター街なんて呼ばれるようになったりしているね。ぼくの世代だったら、子どもの頃に親について最寄り品の買い物に行くといえば、たいていは近所の商店街で、昔なつかしい場所なんだ。でも君たちの世代なら、ショッピングモールとか大型スーパーなんかが子ども

時代の思い出の場所になってるんじゃないかな。

　駅前商店街の衰退のような問題は、地方都市の再開発の課題として、試験でも超頻出になるだろう。この問題の重要なもう一つのポイントは、最寄り品や買い回り品の店舗立地が郊外化することによって、車を持っていない人や運転できない高齢者が買い物しづらくなってしまうことだね。これはフードデザート問題と言われている。

　このデザートは食後のスイーツのことじゃなくて、「砂漠」、作物が育たない本物の砂漠と同じように、まさに水も食べ物も買えない砂漠のようなところっていうことだ。「近くにお店がないなら通販で買えばいいじゃん」って？　確かにそれは一つの解決手段だけど、肉や魚、野菜なんかの生鮮品を毎日通販で買うのは現実的じゃないよね。そういう健康的な食生活に必要な食材が買いづらいっていうのがフードデザート問題の難しさなんだよ。

（3）ネットショッピングの時代

　インターネットを利用した通信販売の急速な普及も、現代世界で起こりつつある現象だね。インターネット販売の大きな影響を受けているのは、例えば本だ。ぼくも若い頃は暇さえあれば本屋さんに行っていろんな本の背表紙を眺めたり、みたことのない本を手にとってみるのが大好きだったけど、今ではたまにしか行かなくなったな。忙しくて時間がないこともあるけど、欲しい本があれば通販で買えるようになったからね。

　本屋さんで面白そうな本を見つけた時の喜びは通販では味わえないけど、本を通販で買うようになるという流れはきっともう変えられないし、電子書籍の普及が今後進めば紙の本自体がなくなっていく可能性もある。これは1990年代くらいから、紙のマス目が入った原稿用紙ではなくてパソコンで文章を書くようになったのと同じくらいのICT技術による大きな変化（P87）だといえるかもしれないね。

まとめ

▶▶ 伝統的な商圏は高次から低次まで、階層性をもつ。郊外化や通販の普及によって空間的な階層性が変化した。

　工場は、原料や製品の輸送費が小さくなる地点に理論上は立地するとされている。次の図は、原料産地から工場までの原料の輸送費と、市場で販売する製品の輸送費を示した仮想の地域であり、下の条件を満たす。また、図中の①～④の地点は、工場の建設候補地を示したものである。総輸送費が最小となる地点を、図中の①～④のうちから一つ選べ。

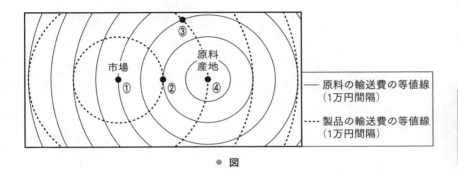

● 図

条　件

- 使用する原料は1種類であり、原料産地から工場まで原料を輸送し、工場で生産した製品を市場まで輸送する。
- 総輸送費は、製品1単位当たりの原料の輸送費と製品の輸送費の合計である。
- 輸送費は距離に比例して増加し、距離当たり輸送費について、原料は製品の2倍の費用がかかる。
- 市場や原料産地にも工場を建設できる。

（共通テスト2021年度地理B）

第 **III** 部

世界がかかえる
共通課題

地 球 的 課 題 と 国 際 協 力

第8章

地球的課題の根源には地理的な不均等がある

1　人口問題——人類はあと300年で消滅する？

　ここからしばらくは、地球的課題と呼ばれているいくつかの問題について話をしていくんだけど、最初に人口問題をもってきたことには理由がある。それは、他の諸課題、特に本章と次章で扱っていく感染症と健康、都市問題や過疎問題、環境問題、食料問題といった課題のほとんどは、今後の世界人口の推移とか人口分布の問題と深く関わっているからだ。**人口問題の概要をまず理解しておくと、その他のいろんな問題についても深く理解することができる**とぼくは思っている。

（1）さよなら人類

　ぼくは人口学会という学会の学術大会に毎年参加しているんだけど、この本を書いている途中にその学会大会で、ある有名な人口学者の研究発表を聞いたんだ。今後の世界人口が長期的にどうなっていくかを予測する内容なんだけど、なんと、現在のトレンドが続くとすれば、**あと300年で人類は消滅する**というんだよね。ぼく自身はもちろん、会場で聞いていた他の研究者たちも衝撃を受けていたようだった。

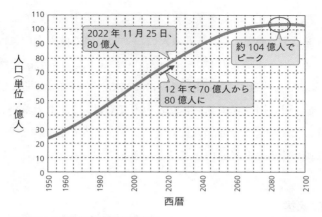

● **図8-1：国連の長期人口予測**
World Population Prospects 2022により作成。

　国連の2022年時点での人口の長期予測は、図8-1のようになっている。現時点で80億の世界人口は、2080年代には100億人を超えると予測されている。この時点までにだけ注目すると人口は増え続けていくって思うけど、実はこの100億人がピークで、次の22世紀に入る頃は世界人口の減少が始まっているっていうわけなんだ。何か人口のトレンドを一変させるような大きな出来事でもない限り、300年後にはもう人がいなくなっているかもしれないっていうことだ。

　この話でわかると思うけど、よくいわれる途上国の**「人口爆発」っていう現象は、実はもうそれほど深刻な問題とは考えられていない**んだ。「えっ、そんなことないでしょ、インドとかアフリカでは人口が急速に増えているって学校でも習ったよ！」って？　うん、確かに現在、アフリカを中心として人口が増え続けている地域はあるんだけど、それらの地域も、実は**合計出生率**（合計特殊出生率とも言って、その地域で**一人の女性が一生のあいだに平均的に何人の子どもを産むかを示す値**だ）は低下し始めているんだ。

　今世紀の終わり頃まで人口は増加するっていったね。その**増加する国って、ほぼ8カ国に限られると考えられている**んだ。それはアジアではインド、パキスタン、フィリピンの3カ国、そのほかはアフリカで、エジプト、

エチオピア、タンザニア、ナイジェリア、コンゴ民主共和国だ。ほかにも増加する国はあるけど、もともとの人口が少ないので世界人口には大きな影響を与えないってことだね。ただ、これらの8カ国も合計出生率は低下しているので、来世紀には人口も減少に転じる。それまでの間に増え続けるのは、しょせん「タイムラグ」だといってもよいかもしれない。これらの国々はまだ高齢者より若い人口が多いので、全体で生まれる子どもの数も急激に減ったりはしにくいってこともある。

（2）人口転換

人口転換っていう言葉を聞いたことがあるかな。**多産多死の社会が、死亡率と出生率が低下することによって、少産少死の社会に移行していく現象**のことだ。18世紀のヨーロッパで始まったことが歴史人口学という分野の研究で確認されているんだけど、ヨーロッパだけでなく、世界中でこの人口転換が少しずつ進行していると多くの学者は考えている。

❶近代化と出生率の低下

人口転換がなぜ起こるのかについてはいろんな説があって決着はついていない。一つの説は、社会が産業化して、都市で生活するようになり、学校で得た知識を生かして工業や商業などを職業に生計を立てるようになる、これを「近代化」と呼ぶ人もいるけど、そういうふうに農村で農業をやっていた**社会が都市生活中心に変わっていくと、一人の女性が産む子どもの数も少なくなっていく**という説だ。

産業社会で働いて生活するためには、高度な知識を身につける必要があるから、高等教育を受ける人が多くなる。そうすると、結婚する年齢も上がるし、当然出産年齢も高くなるわけだよね。また、子どもに教育を受けさせるための費用も高いので、たくさんの子どもを産むよりも、少ない子どもにお金をかけて高い教育を受けさせた方がよいということになるよね。

自給的な農業で生計を立てる社会だと、子どもを育てるために必要な

費用はそれほど重たくはない（そうはいっても、やはり子育ては大変だ……その多くはお母さんが負担してきたことは間違いないだろうね）。また、子どもが10歳をすぎるくらいになると、いろんな家の手伝いとか弟妹の面倒をみたりできるようになって、家計に貢献する面も大きい。つまり、農村社会では子どもは家計の助けにもなる存在だった。

　でも、現代の都市の生活では、子育ての経済的コストは圧倒的に大きい。ぼくなんかお恥ずかしい話だけど、大学院に進んだので27歳になって日本学術振興会から研究者支援のための制度で給料をもらえるようになるまで、親に経済的に頼る生活だった。両親には本当に感謝するしかないね。今の仕組みはこのように、将来お金を稼ぐための準備期間、いいかえると「投資期間」が長いので、親は子どもに見返りを期待しづらいようになっている。もちろん、子どもが欲しいという気持ちはもともと、そんな経済的な動機とは関係ないところにあるんだけどね。ともあれ、こうしたいろんな要素が、出生率低下の要因だと考えられているわけだ。

❷乳児死亡率と出生率の低下

　もう一つ、頭に入れてほしい大事な要素がある。それは、**死亡率、特に乳児死亡率を下げることが出生率を下げることにつながる**ということなんだ。図8-2を見るときっと納得するだろう。これはアフリカの乳児死亡率と合計出生率との関係を示したものだけど、全世界でも結果は同じで、2つの変数は強い相関があることがわかっているんだ。どういうことかって言うと、乳児死亡率が下がって、生まれた子どもたちが赤ちゃんのうちに死んでしまったりせずに、大人になるまでしっかり生きてくれるって思えるようになると、子どもをたくさん産む必要はない、少ない数でもしっかり育てればいいって思えるようになるよね。

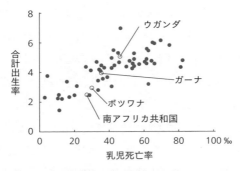

● 図8-2：アフリカ諸国における乳児死亡率と出生率の関係
出典：国連のデータにより筆者作成。

　たまに、「途上国で人口が増えすぎて困っているのは、医療の発達で子どもが死ななくなったせいだ」なんていう人がいるけど、見当違いもはなはだしいといわざるを得ないね。実際は全く逆で、乳児死亡率を下げることが人口抑制につながるんだ。これは、人口転換の過程で死亡率と出生率がともに低下していくのはなぜかを理解するロジックとしても大事な点だ。ともかく、子どもの死亡率を下げることや、就学率を上げることや、女性の地位を向上させること（出生率が高い社会では、しばしば女性自身よりも男性親族の希望によって多くの子どもを産むことが多い、つまり女性が子どもの数を決めるようになれば出生率は低下すると考えられる）が人口増加の抑制に確実につながっていくんだ。

（3）少子高齢化

　さて、人口爆発という問題は、時間が経てば解消していく問題だとわかったけど、現在多くの国で進行しつつある少子高齢化の問題は、やがては世界中に波及していく可能性が高いだけでなく、有効な解決策がなかなかみつからない深刻な問題だ。日本でも、少子高齢化がやってくることは半世紀も前から予測されていた。でも、頭ではわかっていながら、政治家も行政も、真剣に対策を講じてこなかったといってよいだろう。これは人間の悲しい性と言える。つまり、**人間という生き物は、100年も先に直面す**

る大惨事のことを真面目に考えるようにはできていないということだ。それよりも、政治家なら目の前の問題、例えば景気をよくしたり地元に産業を誘致したりといったことに取り組んだ方が、当選できる可能性が高くなるし、ぼくたち一人一人の国民だって、日本や世界を救うために子どもを作ろうなんてことは普通は考えないもんね。

ともあれ、日本を含む東アジアやヨーロッパなんかでは、すでに少子高齢化はかなり深刻なレベルになってしまっている。**人口のトレンドは、車の運転みたいに急停車したり方向を変えたりすることは難しい**んだ。図8-3のように、日本の人口は2008年をピークに減少を続けていて、今から40年後くらいには8000万人程度になると予測されている。300年後に人類が消滅するとしたら、日本はあと200年ももたないかもしれないね。

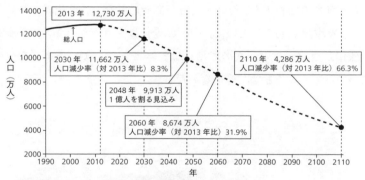

● **図8-3：日本の人口推移と将来予測**
出典：内閣府資料による

もちろん、「減少し続けたっていいじゃないか」っていう考え方もありだ。でも、減少し続けていくプロセスで、常に社会の多数派であり続ける高齢者たち（当然のことながら、ぼくたちも未来は高齢者になるよね）の生活をどうやって守っていくかという深刻な問題を避けて通ることはできない。今でも、働いている人たちが支払っている社会保障費の負担はとても重いと感じられているけど、今後はますます重くなっていくだろう。それに、日本の地方にある市町村はこれからどんどん人口が減り、高齢者ばかりになって、

いずれは消滅していくことが危惧されている。でもそのプロセスで、実際に生活している人たちを見捨てるわけにはいかないだろう。

　要するに、今すぐ大惨事が起こるわけじゃないから目をつぶっていたいけど、ぼくたちが正面から向き合わなければならない問題なんだ。それにこの問題は、日本やヨーロッパなどだけではなくて、人口超大国の中国なんかでも、農村の過疎化はものすごく深刻なレベルになってるんだよ。ぼくは2000年代から黄土高原の農村をたびたび訪れているけど、わずか10年余りの間に村では若者や子どもがほとんどいなくなって、お年寄りばかりになってしまって驚いた。これは、20〜40代くらいの若い人たちが皆都市に出稼ぎにいったり、子どもを学校にやるために親も一緒に町に移住したりしたためなんだけど、2005年頃には斜面の段々畑には作物が栽培されてとても美しい村だったのが、耕作放棄地だらけになってしまった。かつての日本の山村でも、若い人たちが都会に就職したり出稼ぎにいって、似たような現象が起こっていた。中国の場合は今はそういう人口移動による過疎化が目立つけど、次の段階には日本で起こっているような少子高齢化がやってくることは間違いないだろう。

● **図8-4：黄土高原の村で進む耕作放棄地の拡大**
畑には雑草が生えている。日本の耕作放棄地ほど「草ぼうぼう」にみえないのは、気候が乾燥しているからだ。P177の図6-13や図6-14と見比べてみよう。

（4）少子高齢化の対策

❶環境の整備

　出生率を改善する有効な方法は、はっきりいって見つかっていない。そんなものが見つかれば深刻になる必要はないもんね。でも、少なくとも子どもを産もうとする夫婦にとっての障害を取り除くことによって、これ以上悪い方向にいくことを防げるかもしれないね。育児や子どもの教育費を社会保障費でサポートしたり、保育施設を増やしたり、育児休暇を積極的に活用できるようにしたりといったことだ。これらのことは出生率の改善以前に、社会にとっては必要不可欠なことだと思う。こういうことを地道に考えていこうという意識は、日本にも生まれつつある。高齢化への対策としては、コンパクトシティ構想のような住環境整備とか、介護施設の拡充などがあるね。

❷移民

　人口減少や少子高齢化問題を改善するためのもう一つの選択肢に、移民をめぐる議論がある。高齢者が増加し、それを支えるための働き手が少なくなっているわけだから、日本の外から受け入れればいいという考え方だね。出生率低下をすぐに改善するのは正直いって難しいので、移民を受け入れて社会に必要な労働力を確保することは、手っ取り早い解決策だといえるし、考えられるほとんど唯一の選択肢だといえるかもしれない。

　移民を受け入れることによって治安上の問題が起こるのではないか、日本人がやがて移民に飲み込まれてしまうのではないかという漠然とした不安感をもつ人も多く、移民の受け入れに反対する意見も少なくない。また移民をきちんと受け入れるためには、移民の生活環境も社会のなかで用意しなくてはいけないわけだし、そもそもこの先、日本が移民にとって魅力的な国であり続けることができるかという問題だってあるね（現在の移民の出身国でも、いずれは人口減少が進んでいくことになるわけだしね）。いずれにせよ、いろんな面から検討していかなければならない問題だろう。

まとめ

▶▶ 世界人口は減少のトレンドに向かっている。そのプロセスで直面する少子高齢化にどのように対応するかを、真剣に考えなければならない。

2 感染症と健康——人類最大の敵？

(1) 感染症対策の歴史

　人類の歴史は、ある意味感染症との戦いの歴史であるといえるかもしれない。現在でも、平均寿命の低い国・地域の主な死因は感染症で、戦いはまだ終わっていないわけだ。感染症の犠牲者にはとりわけ乳幼児がなりやすく、多産多死の社会では感染症による乳幼児死亡率が高い。多くの場合、人口転換を経験する過程で感染症死亡率が下がり、少産少死の社会になる。要するに死亡率が下がるのは、感染症をある程度克服してほとんどの乳幼児が生き延びられるようになるからだね。

　感染症克服の歴史には、まず細菌が感染症を引き起こすことを発見した19世紀の細菌学者パスツールや、結核菌やコレラ菌など、当時の都市で多くの人びとを苦しめていた感染症を発見した医師コッホの偉大な業績がある。その後、ワクチン接種による治療法が開発されたり、20世紀に入ると、ペニシリンのような抗生物質による治療法が発見・発明され、感染症の治療に道が開けたんだ。20世紀後半までには、それまで不治の病とされていた天然痘もほとんど撲滅され、結核による死亡率も激減していった。

　治療法だけではなくて、感染症にかかるメカニズムが明らかになってきたことで、環境を改善することでそれを予防する**公衆衛生**の知識も進んできた。公衆衛生はとりわけ地理学の研究にも深く関わっている。例えば赤痢、コレラ、チフスなどは汚染された水や食べ物を通して感染が広がるの

で、上水道の整備とか、手洗いや消毒をきちんとすることで感染の拡大を防ぐことができるし、マラリアを媒介する蚊の生態を知ることによって、蚊の繁殖をある程度防いだり蚊に刺されないために行動を気をつけたりすることができるね。これはまさに、人間と環境の関係にかかわる問題なわけだ。

(2) 三大感染症

とはいっても、感染症はなくなったわけではなく、今でも人類の脅威であり続けている。結核、マラリア、HIV-エイズは**三大感染症**と呼ばれていて、これらの感染症はそれぞれ今でも年間数十万人以上の命を奪っている。

日本では結核は20世紀半ばくらいまでは苦しむ人が多かったけど、抗生物質による治療法の確立で激減した。でも撲滅できたわけじゃなくて、時々感染が広がったりすることがあって、油断できない。

マラリアは熱帯にいるハマダラカという蚊を媒介にしてかかる、寄生虫による感染症で、ぼくは幸いにしてかかったことがないけど、マジャンの村では季節的に流行することがあって、マラリアで亡くなる人も毎年後をたたない。ぼくの知り合いの研究者も、アフリカや東南アジアで調査中にマラリアに感染して苦しんだ経験をした人がたくさんいるんだ。治療薬の研究も進められているけど、薬が普及するとそれに耐性のある寄生虫が進化したりして、撲滅するにはまだほど遠い状況だ。

エイズは1980年代から知られるようになった新しい感染症で、1990年代までには治療薬が開発されたけど、当時は高価で入手できなかったこともあって、その間多くの人の命が失われた。結核もエイズも、今日でも死亡者がなくならないのは格差や不平等の問題だといえるだろう。

（3）新型コロナウイルス感染症とインフルエンザ

　結核、マラリア、HIV−エイズが恒常的に人びとを苦しめているのに対して、2019年に中国の武漢で確認され、あっという間に広がった新型コロナウイルス感染症（COVID-19）のように、数十年、あるいは100年くらいの周期で爆発的に広まるタイプの感染症もあるね。正直、それまで多くの日本人は結核のような感染症を克服したと思い込んでいて、人命をうばってしまう感染症は自分たちには過去のもので、途上国に残された課題なんだと考えていたふしがある。

　例えば、日本の大学病院などで、感染症を専門に研究する人がとても少ないことがそれを示しているとぼくは思う（ぼくみたいに熱帯で研究をしている人びとの間では、日本でマラリアを発症すると十分な知識を持った医師が少ないのでかえって危ない、なんて思われているんだ）。**新型コロナウイルス感染症**の世界的流行が始まって、あらためてそういう問題点が浮き彫りになったわけだ。

　過去に新型コロナのように爆発的に世界中に流行して大きな被害をもたらした感染症に、1918年から1920年にかけて流行して、5億人が感染して1億人近くの人命をうばった**スペイン風邪**とか、1957年から1958年にかけて流行して数百万人の人が亡くなった**アジア風邪**とよばれるものがある。どちらもインフルエンザの一種だ。インフルエンザもコロナもウイルス感染症の一種で、人だけでなく家畜や野生動物の間で感染して、それらが交わって変異を起こしたりするもので、進化のスピードも速く、根絶するのは難しい。感染力が強くて拡散のスピードが速いタイプほど、後世まで生き残りやすいから、定期的に爆発的な感染の流行を引き起こすわけだよね。

　アジア風邪は1956年末に中国南部で確認され、それから1年くらいかけて世界中に拡散したんだけど、その主な拡散ルートを復元した地理学者がいる（図8-5）。これを2020年の新型コロナの拡散（図8-6）と比較すると、世界の結びつきの半世紀の変化がわかってとても面白いね。アジア風邪の頃には、まだ飛行機で移動する人はとても限られていたので、拡散は主に

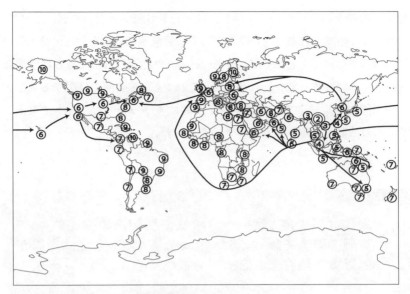

● 図8-5：感染症「アジア風邪」の拡散（1957年）

Cliff, A.D. et al. 1981. *Spatial diffusion: An historical geography of epidemics in an island community.* Cambridge: Cambridge Univrsity Press（p.14）をもとに改変。丸囲みの数は確認された時点の月を示す。主に海路と陸路から1年近くかけて世界に拡散したことがわかる。

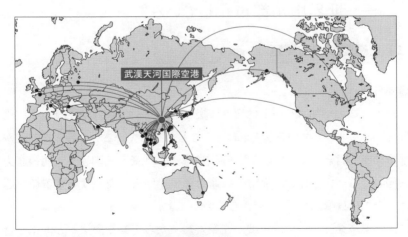

● 図8-6：武漢（ウーハン）からの国際航空路線

陸路と海路を通じて広がっていき、スピードも遅かった。それに比べて、新型コロナの拡散はあっという間だった。武漢からの航空便はアジア各地に結ばれていたし、上海やバンコクなどのハブ空港を通じてさらに欧米などへもすぐに拡散していったからだ。それでも、航空便で移動する人びとは中国国内や近隣のアジア諸国が圧倒的に多かったので、日本や東南アジアへの拡散は他地域よりも早かったんだね。

> **まとめ**
>
> ▶▶ **人類は感染症と戦い、治療法や予防法の開発によって克服の努力を続けてきた。しかし多くの感染症は克服が困難で、現在でも悩まされ続けている。**

3 都市問題と過疎問題
——世界中が都市化している？

（1）先進国の都市問題

❶郊外化

　世界人口の増加スピードは徐々に緩やかになってきているけど、都市化はどんどん進行している。それにともなって生じているいろいろな問題が、都市問題と言われているものだ。都市の歴史はおそらく国家や文明の歴史と同じくらい古いけど、都市の急速な膨張が始まったのは産業革命が起こった18世紀のヨーロッパからといってよいかもしれない。簡単にいえば、産業革命によって、主要な産業が農業から工業や商業へと変化したことによって、**世界人口も農村から都市へと移動して現在にいたる**ということになるだろう。

　都市問題を考えるにあたっては、欧米や日本の都市発展の大まかな流

● 表8-1：都市の発展段階

段階	内容	説明
1	都心部への集中	企業の本社などが中心都市に集中し、都心部の過密が生じる。
2	郊外化	都心部の生活環境悪化や地価の高騰などにより、都市郊外に住宅地が広がり職住分離が進む。郊外の無秩序な開発により**スプロール現象**などが発生。
3	都心部の衰退・空洞化	人口流出が進み、産業の移転などとあわせ**都心部の空洞化や荒廃**が進む。
4	再都市化	荒廃した施設の再開発などがおこなわれ、再び人口が増加に転じる。

れをおさえておくとよい（表8-1）。これらの地域の大都市は、1960年代くらいまで急速な膨張を続けた。都市の中心部には金融や大企業の本社などの中枢機能が集中し、地価は高くなって住居を構えるのは難しくなる。それだけじゃなく、都市の発展プロセスでは大気汚染や感染症の流行みたいな都市問題も出てきた。

そこで、都市で働く人びとは郊外のベッドタウンに家を構えて中心部に通勤するという**郊外化**という現象が現れたんだ。人が心地よく住むためには公園や買い物できる場所を整備したりといった環境整備が必要になるけど、郊外化のスピードが速いとそれが十分に整えられないまま無秩序な住宅地の開発が進み、**スプロール現象**（虫食い状に住宅地開発が進むこと）と呼ばれる問題が起こった。こうした無秩序な開発に対する対策として建設されたのが、大阪の千里ニュータウンとか東京の多摩ニュータウンのような**ニュータウン**で、政府や自治体が計画的に住環境を整備しようとしたものだね。ただ、一方で、住宅地から勤務地への交通渋滞の問題が起こったりしたし、ニュータウンは少子高齢化の局面になると、いろいろな問題が発生している。

❷再開発

　郊外が開発されていく頃に大都市の中心部では、施設の老朽化などで衰退と荒廃が目立つようになって、**インナーシティ問題**と呼ばれる現象が起こっていた。都心の環境が荒廃するとますます富裕層が郊外に逃げ出していくよね。大都市中心部ではこうして1970年代くらいまで、人口減少が続いたんだ。

　そういう状況を打開するために、1980年代以降になると先進国の大都市で都市の再開発が活発化するようになった。荒廃した中心部にリニューアルされた居心地のよい場所ができると、富裕層が戻ってきて**ジェントリフィケーション**という現象が起きた。人口も回復して都心回帰とよばれる状況になってきた。先進国の大都市が全て同じように変化してきたわけじゃないけど、少なくとも欧米や日本の大都市については以上が大まかな流れだと考えていいだろう。

❸世界都市

　このプロセスの途中、1990年代くらいには人・モノ・金の流れが勢いを増して、世界中の結びつきが強まっていくグローバル化という現象が顕著になって、**世界都市（グローバル都市）**とよばれる大都市が現れたんだ。世界都市っていうのは、世界的な大企業や金融機関が集まり、世界経済の中心であるばかりでなく政治や文化の中心でもあるような大都市のことで、ロンドンやニューヨークが典型だ。グローバル都市という言葉を初めて使ったサッセンという地理学者は、ロンドン、ニューヨークと並んで東京を例として挙げたけど、2000年代以降は少なくとも東京の経済的な地位（グローバル企業の集積とか金融の集中という意味でね）はだいぶ下がっている。

　世界都市では、企業ビルの清掃みたいな、事業所サービスとよばれる仕事を担う人たちが必要になる。それを補うのは、海外からの移民だ。それで世界都市には途上国などから多くの移民が集まっている。そうした特徴もあるね。

（2）途上国の都市問題

　図8-7にみるように、途上国の都市人口増加率はこの数十年間でめざましい。途上国の多くでは、首位都市（プライメイト・シティ、国内で人口第一位の都市）への一極集中が激しい。例えば、エチオピアでは首都アジスアベバの人口が400万人を超えているけど、第二位以下の都市は皆人口40万人にも満たない。日本も東京一極集中が問題にされるけど、エチオピアはそれよりはるかに極端だってわかるだろう？

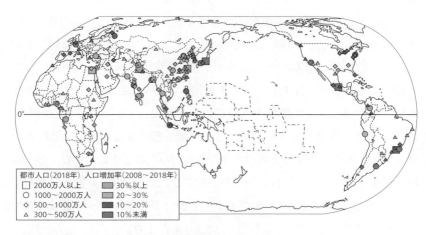

● **図8-7：世界の大都市と都市人口増加率**（2008-2018年）
World Urbanization Prospects により作成。

　急速に成長する途上国の都市が、すべて前項で話したような先進国の都市と同じ歴史をたどるとは限らないけど、アジスアベバでも都市郊外の宅地が進んだり、また過去に先進国の都市が経験したようなごみ問題とか、交通渋滞、大気汚染、またスラム（不良住宅地区）の形成なんかが進んだりして、今まさに都市問題が深刻化しつつあるんだ。これらを解決するために、交通渋滞を緩和するために都市高速を整備したり、市内を横断する路面電車を敷いたりといった試みがなされているが、すぐには解決しそうにない。こうした途上国の都市の多くでは、産業が発展するにつれて、かつて

の日本のように工場とか企業で働く新中間層とよばれる階層が形成されるようになってきていて、これも1960年代の高度成長期の日本に似ているようなところがある。

　一般に、出生率は農村部では高く、都市部では低い。すでに話したように、都市的な生活をするようになると出生率は下がっていく傾向にあるからだね。だから今日の途上国でも、一般的な傾向として、農村から都市へと人口が移動することによって都市の膨張が進んでいるといえる。農村でも現金の必要性は世界的に高まっているから（洋服や靴を買ったり、食事だって調味料を買ったり、子どもを学校に通わせるにしてもお金が必要だし……村で全てのものを生産できるわけじゃないから当然だよね）、都市部に仕事を求めて出稼ぎに行ったり、そのまま都市部に移住して暮らそうということになる。そうして、農村から都市への人口移動が進んでいくんだ。

　中国北部の黄土高原でも、中国の都市部で経済発展が進んだ2000年代以降、出稼ぎによって農村の人口が都市に流出していった。その頃中国政府は、村で農業によって生活できる環境を整備するために、補助金を出してビニルハウス栽培を始めさせたりといったことをしたんだけど、結局長続きせずに人口の流出が続いた。村びとに話を聞くと、答えは単純で「ビニルハウスで野菜を作って売るよりも街に出稼ぎに行って工事現場で働いた方がずっとお金が稼げる」というものだった。

　日本でも中国でも、その他の多くの地域でも、「生計の手段として農業は割に合わないから、街に出て仕事をさがした方がよい」という構造が農村の過疎化と都市への人口集中を促進させているってことだね。だから日本でも地方の過疎化に対処して一極集中を是正していくためには、こうした構造を変えていく方法を考える必要があるだろう。でも、やはり解決はそう簡単ではない。

　日本でも、地方都市に**LRT（ライトレール、軽量の旅客鉄道）**を敷設したりとか、**コンパクトシティ構想**とか、「小さな拠点」構想（小学校区単位で地域を再編して、過疎化や高齢化に対処していこうとする総務省の構想）とか、いろいろな試みがあるけど、人口減少という根本的な困難の前に苦闘している状況だ。

● 図8-8：黄土高原の村で育ち、10代になって街へ移住した若者たち

村の調査から戻って、村出身の若者たちを食事に誘って話を聞いているところ。レストランのウェイター、デパートの店員、ブルドーザーやショベルカーの運転手など、さまざまな仕事に就いている。村に戻って農業を継ごうと考えている若者はいなかった。

まとめ

▶▶ **世界の人口は農村から都市へ、途上国からは世界都市へと流れ続けている。**

問1　都市は、社会・経済的条件だけでなく、様々な自然条件のもとで立地している。下の図2中の①～④は、図1中のア～エのいずれかの範囲における人口100万人以上の都市の分布を示したものである。イに該当するものを、図2中の①～④のうちから一つ選べ。

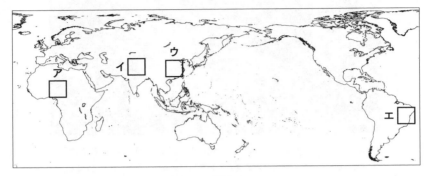

● 図1

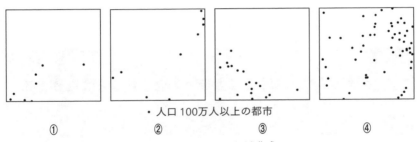

・人口100万人以上の都市

①　　　　　　　②　　　　　　　③　　　　　　　④

統計年次は2015年。*World Urbanization Prospects* により作成。

● 図2

（共通テスト2021年度地理B）

第9章

一人が得をすると皆が損をする ——環境問題のジレンマ

1 地球環境問題 ——熱帯林はなぜ減少しているのか?

地理総合では、自然環境と人間の営みのかかわりを理解することがとりわけ重要視されている。だから、ぼくたちが解決しなければならないさまざまな地球的課題のなかでも、人間の営みの結果として引き起こされる地球環境問題は、地理総合で学ぶのにもっともふさわしい課題だといえるかもしれないね。ここでは地球環境問題のなかで代表的と考えられる、熱帯林減少の問題を中心に考えてみよう。

(1) 社会的ジレンマ

❶コモンズの悲劇

そもそも、環境問題ってどうして起こるんだろう? 一つの参考になる考え方として、**社会的ジレンマ**と呼ばれる問題がある。それは簡単に言うと、「**一人一人の個人にとっては利益になること**」が「**全体にとっては不利益になる**」という構造だ。

例えば、草原で羊を放牧して暮らしている人びとがいたとする。草原は1000頭の羊を飼うキャパシティがあって、100人の牧夫がいるとすると、それぞれ10頭羊を飼う分には問題ないことになるね。でも一人一人の牧夫にしてみれば、もっと増やして豊かになりたい。10頭を11頭にするくらいなら問題ないだろうと考えても不思議はないよね。でも皆がそうして1頭増やすと、羊の数は1100頭に、2頭なら1200頭になって、大きなキャパオーバーになっちゃう。

ここで難しいのは、一人一人にとっては「ほんの１頭ぽっち」なんだけど、皆がそう考えて行動すると簡単に100頭も増えちゃうってこと。全体がそんなふうになるってことは、おそらく一人一人には想像もできないことだ。一人一人の人間には全体で起こっていることを簡単に把握できないっていう状況があるからこういうことが起こりがちなんだね。

　これは半世紀も前にギャレット・ハーディンという生態学者が提起した問題で、彼はこれを「コモンズ（共有地）の悲劇」と呼び、「誰もが使える共有地」は放っておくと取り返しのつかないことになってしまうので、すべての資源を分割して**個人の所有にするか**（そうすれば持続的な利用を真剣に考えるようになるからね）、**国に管理をゆだねて個人の使用を制限するか、どっちかしか解決法はない**んだって提言したんだ。ハーディンのいう共有地は例のような放牧地とか、焼畑に使われる森林とか、漁場なんかが典型的なものと想定されて、要するに身の回りの環境を利用して小規模に生業を営む人びとの暮らしが問題視されたわけだ。

❷規範の重要性

　ところが実は、ハーディンの考えには、重要な見落としがあったんだ。ハーディンは一人一人の人間を「自分の利益を自由に追求できる存在」とみなしたけど、実際に小規模な放牧とか焼畑をする人びとの多くはそんなふうにふるまったりしない。なぜかというと、一つにはコミュニティのなかにいろんな**決まりごとや規範**のようなものがあって、それを守らないと隣人たちから白い目で見られたり、場合によっては罰を受けたりするからだ。要するに、多くの場合、こうした社会には資源が枯渇しないためにいろんな規則や規制があって、草原や森は決して「誰がどんな使い方をしても自由」なものではないってことだ。

　後に、ハーディンの研究を批判的にとらえながら、資源が枯渇しないように持続的に利用されるためにはどんな制度、仕組み、条件があればよいのかを研究する人たちが現れた。例えば、資源を共有するのが小さな集団であれば、他人の行動が目に付きやすいから規範が守られ、持続的な資源

利用がおこなわれやすい、とかね。実際、マグロなどの遠洋漁業では規制がないとしばしば乱獲が起こるけど、沿岸漁業の場合は漁業組合が漁業権を管理していて、乱獲によって資源が枯渇しないような決まりごとがつくられている。こういう資源管理をめぐる制度や条件に関する研究で成果をあげた一人はエリノア・オストロムといって、女性として初めてノーベル経済学賞をとった人だ。

　一方で、地球上の大気とか海洋に関わるような対象になると、それこそ全体の状況を一人一人が把握することは至難のわざなんで、社会的ジレンマが起こりやすい。地球環境問題と呼ばれている問題の多くはそういう性質を持っている。だから国際的な取り決めによって、問題が進行しないような仕組みをつくる必要があるというわけだね。

（2）熱帯林減少のしくみ

　環境問題というのは、一人一人の行動の積み重ねがあって結果があるわけだけど、その間にはいろんな複雑な制度や組織なんかがあって、その複雑さが問題を見えにくくしたり、間違った理解に結びつきやすくしたりしているという側面もある。熱帯林の減少をめぐる問題はその典型だ。かつて、熱帯林減少の主原因は焼畑だといわれたことがあって、地理の教科書にもそう書かれていた時代があった。それは後に間違いだってわかったんだけどね。順を追ってこのことについて考えていこう。

❶森林の増減

　さて、まず図9-1をみてみよう。これはGISを使って、全世界の気象・地形データを分析し、その結果をもとに1万数千年前、つまり農耕と牧畜が始まる以前に森林があったと推測される地域を示し、それをもとに気候帯別に現存する森林と消失した森林の面積を推定したものだ。これをみると、この1万年の間に、森林が消失したのが主に温帯林であることがわかるね。ヨーロッパ全域や中国東南部、アメリカ合衆国の東南部やブラジ

ル・アルゼンチンの温帯の部分などが消失した森林が特に目立つ地域だ。温帯は、農耕・牧畜が開始されて以降、主要な文明が展開した地域だ。それに対して、今日も森林が残されている地域は主に熱帯と冷帯だ。地球環境問題で注目されているのは熱帯林の破壊だけど、**歴史的には主に温帯林が破壊されてきた**んだね。

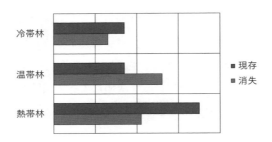

● **図9-1：1万年間の森林減少**

Ahrends, A. et al. 2017. China's fight to halt tree cover loss. *Proceedings of the Royal Society B* をもとに作成

　図9-2は、2000年代に森林の増減があった地域で、やはりGISを使って異なる時期のランドサット衛星画像を解析して得られたものだ。教科書に載っているように、**今日森林減少が指摘されているのは主に熱帯林**だとわかる。2つの図からわかるのは、人間の歴史を通して、**まず温帯林が破壊され、20世紀以降になると今度は熱帯林が破壊され始めた**ことだ。こうした歴史的プロセスは、環境問題を語る上で頭に入れておいて損はないだろう。

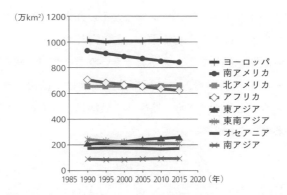

● **図9-2：1990年〜2015年の森林変化**
出典：FAOSTAT. ロシアはヨーロッパに含まれる。

❷森林転換

　現在、熱帯林の減少が進む一方、温帯の多くの地域では逆に森林面積が増加している。日本でもこの100年の間に森林が増えていることは第Ⅰ部で話したよね (P65)。ヨーロッパや北米でも森林は増加していて、それは主に植林されたものだ。意外かもしれないけど、21世紀以降、森林面積がダントツに増えているのは中国だ。退耕還林という政策で、主に黄河や長江の上・中流域で、農地を植林地に換えているんだ。これは黄河の水が枯れたり、逆に洪水が起こったりする原因が水源地の環境劣化のせいだと考えて、生態系を回復させようとしたものだ。こうして温帯地域の多くでは植林によって森林面積が増加しているんだけど、これらは主に農山村のような過疎化が進行している地域で、使われなくなった土地を森林に換えているんだよね。こういうふうに、かつて森林破壊が進んだ温帯の国々で今度は逆に森林が増えている傾向を、人口転換になぞらえて「森林転換」と呼ぶ研究者もいる。

　ただ、森林が増えてるから喜ばしいかというと、そうとばかりも言えない。なぜかというと、これは単に木材とか農地を外国、とりわけ熱帯の国々に「アウトソーシング」しているに過ぎないという側面があるからだ。例えば**中国は森林面積の増加と並行して、木材の輸入量が増加している。**

ニューギニアやインドネシア、コンゴなどから丸太を密輸しているという指摘もされている。日本の木材需要も、主に海外からの輸入によって賄われているから問題は同じだといえる。そういう意味では、熱帯で進んでいるプランテーション開拓も、主に温帯諸国に向けて供給される作物の栽培だ。こういうことを考えても、熱帯林の破壊は「彼らの問題」だけではないことがわかるよね？

●　図9-3：退耕還林による植林地
住居の背後にある山の斜面は、農地が植林地に転換されたもの。傾斜25度以上の斜面にある畑は植林地に転換され、25度未満の斜面の畑は土木工事によって段々畑にされた。

❸焼畑犯人説の登場

　さて、本題の、熱帯林減少がどういう原因で起こっているのかについて話そう。地球環境問題が注目されるようになり、そのなかで熱帯林減少が問題視されるようになったのはだいたい1970～1980年代くらいのことだった。でも当時は、問題視されるといっても、世界中でどのくらい、どのような理由で熱帯林が消失しているのかは正確にわかっていなかったんだよね。ランドサット衛星が打ち上げられて地球上の地表をくまなく、コン

スタントに観察できるようになったのがようやくこの時期だけど、当時はまだ衛星によって集められたデータを分析する技術も発展途上だった。

そういう状況のなかで、現状を把握する要請におされてFAO（国連食糧農業機関）が、1980年に世界森林資源評価という報告書を出した。実はこれは第二次世界大戦後、定期的に出版するはずのものだったんだけど、なかなかデータを得ることが難しいのもあって、30年以上ものびのびになっていた。実はこの報告書に「熱帯林消失の45％は焼畑を原因とするものだ」と書かれたんだ。これは根拠があいまいで不確かなものだったんだけど、権威ある国連機関の報告書だから正しいのだろうって多くの人が思ってしまった。

焼畑が熱帯林消失の主犯にされてしまった背景には、章の冒頭で書いた「コモンズの悲劇」の間違った認識も影響しているとぼくは思っているんだけど、ともかく一度誤った認識が世界中に広まってしまうと、なかなかそれを正すのは難しい。ネットでデマが広がるのと同じことだね。それで、今でもまだ焼畑のせいで熱帯林が減少しているなんてことが、新聞の社説にすら書かれたりする。ぼくはこうした根拠のない記事を見つけると、出版元に訂正するように求めているんだけど、モグラたたきみたいなもんで、なかなか根絶しないんだよね……。

❹熱帯林減少の真犯人

でも、こうして天下のFAOがバーンと焼畑犯人説を打ち出したことで、「ホンマかいな？」と疑ったたくさんの研究者が、世界中でその検証を始めた。実際、1980年代から焼畑や熱帯林消失に関わる国際的な研究論文が激増してるんだよね。それらの多くは、実際に地域でデータを集めて、森林が減っているか否か、減っているとしたらどういう原因によるものかを検証したものだ。これらの論文をすべて集めて分析した結果、熱帯林減少の真の原因がある程度わかってきたんだ。

熱帯林の面積は、ラテンアメリカ、アフリカ、東南アジアの順で大きい。熱帯林減少の原因はこれらの地域別に微妙に異なっていることもわかって

きたんだけど、おおむね共通しているのは、プランテーションを含む商業用の農地開発や牧場開拓、あるいはそれ以外の常畑（焼畑のように休閑をはさまずに永年耕作する畑のこと）耕地の造成などが主な原因で、それに木材の伐採や道路建設などが組み合わさったものだった。その傾向は、現在でも進行中だ。

（3）ブラジルの熱帯林消失

❶森に火をつけると自分のものに⁉

熱帯林減少のプロセスをみていると、その国・地域の政治体制や政策が深くかかわっていることを実感できる。典型的な例がブラジルのアマゾン開発だ。ブラジルはもともと、貧しい農民が多く住んでいる地域からのアマゾンへの開拓移民を奨励していた。道路を建設し、その道路から周辺へと開拓が広がっていく様子が、時期の異なる衛星画像を見比べることによってわかる。

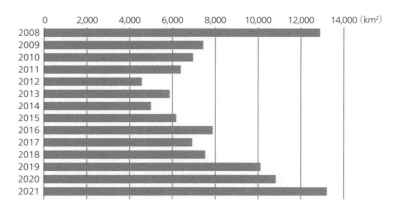

● **図9-4：ブラジル・アマゾンの消失した熱帯雨林面積の推移**
出典：Mongabayの資料による。

アマゾンの熱帯林は1970年代から一貫して減少し続けている。図9-4をみると、2000年代から2010年代にかけて、減少のペースがいったんゆ

るやかになって、また途中から増えているね。ペースが落ちていた時期は、当時のブラジルの政権が熱帯林減少に対処するために、開拓を制限して森林保護の努力をしていたんだ。ところが2019年にアマゾン開拓を奨励するジャイール・ボルソナーロが大統領になると規制をゆるめ、再び開拓が進むようになった。2019年にはアマゾンの森林火災が世界中で報道されて、日本でも注目を浴びたんだけど（火災の原因が焼畑だという、相変わらず間違った報道もゴマンとあって正直うんざりしたんだけどね）、その時のニュースには、ボルソナーロを支持する人たちがSNSで連絡を取り合って、いっせいに森を伐採して火をつけたりしたなんていう事件まであって、さすがのぼくもびっくりしたな。

　この事件で火をつけた人たちは、「地上げ業者」みたいな人が多かったようだ。アマゾンでは、森を伐採して火をつけ、更地にすることによってその土地の使用権を主張できるという慣習があるそうだ。このこと自体は、共有林でおこなわれる焼畑なんかでもよくある。伐採して更地にすること自体、大変な作業だったりするから、その努力をした人がそこで作物を作る権利をもつっていうのは合理的な考え方だよね。でもその慣習を悪用して、森に火をつけて更地にしてそれを牧場や農場主に売る商売は、熱帯林減少を加速させる行為だ。ともかく熱帯林減少っていうのは、こういうふうにして起こっているんだ。

❷ダイズ農場の拡大

　ブラジルの熱帯林で開拓された土地は何に使われるのかというと、牧場がよく知られているけど、今日注目されているのはダイズ農場の拡大だ。ダイズの貿易量の推移に関しては図9-5をみてほしい。かつてはアメリカ合衆国が世界の主なダイズ輸出国だったんだけど、ここ数十年の間にブラジルがアメリカと並ぶダイズ輸出大国になったんだ。ダイズ輸入大国の日本や中国はこれらの国で生産されたダイズを主に輸入している。ダイズというと、日本人のぼくたちは納豆、豆腐、味噌、醤油なんかをまず思い浮かべるけど、世界的にタイズの用途とされているのは食用油の原料としてだ。

それからもう一つは、油を絞ったカスを使って家畜飼料にすることだね。トウモロコシとダイズカスを配合した飼料は肥育効果が非常に大きいし、食用油の副産物だっていう効率の良さもあって、今日のダイズ需要の大事な要素になっているんだ（P194〜196も参照）。

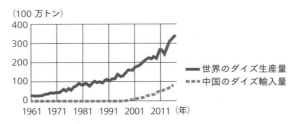

● 図9-5：**世界のダイズ生産量と中国のダイズ輸入量の推移**
出典：FAOSTATほか

（4）東南アジアの熱帯林消失

さて、東南アジアの熱帯林消失にはどんな特徴があるのかな。おさえておきたいのは、アブラヤシ、ゴム、そして製紙原料であるユーカリやアカシアなどのプランテーションだ。これらは皆、樹木作物だね。やっかいなことに、森林の統計っていうのはいろんな基準があって混乱していて、こうした樹木作物が栽培されている土地は「森林」とみなされていることもしばしばあるんだ。だけど、こうしたプランテーション造成は、主に天然林や焼畑休閑林を伐採して造成されているから、れっきとした森林減少だ。何が問題かって一言で言うと、生物多様性の消失だね。東南アジアの天然林にはまだ知られていない昆虫種などがたくさんあって、知られないままに絶滅している。あと、熱帯林減少の問題としては扱われないことが多いけど、エビなどの養殖場をつくるためにマングローブが消失していることも東南アジアで大きな問題となっている。汽水域って特徴的な生態系がある地域なんで、これも生物多様性消失の問題だ。

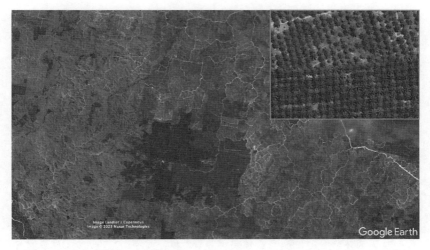

● **図9-6：みわたす限りのアブラヤシプランテーション（インドネシア・スマトラ島、右上は一部を拡大したもの）**

出典：Google Earth

　東南アジアの熱帯林消失に関わる作物のなかでも、インドネシアやマレーシアなど島嶼部で生産されているアブラヤシは特にここ数十年拡大し続けていて、主要な原因といってもいいと思う。アブラヤシからとれるパーム油の需要の拡大が原因だ。パーム油はフライドポテトとか、スナック菓子類の揚げ油としての需要が高い。油の融点が人間の体温に近くて、口に入れると溶けて独特の食感があるんだよね。でもそういう需要をまかなうためにマレーシアやインドネシアで20世紀の終わり頃から急激にプランテーション造成がおこなわれて熱帯林が破壊されたんだ。それが問題になり、パーム油には環境破壊に配慮した生産をおこなっていることを証明する認証制度ができたりした。でもまあ、熱帯林を開拓して造成されることにはかわりはないんで、問題は簡単には解決するわけじゃないね。

　インドネシアのボルネオ島とかスマトラ島などには、泥炭湿地林という熱帯林が分布している。これは湿地で植物の遺体が分解されず積み重ってできている森のことで、泥炭という言葉の通り、炭でできた土壌だ。だから、いっぺん火がついたらよく燃えて簡単に消火できない。それで泥

炭湿地林を開拓するために火を入れたのが燃え広がり、森林火災となって東南アジアの大陸部の方まで煙が広がって大変な健康被害を引き起こしている。ちなみにこれが焼畑のせいだって間違った報道がされたりすることも、いまだにあるんだよね……。

(5) アフリカの熱帯林消失

　アフリカの熱帯林減少の特徴はどうだろうか。熱帯アフリカはもともと人口の少ない地域だったこと、そして20世紀中頃以降、最も人口増加率が高いことを考え合わせてみよう。増加した分の食料を確保するためには、ある程度森林を農地に換える必要があるよね。実際、アフリカでは森林や焼畑休閑林が常畑に転換された面積が大きい。これはある程度は仕方のないことだろう。

　アフリカではもともと、焼畑や放牧が広くおこなわれていた。これらの生業がおこなわれる土地は、たいていの場合共有地、つまりそこに住む人びとの共有財産だった。今日アフリカで問題になっているのに「**ランドグラブ（土地収奪）**」というものがある。日本みたいに登記されて所有権が保証されていないのをいいことに、共有地を勝手に政府が国内外の投資家などに貸してしまったり、誰かが自分の所有地にしてしまったりするものだ。

　土地の借り主はしばしば大きな資本をもっていて、その土地を大々的に開拓して稲作とか、コーヒーやアブラヤシなどのプランテーションに変えてしまったりする。投資家は作物を売ってもうけることができるし、政府は投資家から土地の貸し賃をとれるのでウィンウィンだ。でももともとその土地を使っていた人びとにとっては深刻な人権侵害だし、森林や草地を農地に換えるわけだから、森林消失という環境問題を加速してもいるわけだね。アフリカにはまだ使われていない土地がたくさんあって、将来の食料増産の余地がある地域だなんて考えられているんだけど、そのなかにはこうして土地収奪がおこなわれている現状があることも知っておかなけ

ればならないんだ。

　こういう人権侵害問題を解決する方法の一つとして、これまで先住民たちがその土地をどのように使ってきたかを調べて地図化したり、その土地や、そこに生息する動植物に関して人びとがもっている詳細な知識を調べて明らかにしたりする試みもおこなわれている。こうした試みはNGOとか大学の研究者などがおこなっているんだけど、ランドグラブは金儲けが絡む問題なので、なかなか解決への道は遠いと言わざるを得ないね。でもぼくはこういう取り組みは、熱帯林消失の問題の解決のためにもとても重要なものだと思っているんだ。

（6）砂漠化

　ここでは熱帯林減少の問題を最も重要な例として環境問題を考えてきたけど、乾燥地で起こっている環境問題、いわゆる砂漠化のことにも少し触れておこう。砂漠化は主に気候変動の結果として起こっていることが多く、どこまで人間の活動が影響を与えているのかは難しいところも多いとぼくは思っている。そのなかで、明らかに人為が絡む問題と言えるものの例としては、**かんがいのために河川や地下水から過剰に水を採取することによる渇水・水位低下や、かんがい農地の塩類集積による土地の不毛化**がある。

　もっとも有名な例の一つに、アラル海の縮小がある。カスピ海の東にあるアラル海は、ぼくの学生の頃には世界地図に大きくはっきりと描かれていたんだけど、今は下手すると見逃してしまうほど小さい（省略されている地図も多い）。アラル海が干上がってしまったのはソ連時代に、アラル海の水源となっている周辺の河川からかんがい用水を引いて綿花栽培をおこなったことによると考えられている。また、綿花を作っていた農地も、塩類集積による不毛化が起こったと言われている。

　かんがいによる地下水位低下の例としては、アメリカ合衆国のグレートプレーンズが知られている。この地域では、オガララ帯水層と呼ばれる巨

大な地下水源をかんがいに利用して、コムギやトウモロコシ、綿花栽培などの企業的農業がおこなわれてきた。だけど長年大量の水をくみ上げ続けてきた結果、地下水位の低下が激しく、かんがい農業ができなくなって耕作放棄される例も出ている。このような例はアメリカに限らず、パキスタンやインド、中国など、世界各地で起こっている。ある試算によれば、世界のかんがい農地の20%は持続不可能だとされているんだ。

> **まとめ**
>
> ▶▶ **文明は温帯林を破壊することによって発展した。現代では熱帯林が商業的な土地利用に転換されるなかで減少が続いている。一方乾燥地では、かんがい用水の枯渇や塩類集積が懸念されている。**

2 化学物質で地球が汚染されると後戻りができない

(1) 化学物質と公害

さて、熱帯林減少とか砂漠化とは異なる性質の環境問題にも触れておかなければならない。それは、人間活動によって有害な化学物質が自然のなかに拡散されていくもので、**大気汚染、海洋汚染、水質汚濁**などの形で表れるものだ。深刻なものは公害と呼ばれ、日本では戦後の高度経済成長期にクローズアップされた。水俣病のことはきみたちも聞いたことがあるだろう。これらを教訓に、日本は公害を防ぐための産業廃棄物処理などの規制を進め、あの頃に比べると大気汚染もだいぶ改善された。でも、今まさに工業化が進められている国々では、大気汚染はリアルに体験できる問題だし（エチオピアに行って排気ガスの充満した街を歩くと実感できる）、あの頃起こった環境汚染の被害の中には今でも解決されていないものもあるんだ。

（2）水銀汚染

❶水俣病

　水俣病は、工場から排出された有機水銀が海に流れて魚に蓄積され、それを食べた人に中毒症状が現れたものだ。水銀は今でも電池などに使われていたりするものだけど、猛毒で、体内に入ったら体が麻痺して動かなくなったり、肺に吸い込んでガンの原因になったりするので、水銀が使われている製品の廃棄方法は今では厳重に規制されている。体内に入り込むのは、水銀が燃えて大気に流れることや、食物連鎖を通じて魚の体内に蓄積され、人間が食べることによる。水俣病が起こっていた当時大気や水の中に排出された水銀は、今でも地球の至るところで循環してぼくたちの健康を脅かすリスク要因になっているんだ。

❷金採掘と水銀汚染

　実は、今でも水銀は新たに大気や水の中に排出されている。その源は、世界中でおこなわれている小規模な金の採掘によるものなんだ。金を掘るのに何で水銀が必要かって？　金は水銀と混ぜると溶けてアマルガムという合金になる性質がある。一方で、金は掘り出した金鉱石1トン中にわずか数グラムしか含まれていない。小規模な金採掘だと丸いお皿のような道具でふるいにかけてとるんだけど、要するにものすごく効率が悪い。水銀を使ってアマルガムとして取り出した後で火にかけると水銀が気化して純粋な金を取り出せる。水銀を使うと効率がすごくいいわけなんだ。

　現在、小規模な金採掘はたいてい貧しい国の山の中なんかでおこなわれている。金採掘をしている人たちの多くは生活を成り立たせるために、健康を犠牲にして金採掘をしているのが現状だ。小規模な金採掘で必ず水銀が使われるわけではないし、水銀の使用を政府が禁止しているところもあるけど、貧しい採掘人たちにとっては、背に腹は変えられないという気持ちもあるんだろう。

● **図9-7：金採掘現場を訪れる旅（エチオピア）**
川辺に沿って無数の採掘坑があけられている。中央付近に立っているのが筆者。

　実は、ぼくが通っているエチオピアの森の中でも、静かなゴールドラッシュが起こっているんだ。焼畑をして暮らしている人たちもふだん行かないような森の奥深くで金の鉱脈が発見されて、森の外からエチオピア人たちが入ってきて、スコップで小規模な金掘りをしている。

　ぼくは一度そこに森の友人たちと一緒に訪れたことがある。歩いて丸2日もかかる悪路で馬に荷物を載せて運ぶようなところだけど、ちゃんと採掘人たちのために食堂や喫茶店なんかをやる人も入り込んでいて、驚いたな。採掘人の人たちは、1日掘っても1グラムもないくらいの金しかとれないんだけど、それを買取人のところに持っていって数百円とか、千円とかのお金を得ていた。貧しい人たちが仕事を失ってしまわないように配慮しながら問題の解決をはかっていく必要があって、そこがとても難しいところなんだ。

　水銀汚染の恐ろしいところは、それが一度大気や水に混じってしまうと、なかなか排除することができず、生態系のなかを循環し続けるところだ。森林破壊によって生物多様性が失われるのと同じように、後戻りできない、

後悔先に立たず、ということだね。

（3）プラスチックと海洋汚染

　同じように、いま世界で大きな問題になっているものに、プラスチックごみによる海洋汚染があるね。これも自然の力では分解されず、半永久的に生態系のなかに残留してしまうところに深刻さがあるんだ。

　海で起こっている環境問題と言えば、廃棄物や油の流出による海洋汚染とか、温暖化による海面上昇で起こる島嶼の水没といった問題があるけど、比較的近年注目されつつあるのがマイクロプラスチックによる汚染だ。これらは基本的に生物による消化や分解が不可能な物質なので、水銀同様魚の体内に蓄積されたりして、それを食べる人間の健康にも影響をおよぼしかねない。日本でレジ袋を有料化したり、紙のストローなどが使われるようになったりしているのも、この問題への対策だ。

まとめ

▶▶ **産業活動によって生じた化学物質の拡散は「後戻りできない」環境問題を引き起こしている。**

3　資源・エネルギー問題
──化石燃料にたよる世界からの脱出？

（1）化石燃料から代替エネルギーへ

　18世紀にヨーロッパで産業革命が起こってから、世界でおこなわれている大規模な産業に使われる主要な資源・エネルギーは、化石燃料と呼ばれる石炭、石油、天然ガスだ。産業革命以降、まずは石炭が主な動力

源となり、1960年代くらいまでに石炭に代わって石油が主な動力源となり、機械を動かすことによって様々なモノが大量生産されてきた。

蒸気機関車は石炭を使った、ガソリンエンジンの自動車やバイクは石油を使った代表的なものだね。しかし、1970年代から1980年代くらいにかけて、石炭・石油・天然ガスのような化石燃料にたよることの問題点が指摘され、代替エネルギーへの転換の必要性が認識されるようになってきた。これが資源問題の大きな流れだ。

❶石油が枯渇する日

なぜ代替エネルギーが必要なんだろう？　大きく2つの理由がある。一つは、これらの化石燃料がいつかは掘りつくされてなくなってしまう**枯渇性エネルギー**であるということだ。とりわけ世界で人口が急増していた1970年代頃には、人口爆発という言葉が盛んに使われるようになって、このままでは早晩、化石燃料は枯渇してしまうという危機感にかられるようになった。この頃は、石油があと数十年で枯渇してしまうという予測すらあったんだ。実際には当時知られていなかった新たな石油や天然ガスの埋蔵が発見され、人口増加のペースも緩やかになってきて、その頃の予測は外れたんだけど、化石燃料が無尽蔵ではなくてだんだんと希少になっていくことは今でも変わりない。

❷地球温暖化

もう一つの理由は、地球温暖化の問題だ。これも1980年代頃までに指摘されるようになったことだけど、世界的に気温の上昇が確認され、その少なくとも一部は人間活動、要するに石油や石炭を燃やして炭酸ガスなどの空気を温める効果をもつ**温室効果ガス**を発生させているためだってことが知られるようになってきた。急速に温暖化が進むと、農業への影響とか海水面上昇など、様々なマイナスの影響があり得るので、温暖化に影響の少ない代替エネルギーの開発を進めてできるだけ化石燃料の使用を抑えることが望ましいというコンセンサスが形成されてきたんだ。

温室効果ガスの抑制とともに、炭酸ガスを吸収する森林を保全することの重要性も認識されるようになって、炭酸ガスを排出する代わりに森林を増やしたり保全したりするという排出権取り引きなんかも、国と国の間でおこなわれるようになっているんだよね。このように、環境問題と資源問題は大きく重なり合っているんだ。

（2）資源ナショナリズム

❶産油国の言いなりに？

　代替エネルギーの必要性が認識されるようになった理由はもう一つあって、それはエネルギー資源とかその他の産業活動に欠かせない**鉱産資源が、地球上に偏って分布している**ことに深く関わっている。わかりやすい例は、主な産油国が西アジアに集中していることだね。1970年代には、アラブの産油国が中心となって石油輸出国機構（OPEC）が組織され、石油の産出量を調整し、その結果石油の国際価格をコントロールすることによって国際政治経済に影響を与えるようになり、オイルショックと呼ばれる現象が起こった。これが資源の輸出を武器に外交をおこなう**資源ナショナリズム**の走りだ。

　OPECのほかにも、例えばロシアが天然ガスの輸出をヨーロッパとの外交の武器に使ったりするのも、資源ナショナリズムの例といえる。資源を輸入する側としては、こういうふうに資源国の言いなりにならないためにも、代替エネルギーの開発が必要になるわけだね。アメリカ合衆国なんかがシェールガスやシェールオイルのような新たな化石燃料の開発に熱心なのも、そういう背景があるんだ。

❷石油価格と政治・経済

　現在でもまだまだエネルギー資源の中心は石油なんで、産油諸国による価格調整は世界の政治経済の動向に大きな影響を与え続けている。それに、石油の価格は世界全体の産業活動に影響を与えるので、石油以外の

鉱産資源の多くも石油の価格に連動して変化する傾向にある。例えば、石油が安くなると銅や鉄の価格も下がったりというふうにね。図9-8は原油国際価格の長期的な推移を表しているんだけど、この間の世界の動き、とりわけ資源国の政治経済の動向と強く関連しているんで、そういうふうな目でグラフを見ながら理解するようにするといいよ。

1970年代のオイルショックはさっき話したよね。この時期に一気に石油価格が上昇したんだけど、その影響で需要が減退して供給過剰になり、1990年代まで原油価格は低迷した。この時期はアフリカでは冷戦体制崩壊の影響（次の章で詳しく話すね）なんかもあって、民族紛争がたくさん起こってアフリカ経済も全体的に停滞した。ところが2000年代に入ると原油価格が急上昇し始めた。この時期は先進国の間で金融緩和がおこなわれ、お金をどんどん借りて産業活動がしやすい状況になり、中国の経済も急成長した時期だ。それで経済活動が世界的に活発になって、アフリカの経済、特に資源国では急激にGDPが増えたんだ。

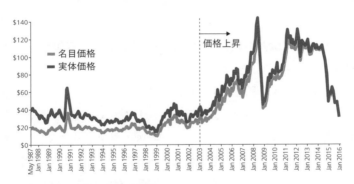

● **図9-8：原油国際価格の推移**
出典：アメリカ合衆国エネルギー情報局、労働統計局

アフリカ経済成長の要因はいろいろあるけど、石油を中心とする資源価格の上昇が、資源大陸アフリカの経済成長を後押ししたことが大きいと考えられている。2008年にはアメリカ合衆国でリーマンショックという大企業の破綻をきっかけとする経済危機が起こって原油価格も急降下した

けど、それはゆっくりと持ち直していった。でも2010年代後半には、ア
メリカでシェールオイルの増産があって、その影響でまた原油価格は下落
した。その後は新型コロナウイルスのためにさらに落ち込み、その後徐々
に回復していった、という流れだ。こういうふうに、世界経済のここ数十
年の流れは原油価格の推移と一緒に理解すると頭に入りやすいだろう。

（3）レアメタル

　資源が偏って分布しているという問題に関連して少し頭に入れておいて
ほしいことに、レアメタルの問題がある。レアメタルっていうのは、工業
などの原料として必要不可欠だけど、比較的世界のある場所に偏って分
布しているような希少な金属のことだ。金属以外にも、レアアースという
のもある。レアメタルの例を挙げると、パソコンやスマホ、あるいは電気
自動車に使われる電池の原料として重要性が増しているリチウムがあるね。
**リチウムの生産は現在、オーストラリアとチリだけで7割以上を占めてい
る。**また、**世界の埋蔵量の半分以上は南米にある**と言われている。ボリビ
アにウユニ塩原（塩湖）という有名な景勝地があるのを聞いたことあるかな？
このウユニ塩原に、世界のリチウムの半分が眠っているというんだ……ボ
リビア政府にとっては、この資源をどのように国の発展に結びつけていく
か、重要なところだ。

　レアメタルの例をもう一つ挙げると、やはりスマホやテレビなんかで電
気信号を制御するコンデンサーの原料として使われる、タンタルという物
質がある。これも、ブラジルやオーストラリア、コンゴ民主共和国などに
偏って分布しているんだけど、コンゴでは武装勢力の資金源としてこのタ
ンタルが違法に採掘され、世界で取り引きされている。詳しくは次の章で
話すけど、資源の偏りが引き起こしている深刻な問題の一つだ。

（4）再生可能エネルギー

　さて、代替エネルギーのなかでも注目されているのは**風力、水力、太陽光、地熱、バイオ燃料など**のいわゆる**再生可能エネルギー**だ。各国の発電割合とか、その推移のデータをながめていると、なんとなくそれぞれの国の事情が察せられて面白いよ。風力や水力、地熱なんかは特に、その国や地域のもつ自然条件に左右されるしね。

　例えば水力発電をおこなうには、水量の多い河川と高低差のある地形条件が必要だ。高原や台地の多いアフリカはこの条件にあてはまる国が多く、エチオピアもその一つで、発電量の実に9割を水力発電でまかなっている。エチオピア高原はブルー（青）ナイル川の源流にあたるって知ってたかな？この地の利を活かして、1990年代以降に大きなダムを次々と建設したんだ。ただ、ダム建設にはいろんな犠牲が伴うんだよね。ダムの下流で、川の氾濫を利用して農業をおこなっていた人たちが水量が減って困ったり、また、ナイル川のような国際河川では、上流と下流に位置する国の間で利害問題が起こる。下流のエジプトは、エチオピアのダム建設によってナイル川の水量が減少することを懸念して、抗議しているんだ。

　こうした国際河川の上流と下流での争いは、例えばメコン川（中国、タイ、ラオス、ベトナム、カンボジアなどいろんな国を流れている）でも、上流で盛んにダム建設がおこなわれていて、下流への影響が懸念されている。

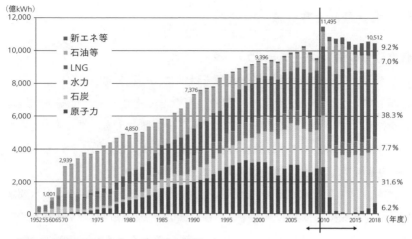

（億kWh）

- 新エネ等
- 石油等
- LNG
- 水力
- 石炭
- 原子力

● 図9-9：日本の電力エネルギー源の推移
資源エネルギー庁の資料により作成

　図9-9からわかるように、日本も高度経済成長期までは主に水力発電に
よって電力をまかなう国だったんだ。日本の河川は高低差が大きな川が
多くて発電に向いているからね。でもダム建設には、国際河川ではなくて
もいろんな弊害も伴うし、第二次世界大戦後には石油や石炭が安価に入
手できる時代が続いたことから、火力発電が中心になった。その後、原子
力発電が始まって、一時は発電量の30%くらいを占めるようになったけ
ど、2011年の福島原発事故でほとんどの原発をストップせざるを得ない
事態になった。

　アメリカ合衆国ではトウモロコシ、ブラジルではサトウキビをバイオエ
タノールに利用する試みなんかが知られているけど、作物を燃料として利
用することが、生産コストなどを考えて適切と言えるのかは議論の余地が
ある。やはり理想はリスクの少ない太陽光や風力、地熱などの発電量を増
やしていくことなのだろうけど、それぞれに課題があって、研究開発や試
行錯誤が続いている状態だね。それぞれの長所や短所、リスクなどを全て
勘案して、どのようにエネルギー供給をおこなっていくかは、ぼくたち全
員で考えていかなければならない課題だと思う。

第Ⅲ部

（5）水資源と漁業資源

❶水分布の偏りとバーチャルウォーター

　水資源の問題は、エネルギー資源とは別に、重要な問題だということは確認しておこう。水は大気の循環や地形などの影響を受けて絶えず地球上を循環していて、ある意味どこにでもあって誰にでもアクセスできるものだけど、アクセスできる状態の水は地球上どこにでもあるわけじゃない。つまり**利用可能な水は地理的に偏って分布する**ものだ。

　日本は日常生活に使う水を比較的苦労せずに入手できるので、水問題はそれほど深刻には感じられないかもしれないけど、近年は**バーチャルウォーター**という考え方が出てきたりして、いろいろ考えさせられる。例えば、日本は食料の輸入大国だけど、輸入元の生産国では、作物を作るのに大量の水を使っていて、アメリカ合衆国のようにかんがい用水の過剰な取水のために地盤沈下などの問題が起こっているところだってある。そう考えると、中国が森林を増やす代わりに外材を輸入しているように、日本人も気づかないままに海外の環境問題に関与しているっていうふうにも考えられるよね。

❷養殖の重要性の増加

　最後に、資源問題でもあり、そして次節のテーマである食料問題でもある、漁業資源について少し話しておこう。表9-1と図9-10で日本と世界の漁業生産量の推移を見比べながら、読み取れることを考えてみよう。まず明らかなことは、半世紀前からずっと**世界の漁業生産量は増大し続けてきた**ことだね。海は果てしなく広い。だから漁業資源も無尽蔵に思えるかもしれないけど、もちろんそんなことはない。際限なく生産の拡大を続けていけば、漁獲量も落ちてくる。狩猟や採集と同じように、天然資源を獲り続ければ、やがて限界が訪れるのは当然のことだね。

● 表9-1：世界の漁業生産量の推移

	漁船漁業 （百万トン）	養殖漁業 （百万トン）
1960	32.2	2.1
1980	58.9	7.6
2000	96.4	43.0
2020	91.8	122.7

FAOSTATによる。

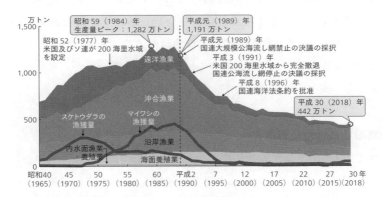

注：漁業・養殖業生産量の内訳である「遠洋漁業」、「沖合漁業」および「沿岸漁業」は、平成19（2007）年から漁船のトン数階層別の漁獲量の調査を実施しないこととしたため、平成19（2007）～22（2010）年までの数値は推計値であり、平成23（2011）年以降の調査については「遠洋漁業」、「沖合漁業」および「沿岸漁業」に属する漁業種類ごとの漁獲量を積み上げたものである。

● 図9-10：日本の漁業生産量の推移

農林水産省「漁業・養殖業生産統計」

　そこで、かつての人類が狩猟・採集から農耕・牧畜に移行したように、漁業も養殖業の重要性が増してくる。これが世界のトレンドで、大きく増加しているのがわかるだろう。古くから漁業が盛んだった北大西洋でも、漁業資源量を調査しつつ、天然魚を対象とする漁業については漁獲量管理をおこなう一方で、海面養殖業が主流になってきている。ぼくらがスーパーで買うノルウェーやチリのサーモンも、基本は養殖ものだよね。

一方、経済発展とともに魚の消費量が大きく増加した中国では、内水面養殖がさかんだ。中華料理ではもともとコイやナマズなどの淡水魚が好んで使われたり、文化的な好みでもあるね。実際、中国の農村部を車で走っていると、コイ・ナマズ類の養殖池をみる機会がとても多い。

　一方熱帯では、エビの養殖などが増大し続けている。特に東南アジアでは、中国や日本へ向けた養殖エビの生産がさかんだ。しかし、本章1でみたように、これは大きな河川の河口付近の汽水域（海水と淡水がまざりあう部分）に発達するマングローブを伐採して養殖池が造成され、生態系・生物多様性に関わる問題となっている。

　このほか、**稚魚を育てた後に海に放流して魚を増やす、栽培漁業と呼ばれる試み**もある。卵や稚魚は魚が生き延びる確率が最も低い時期なので、そこのところだけ保護してやれば魚は増える、という考え方だ。日本でも1960年代頃から行われているし、やはり漁業のさかんなノルウェーなどでも、タラの栽培漁業が続けられている。

❸漁船漁業の持続可能性

　さて、日本の漁業生産量の推移は、世界の動向とはかなり異なることが図9-10からわかるね。世界の生産量が半世紀間で倍以上（養殖もあわせると約6倍）に増えた一方、日本は特にこの30年ほどの間に漁業生産量が半減している。古くから漁業や魚食文化の発達していた日本では、第二次世界大戦後に沿岸漁業から沖合漁業、そして遠洋漁業へと展開し、世界一の漁業大国になったんだけど、1970年代には米ソが200海里水域を主張して、遠洋漁業をおこなう水域が大幅に制限されることになったんだ。その後も200海里内でのイワシ漁業などを増やして1980年代までは漁獲量は増え続けたけど、そこからは減少が続いている。

　世界の漁船漁業も1990年代以降は横ばいになっている。乱獲を防ぐために漁業管理をおこなう動きが強くなったのがこの時期だ。魚種ごとに、持続可能な漁獲量を科学的に推定してそれを超えないようにしようということだね。日本も国連海洋法条約に批准して持続可能な漁業を推進しよ

うとしているけど、現状は50％以上が持続可能な漁獲量を超えた「乱獲」と指摘されている。漁業資源管理をもっと厳格におこなっていかないと、日本の漁業生産は今後減少の一途をたどるとも予測されているんだ。担い手不足の問題もあって、養殖生産の伸びも期待ほどにはなっていない。一方ノルウェーは1990年代頃から養殖生産量を急激に伸ばし、あっという間に日本を追い越してしまった。

> **まとめ**
>
> ▶▶ 枯渇性エネルギーから再生可能エネルギーへの転換が資源・エネルギー問題の課題だ。転換の方向性は、国・地域の持つ地理的環境を活かす必要がある。世界の漁業生産量は上昇するとともに、養殖業へ移行する一方、日本は漁業生産量が減少を続け、養殖生産も伸び悩んでいる。

4 食料問題──食べ物は足りない？ 余ってる？

(1) エチオピア・マジャンの食料調達システム

「飢餓と飽食」という言葉を目にすることがある。途上国では食料が足りず、多くの人が飢えている一方、先進国では余剰の食料が大量に廃棄されている、世界のアンバランスで不平等な現状をさす言葉だ。でも、ぼくはこの言葉を単純にとらえて理解したつもりになることは、ある意味誤解や偏見の助長につながりかねないと思っている。なんでそんなこと思うのか、ここではそういう話をしたい。

飢餓と飽食と聞くと、ぼくはエチオピアでいつもお世話になっている森の焼畑民マジャンの人たちのことを思い浮かべる。マジャンの村に暮らす

人たちはお金持ちと言えるような人はいないし、自動車とか電気冷蔵庫とか、日本でそこそこの暮らしをしている人たちが持っているようなモノを持っている人もいない。そこだけを切り取ると、日本人基準で言えば貧しい人びとということになる。でも村の人たちは、食べ物がなくて飢えている人もいないし、自分の貧しさを嘆いているような人も見あたらない。「貧しい」という言葉が似合う人たちとは、どうしても思えないんだ。

　何より、実をいうとマジャンの人たちは過去に飢饉があったという記憶を全く持たない人たちなんだよね。雨の多い地域で干ばつのリスクがもともと少ないこともあるけど、これは彼らが長い時間をかけて文化的に作り上げた生業（食料調達）システムが非常に優れているからだと思う。彼らは、天候不順のせいで収穫がいつもよりずっと少ないということがあっても、**そういう時のために別の食料を確保するためのバックアップシステムを持っている**。例えば、彼らは森のどこにどんな食料が、例えば野生のヤマイモとか、木の実なんかがあるかを知っているし、作物だっていろんな時期に収穫できるから、一つの作物がダメになったからってすぐに食べ物がなくて飢えることがないんだ。

● **図9-11：焼畑でのヤムイモ栽培（エチオピア）**

　じゃあ、飢餓ってどんなところで、どういう理由で起こっているんだろ

う？　ノーベル経済学賞を受賞したインド出身のアマルティア・センという学者は、1970年代に起こったエチオピアの大干ばつと飢饉の分析でよく知られている人なんだけど、センの結論は「**飢饉は食べ物がないから起こるのではなくて、食べ物がすぐ近くにあってもそれにアクセスする権限がないことによって起こる**」というものだ。例えば都市で暮らしていると、お金がなければ食べ物が買えないね。貧富の差が原因ということになるけど、経済的不平等は途上国と先進国との間にあるだけのものじゃなくて、同じ地域のなかにも存在するものだよね。日本のなかにだって、食べ物がなくて困っている貧しい人もいれば、何一つ不自由のない暮らしをしている人もいる。

（2）緑の革命

さて、少し話題を変えて、世界の食料生産の推移について話そう。人口爆発という言葉が盛んに登場した20世紀後半には、世界中で都市生活者が増加して食料需要が増すとともに、「**緑の革命**」と呼ばれる穀物生産の大改革が起こった。緑の革命は地理総合の教科書にも必ず載っているね。その主な舞台は、ラテンアメリカ、東南アジア、南アジアだ。

❶緑の革命の歴史

まずメキシコで、1940年代までは輸入に頼っていたコムギが1950年代には国内で自給できるようになった。これはロックフェラー財団が資金を提供して、ノーマン・ボーローグという研究者が中心となってコムギの改良品種を作ったことによる。簡単にいうと、<u>水と栄養（化学肥料）をつぎ込めばつぎ込むだけ収量が増えるような品種を作った</u>んだ。穂が大きいだけだと重みで倒れて枯れてしまうので、そうならないように丈の低い太い茎になるような品種改良もした。そうして、化学肥料とかんがい施設とセットになったコムギ栽培を広めて自給を達成したというわけだ。メキシコではトウモロコシの品種改良も同時に進めた。

次に、フィリピンではメキシコにならって国際的な研究所を作って、イネの品種改良を進めた。その結果1970年代までに国内の米生産量が倍増し、自給を達成することができた。1960年頃まで大飢饉にみまわれていたインドでもコムギとイネの改良品種を導入して、大増産を達成した。こうして、アジアとラテンアメリカでは20世紀後半にコメ、コムギ、トウモロコシの単位面積あたりの収量が大幅に上がり、多くの国で主食となる穀物の自給を達成できたわけだ。

❷緑の革命の課題

ただ、いいことばかりあったわけじゃなくて、緑の革命にはマイナスの側面もいろいろあった。例えば、緑の革命はかんがい施設と化学肥料・農薬がないと成り立たないけど、そうした設備を得るには資本が必要で、全ての農民に行き渡るはずはない。インドでもフィリピンでも、**緑の革命によってかえって貧富の差の拡大が進んだ**ことが指摘されている。農薬の投入によって健康被害や環境汚染が進んだ地域も少なくない。それに、改良品種だって病気なんかで壊滅するリスクはある。改良品種ばかり作るようになって災害に強い在来品種が消えていくと、病気で全滅なんていう可能性が高くなることもある。実は江戸時代に起こった大飢饉も、収量のよい品種ばかりを作るようになって、天候不順の時でも収穫できるような在来品種を作らなくなったことが、被害を大きくする一因だったんだよ。

❸アフリカでは…?

一方で、アフリカはアジアやラテンアメリカのようには緑の革命が成功しなかった。理由はいろいろあるけど、一つには緑の革命の主役だったイネやコムギは、アフリカではもともと栽培地域は少なかったし、トウモロコシも現在は商品作物として生産量が伸びているけど、当時はそこまで広く栽培されていたわけではなくて、自給作物の雑穀やキャッサバ・ヤマイモ・料理バナナなど、主食作物そのものが多種多様で、それらの多くは緑の革命の対象にはなりにくいものだったことがある。沖積平野の広いアジ

アとは違って、かんがいに向いている地形も多くはない。また、アフリカの多くの国々は緑の革命がアジア・ラテンアメリカで進められていた当時は独立したてで、大きな権限で開発をどんどん進めていくような強い政府も存在しなかったといっていい。そうこうしているうちに、1970年代には石油ショックが起こり、冷戦が崩壊して民族紛争が頻発するなど、マイナスの要因に飲み込まれていってしまった。

　でも、緑の革命に乗り遅れたのが失敗だったかというと、一概にそうは言えないと思うな。さっき言ったように、改良品種で大幅に収量を上げることはしなくても、アフリカの大半の農村では飢えに見舞われることもなく平穏に暮らしていたし、緑の革命の負の影響を受けることもなかった。国別の統計を見れば、大差がついてしまったようにみえるけど、それは言ってみれば化学肥料や農薬の使用量の違いで、それが面積あたりの収量の数字に表れているだけだ。

（3）農業の生産性

　そういうことを念頭においた上で、教科書なんかにも載っているこの図9-12をみておこう。縦軸は土地面積あたりの生産性、要するに土地を効率よく使って収穫を得ているということだね。横軸は労働生産性、つまり右にいくほど、左に位置する国々よりも一定時間働いたぶんの収穫量が多いことを示している。まあ、素直に考えると、右上に位置するほど「優れた農業をしている」「食料問題の解決にふさわしい農業だ」と思ってしまうね。だけど、きみたちにはもう少し、客観的にこういうデータをみる目を養ってほしい。なぜって、それが「地理的な見方・考え方」だから。

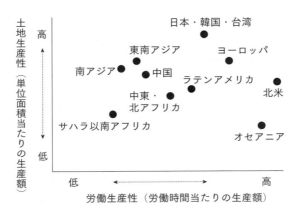

● 図9-12：国ごとの農業生産性の特徴
GAP Reportなどにより作成。

　例えば、このグラフの分布は、**優劣ではなく、システムの違い**だとみることもできる。右のほうに位置している北米（アメリカ・カナダ）やオセアニア（オーストラリア）は、広い土地を占有して機械と化学肥料・農薬を使って大規模な農業をしているため、労働生産性が高くなるわけだ。これは植民の歴史を反映している。じゃあ日本でも同じようにやればいいって？　無理だね。なんでかっていうと、日本にそんな広い土地がまとまってあるのは北海道くらいのものだ（北海道も、明治以降の植民の歴史を反映しているね）。それ以外の地域では、ある程度大規模な農業をやることができる土地は都市的な土地利用と競合して、そっちのほうが優先されがちだ。だから日本の農地の多くは中山間地にあるけど、これらの農地の多くは大規模な農業をやるのには向いていない。これは地理的環境および歴史的制約の問題で、努力して解決できる問題ではない。アメリカやブラジルやオーストラリアのように、安いコストで大量のコムギやダイズを作ろうっていっても、無理な話なんだよね。

　それでも日本では機械や化学肥料・農薬を使ってコメの自給を達成できているし、広い土地が少ないから労働生産性を上げるには限界があるけど、土地生産性は高い。日本の土地生産性が高いもう一つの理由は、かんが

い稲作という農業の特性のためだ。このことは東南アジア、南アジア、中国で同様に、労働生産性に比べ土地生産性が高いことからもわかるだろうね。一方、この図は生産額をベースにしているので、物価水準の影響を受けていることも見逃せない。日本や欧米が右上に位置しているのはこのためでもある。

　さて、アフリカの国々はだいたい左下の方にあるね。これはアメリカ大陸でおこなわれている企業的農業とは対極にあることを意味している。さっき話したようないろんな理由で、アフリカの農業は緑の革命もあまり進まず機械化も進んでいないので、それが数字に表れていると言える。別にそれで農村で暮らす人たちが困っていることもないんだけど、アフリカでも都市化がどんどん進んで都市に暮らす人口が増えているので、そういう人たちを養うための食料が国内で生産できなければ、輸入に頼らざるを得ないということになる。おそらく、アフリカでもこれから政治が安定すれば工業化や都市化がさらに進んでいき、それにつれて都市人口を養うための農業の産業化（機械化や化学肥料・農薬を使った商業的農業への移行）が進んでいくだろう。

（4）企業的農業の問題

❶ ランドグラブ

　ただ、そうした企業的農業や商業的農業への変化が、在来の農業を破壊したり農民の人権を侵害するような形で進むとしたら、大きな問題だ。現実に、それは**ランドグラブ（土地収奪）**問題として、アフリカや東南アジアなどで懸念されている。これはP195で話したように、大規模な農業をやるために国内外の投資家が地元の人びとが共有地として使っていた土地を奪ってプランテーションなどをおこなったりするものだ。

❷ 遺伝子組み換え作物の問題①：除草剤

　ランドグラブの問題を抜きにしても、商業的・企業的な農業をおこなう

ために導入される**遺伝子組み換え**作物には、いろんな問題がある。遺伝子組み換え作物の栽培は、南北アメリカ大陸など、**企業的な大規模農業がおこなわれている地域で盛ん**で、ダイズ、トウモロコシ、綿花などが代表的だ。遺伝子組み換え作物は、食べた人の体に影響があるんじゃないかっていう人もいるけど、ぼくは、問題はそんなところにあるんじゃないと思う。遺伝子組み換え作物のなかには、特定の除草剤に対する耐性をつけたものがあって、除草剤の大量使用とセットで売られたりしている。除草剤の使用自体に健康被害の懸念があるし、特定の除草剤を大量に使用することによって、除草剤に耐性のある雑草が進化することも報告されている。抗生物質の使用によって病原菌が進化するのと同じ問題で、これらは生態系に悪影響を与える可能性がある。

❸遺伝子組み換え作物の問題②：特許と多様性

　ぼくが懸念するもう一つの問題は、こうした作物の特許の問題だ。遺伝子組み換え作物は、もともと世界で栽培されていた作物の遺伝子を使って改良したものだけど、そうした少数の新品種が世界に広がっていく一方で、在来品種の中には消滅していくものもある。もともと作物の品種っていうのは、世界各地の農民たちが、自分の畑をいわば実験農場にして、良いものを選び出してきたもので、人為的に選択することによって植物を進化させたものなんだ。ぼくが黄土高原の農村を訪ねていくと、日本の野菜を作ってみたいから種をくれないかって言われたりする。皆そういう好奇心、実験精神みたいなものがあって、それが世界の農業の発展の原動力になってきた。

　少数のバイオ企業がそうした選抜をする権利を独占することになると、在来作物の品種多様性が失われてしまうっていうわけだね。アイルランドのジャガイモ飢饉の話を思い出してごらん。作物の品種多様性が失われていくことは、将来の災害に対して大きなリスクをもつことになりかねないんだよね。現在、F1品種といって、作物を栽培した後に種をとって次の年に蒔いても実らないものがどんどん普及しているし、世界の中には農家

の人たちが自分で育種をすることを禁じる法律を作ったりする動きもあるけど、そうした流れには危険な面もあるってことだね。考えてみると、在来の農業で作られてきた作物の遺伝子をタダで使ってバイオ企業が作った新品種なのに、それを在来農家の人がお金を払って買わされるというのも何かおかしな話だと思わない？

（5）食糧生産の不平等を解決するには

ランドグラブも遺伝子組み換えも、農業が少数の大企業によって独占されていく動きのなかで、在来農家の人たちが不利な立場に追いやられていくことを意味している。本来、食料生産を増やしていく必要からおこなわれているはずのことが、逆に貧富の差を拡大することになっている。ノーベル経済学賞を受賞したスティグリッツという学者は、これは国際貿易のルールが不平等にできているままグローバル化が進められているせいで、それを変えていかないと貧富の差の拡大は止めることができないって言っている。

❶フェアトレード

それを止めようとする試みの一つが**フェアトレード**だ。例えばエチオピアの最大の輸出品目はコーヒーなんだけど、コーヒーを作っている現場にいくと、農園で働いている農民はとても貧しい。コーヒーの国際価格って、ロンドンとかニューヨークの取引市場で決まるんだけど、変動が激しくて、価格が下がると農園の労働者にしわ寄せがいく。これって末端の労働者は価格を決める力を持たないから不当に安く抑えられているということなんだよね。だから、そういう労働者にももっと「正当な代価」を支払って、その分は消費者が少し余分に負担しようっていうのがフェアトレードだ。エチオピアのコーヒー農園の現状については、『おいしいコーヒーの真実』っていう映画に詳しく紹介されているから、映画の好きな人は見てみてほしい。

❷自給率のアップ

　食料問題については、国や地域でもっと自給できるようになれば、供給が不安定になるリスクも減るし、環境負荷も軽減されるという意見もあるね。ぼくはそれほど単純な話でもないと思うし、不平等が是正されて貿易が適正なルールにのっとっておこなわれることの方が大事だと思っているけど、国や地域の活性化のためにも自給率を上げることや地産地消を進めることは良いことなのは間違いないだろう。日本の農業を守ることは、文化を守るということでもあるしね。食料自給の指標として、最近は輸送量と輸送距離をかけあわせた**フード・マイレージ**も登場している。

まとめ

▶▶ 農薬・化学肥料・土地改良・バイオ技術によって達成された食料増産には光と影がある。

　世界の農産物の生産・流通・消費に関する次の文章を読み、下の問い（**問1～問3**）に答えなさい。

　世界の三大穀物とよばれる米、小麦、トウモロコシは、20世紀以降になると国際的な取引量が増大し、生産・消費量ともに拡大したが、一方でその①生産・流通・消費の特徴は穀物によって異なっている。

　穀物以外にも、国境を越えて大規模に貿易が行われるようになった作物は少なくない。なかでも②大豆は、かつては東アジアを中心に伝統的作物として生産・消費されていたが、今日では穀物メジャーとよばれる企業の取り扱う代表的な作物の一つとなっている。

　また、20世紀後半以降、アグリビジネスは多様化・大規模化し、上記のような作物の大規模な流通を独占することによって巨大化した穀物メジャーのほかにも、ハイブリッド品種などの作物を農薬とあわせて生産・販売する「バイオメジャー」とよばれる巨大な多国籍企業が現れたことや、農地開発に関して国境を越えた投資が行われることなどに対して、在来農業の持続性や環境・生態系への影響に対する③懸念も広がっている。

問1　下線部①に関して、次ページの**図1**の三つのグラフ（A～C）は、米・小麦・トウモロコシそれぞれについて、生産量または1人当たり供給量が上位10位以内である国をとりあげ、それぞれの国の生産量と供給量との関係を示した散布図である。**図1**から読みとることができる三つの穀物の生産・流通・消費の特徴について説明しなさい（150字程度）。

問2　下線部②に関して、世界の大豆生産量の推移および中国の輸入量の推移を示した次ページの**図2**を参考に、大豆の**生産地・消費地および主な用途における、20世紀後半以降の推移**について説明しなさい（150字程度）。

問3　下線部③に関して、なぜ、どのような懸念を生じさせているのか、考えられる要因について述べなさい（200字程度）。

第
Ⅲ
部

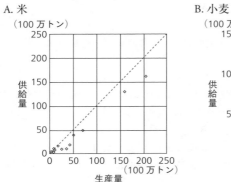

A. 米
（100万トン）

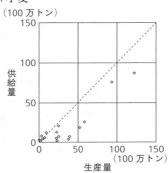

B. 小麦
（100万トン）

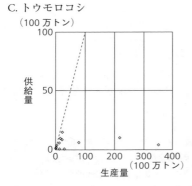

C. トウモロコシ
（100万トン）

● 図1

（注）FAOSTATのデータ（年次は2013年）に基づいて作成。

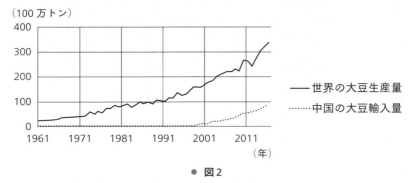

―― 世界の大豆生産量

……… 中国の大豆輸入量

● 図2

（注）FAOSTATのデータに基づいて作成。

（大阪大学2020年度地理）

第10章 戦争のない世界はつくれるか？ ——紛争と難民

1 民族問題の歴史的背景 ——民族は必ず反目しあうのか？

（1）多民族国家＝紛争？

　まずは、図10-1を見てここ30年ほどの間に世界で起こった主な紛争をながめてみようか。目につくのは、地域的な偏りだね。西アジアからアフリカにかけての地域にほとんどの紛争が集中している。難民と呼ばれる人びとが生まれているのも、主にこれらの地域からだ。そして、この図にある紛争の多くは、民族紛争と呼ばれている。世界で起こっている紛争は、民族どうしが反目しあっていることが原因なのだろうか？

● **図10-1：1990年代以降の主な紛争地域**

確かに、紛争の当事国の多くは「多民族国家」だと言われている。だけどちょっと考えてみよう。西アジアとアフリカ以外の地域にも、多民族国家はいくらでもあるよね。アメリカ合衆国なんかはその典型だし、ラテンアメリカの国々も、異なるアイデンティティを持つ集団が混在していて、実質的に多民族国家だといえる。東南アジア諸国も、ほぼ全て多民族国家だ。日本はよく単一民族の国だと言われたりするけど、それは厳密には正しいとはいえない（P102）。つまり、現在国家と呼ばれているものは、「国民国家」といわれるように、単一民族が一つの国家を形成することが理想として語られたりしてきたけど、それはあくまで理想で、現実の国家はほとんどが多民族国家なんだ。

　そう考えると、**民族が複数あれば直ちに紛争が起こるってわけじゃない**ことはわかるよね。民族紛争は、異なる民族がいるから起こるものではなくて、何かほかに共通の背景とか原因があると考えるべきだろう。一つ一つの紛争は複雑な歴史的背景があって、単純に割り切ることはできないけど、多くの民族紛争に共通の背景を見出すことができる。それは一つには、過去に**ヨーロッパによる植民地支配**を受けたことだ。もう一つ挙げるとすると、紛争が起こった国の多くはいまだに**貧困から脱出できていない**国が多い。貧困と紛争は互いに影響を与えあっているといえるかもしれない。

　植民地支配という背景がどれほど深刻な影響をおよぼしたかを、いくつかの代表的な紛争の例からみてみよう。

（2）ルワンダ内戦

　1990年代前半に起こったルワンダ内戦は、ツチとフツという2つの民族の対立による紛争として語られ、アフリカの民族紛争の典型とされることが多い。1994年には、フツの過激派グループがツチに対する虐殺を煽動して、わずか3ヵ月余りの間に80万人もの人が殺害されるルワンダ大虐殺が起こった。映画の好きな人は『ホテル・ルワンダ』を見たことがあるかもしれない。これはルワンダ虐殺が起こっていた当時に、首都キガリの

一流ホテルの支配人をしていた実在の人物を主人公として描かれた映画で、ぼくを含め、映画を見た人びとは大きな衝撃を受けた。

ルワンダ紛争の背景で知っておくべきこととして、まずツチとフツの関係がある。フツは農耕民で、ツチは北方からやってきてフツを支配した牧畜民だっていう伝承があるけど、詳しい歴史については明らかでない。しかも、**ツチは固有の言語を持っているわけではなく、フツと同じ言葉**（ルワンダ語）**を話している**し、同じ村に混住していて、互いに結婚もしている。要するに、ツチとフツの間の境界はとても曖昧だったっていうこと。そういう曖昧な関係にはっきりと線引きをして支配しようとしたのは、かつて植民地宗主国だったベルギーだ。彼らは、身体的特徴（鼻の高さを測ったりして区別しようとした！）によってツチとフツを分け、ツチを優れた民族とみなして、植民地の官僚にするためにエリート教育をしたんだ。日本だったら、武士の子孫だけを特別扱いして学校に通わせるようなものかな？

ベルギー植民統治の罪はこれだけじゃない。第二次世界大戦後、ルワンダが独立しようとしたとき、ツチの勢力と仲違いをして、そのためツチが中心になってルワンダを建国しようとするのを邪魔したんだ。結局ルワンダはフツ中心の政府を作って独立し、ツチは反政府勢力として隣国のウガンダなどに逃れたんだ。そういう分断統治によってつくり出された体制が東西冷戦の頃までずっと持続していたんだけど、冷戦体制が崩れた1990年前後に政権が不安定になって、ツチの反政府勢力が隣国からルワンダを攻撃して内戦が起こったんだ。そういうなかで起こったのが、ルワンダ大虐殺というわけ。ここまで読んだら、ルワンダの紛争はベルギーの植民統治が諸悪の根源だってわかるよね？

(3) コンゴ戦争

❶コンゴ・ベルギー・冷戦

ルワンダの隣の、コンゴ民主共和国の歴史はもっと悲惨だ。1990年代に起こった第一次・第二次コンゴ戦争は、直接的にはルワンダ大虐殺の後

で当時の反政府軍が政権を奪還した際に、ルワンダから旧政府勢力など がコンゴ（当時はザイールという国だった）に流れ込み、それを追って新しいルワ ンダ政府軍がコンゴに侵攻したことが引き金になって起こった。要するに、 **ルワンダ紛争が飛び火する形で30年以上続いたザイールの長期政権が倒 れた**んだ。

　コンゴ戦争では、500万人以上の犠牲者が出たともいわれている。これ はあまり日本では知られていないけど、死者の数からいえば**コンゴ戦争は 第二次世界大戦後最悪の戦争**の可能性がある。ちなみに2番めはどこだと 思う？　第二次世界大戦で敗戦した日本の経済復興のきっかけとなった 朝鮮戦争だよ。朝鮮戦争の犠牲者の数が半世紀ぶりに更新された、それ ほどひどい戦争っていうわけだ。でも世界にはそれが十分に報道されてい ない。2022年にウクライナとロシアの間で起こった戦争と比較すると、まる で「アフリカ人の命はヨーロッパ人よりも軽い」とでもいっているよう にも、ぼくには思えるな。こうしたマスメディアによる報道の偏りについ ては、地理を学ぶ上でぼくたちは知っておいた方がいい。

　コンゴは19世紀の終わり頃にまずレオポルド2世という、当時のベルギ ーの王様の「私有地」になった。レオポルド2世はコンゴ人に象牙などの 貢物を強制的に集めさせ、ノルマを果たせない住民の手足を切り落とすと いった、今では考えられない残虐な圧政をしたんだ。その後ベルギーが王 様からコンゴを買い取って植民統治し、第二次世界大戦後は独立運動の 末に初代首相ルムンバがコンゴの独立を勝ち取ったんだけど、ベルギー軍 が不当介入したりして混乱し、それが原因でクーデターが起こってルムン バは処刑されてしまった。この後は1990年代のコンゴ紛争まで、長期独 裁政権が続いた。独立当時のコンゴの混乱は、ベルギー軍の介入のほかに も、米ソの対立が背景にあった。なぜ大国が絡んだかっていうと、コンゴ に銅、金、ダイヤモンドなどの天然資源が豊富にあったこと、とりわけ当 時は世界有数のウラン産出地だったことがある。**第二次世界大戦中にアメ リカが作った核兵器は、コンゴのウランを使って作られていた**んだ。

❷天然資源の歴史

　植民地支配の歴史とともに、現在でもコンゴ民主共和国の混乱の原因となっているものが、天然資源だ。産業に活用できるような鉱産資源に乏しい日本からみると本当に皮肉としか思えないけど、資源が豊富であることが紛争を長引かせる一因となっているんだよね。こういうことはコンゴ以外でもあって「**天然資源の罠**」と呼ばれたりしている。より直接的には、現在のコンゴでおこなわれているように、反政府軍が国内で鉱物を違法採掘して、その売上を、紛争を続けるための資金源としているんだ。

　1990年代から2000年代にかけて、西アフリカのリベリアやコートジボワールなどで紛争が起こっていた時、反政府軍がダイヤモンドの採掘によって資金を稼いでいることが問題になって、『ブラッド・ダイヤモンド』というハリウッド映画にもなった。これが問題になることによって、紛争と関わりがないことを証明するダイヤモンドの認証制度ができたんだけど、完全に解決したわけではない。

❸タンタルという紛争鉱物

　コンゴで近年問題になっているのは、**スマホやパソコンなどに使う半導体の材料として使われるタンタル**という**レアメタル**で、コンゴをはじめ、世界の限られた地域に集中して産出されるものだ。コンゴで現在も**紛争鉱物**となっていることが指摘されていて、規制しなければならないと考えられているんだけど、難しいのは、タンタルが**スマホなどの最終製品になるまでのサプライチェーンがとても複雑で、鉱物の産出まで履歴をたどることが難しい**ことと、たどれたとしても紛争との関係を証明するのが難しいことだね。金採掘の例（P239）のように、紛争と関係なく小規模な採掘人によって生産されているタンタルもある。**一律にコンゴからのタンタルを使用禁止にしてしまうとそういう人たちの生業の手段が奪われてしまう**わけだ。コンゴはタンタルに限らず、木材とか農産物なんかも紛争資源となっていることが指摘されているんだけど、同じように区別が難しいのでなかなか効果的な規制ができないままなんだよね。

❹レント経済と民主主義・産業

　「天然資源の罠」のもつもう一つの負の側面についても、ついでに話しておこう。何かっていうと、**天然資源に頼る経済**（家賃収入で生活する大家さんみたいなんで、「レント（家賃）経済」と呼ばれたりする）**は、民主主義とか産業発展を阻害しがち**だといわれていることなんだ。天然資源に頼る経済では、簡単にいえば資源を売った売上を国民生活に還元する。例えば、学校教育にかかる費用とか公共料金とか、そういう社会サービスが安かったり無料になったりという形で還元するわけだね。国民が働いて稼いだ税金を社会サービスに還元する場合だと民主的な政治意識が生まれたりしやすいけど、レント経済だと民主的な意識が生まれにくく、その結果独裁政権になりやすい。この例が西アジアや北アフリカの産油国で、これらの長期政権は2010年前後に続けて倒れて、アラブの春と呼ばれたんだよね。

　レント経済の特徴としてもう一つ、**天然資源で安定した大きな収入が得られるために、自国の通貨が本来の価値よりも高くなる**傾向がある。そうするとモノを作って輸出して外貨を得る産業、つまり工業が発達しづらくなるんだ。外国に自国で作ったモノを安く売りにくくなるからね。円高になると日本の輸出産業がダメージを受けやすいといわれたりするのはこのためだね。「資源を売った収入で楽に暮らせるならそれでいいじゃん？」といっちゃえばそれまでだけど、いつまでもその資源を売り続けられる保証もないし、実際**資源価格って大きく変動したりするから、とてもリスキーな経済**なんだよね。産油国の悩みも一つにはこういうところにある。植民地化とは直接関わらないことだけど、こういった側面も頭に入れておくと良いだろうね。

（4）パレスチナ紛争

　アフリカの話が長くなったけど、西アジアの紛争の事例として**パレスチナ紛争**を挙げておこう。図10-1に載っている紛争の多くは1990年代以降に顕在化したものだけど、パレスチナ紛争は1940年代から続く、長く

深刻な紛争だ。そしてやはり、ヨーロッパがその紛争の大きな原因を作っている。簡単にいうと、イギリスの「二枚舌外交」とか「三枚舌外交（!）」と呼ばれている一貫性のない外交だ。イギリスは第一次世界大戦のさなか、敵の同盟国側についていたオスマン帝国を攻撃するために、アラブ人にオスマン帝国への攻撃を呼びかけ、その見返りにパレスチナ地域の独立を認めた。ところがその一方で、イギリスはユダヤ資本のお金欲しさに、パレスチナにユダヤ人国家を作ることを約束した。更には同じ連合国のフランスやロシアとも中東地域を分割する協議なんかをこっそりしていたらしいから、まさに三枚舌だよね。

　後にイギリスはユダヤとアラブ双方に、パレスチナを分割する案を出したんだけど、当然話が違うってことで両者とも拒絶し、対立の末、1948年には第一次中東戦争が起こった。以後、何度もの戦争を経て、イスラエルの占領地域もそのたびに変化しているけど、大まかにいうとじりじりとイスラエルが領土を広げている情勢だ。半世紀に至る交渉と決裂の歴史はとても複雑で、ここでは詳しく話す余裕がないけど、興味をもった人は丁寧な解説書などもたくさんあるのでそういう資料にあたってみてほしい。ここではとりあえず、そもそもの発端となったイギリスの責任について頭に入れておこう。

(5) ロヒンギャ問題

　最後に、東南アジア・南アジアの事例として、**ロヒンギャ問題**を挙げておこう。ロヒンギャの難民は日本も受け入れているから、より身近な問題だといえるだろう。ロヒンギャというのは、ミャンマー西部のラカイン州に住んでいるムスリムを指す言葉だ。主にバングラデシュに住んでいて、バングラデシュやミャンマーがイギリスの植民地だった時代にミャンマー西部に移り住んだ人びとだとされているけど、植民地時代より前から現在のミャンマーに移り住んできたムスリムもいるといわれ、そう単純ではない。いずれにせよ、仏教徒がマジョリティのミャンマー国内ではマイノリティ

だ。

　実は、ロヒンギャと日本との間には、日本が難民を受け入れているという以上の歴史的な関係がある。第二次世界大戦中に日本が英領ビルマに侵攻した時、ラカイン州でビルマ人の仏教徒に武器を与えてイギリス軍と戦わせようとし、イギリス側は逆にインド側からムスリムを武装化して日本軍を攻撃しようとしたんだ。実質的には、仏教徒とムスリムがラカイン州で戦う構図になって、両者の間の対立感情が強くなった。それが現在まで尾を引いていると言われている。現在のミャンマー政府はロヒンギャをミャンマーの少数民族とは認めておらず、バングラデシュからやってきた不法移民だとしている。つまり民族の存在自体を否定しているんだ。ロヒンギャの多くは難民としてバングラデシュに逃れ、合計で数十万人にも達している。バングラデシュはミャンマーに帰還させようとしているけど、ミャンマーは自国民だと認めていないので、解決は暗礁に乗り上げたままだ。これも植民統治が原因となっている問題だとわかるね。そこには日本も関係していることも、ぼくたちは知っておくべきだろう。

まとめ

▶▶ 　今日のアジア・アフリカの民族紛争の背景には、植民地
　　支配の歴史がある。

2　冷戦の後遺症
──現代世界に影を落とす負の歴史

　現在も未解決の紛争の多くが、ヨーロッパによる植民統治の負の影響を強く受けていることがわかったけど、当然のことながら、それで全て理解できるわけじゃない。ここではもう一つの原因として、第二次世界大戦後の米ソを中心とする東西対立、そしてその冷戦体制が崩壊した後にも

残る後遺症が紛争の背景となっている側面について話そう。

（1）冷戦体制

　二つの世界大戦で疲れ切って、おまけに資源の調達先だった植民地を失いかけていたイギリスやフランスに代わって、戦後はアメリカ合衆国が世界一の国力をもつ国になったんだけど、アメリカに対抗してその脅威になったのがソ連だ。ソ連はロシア人が中心の国だけど、カザフスタンなどの中央アジアやウクライナ、ジョージア、ベラルーシなどのヨーロッパ地域を領土におさめ、最大の国土をもつ国になっていた上に、社会主義・共産主義というイデオロギーを共有する大きな影響圏を作ろうと目論んでいた。実際、戦後に中国共産党も中華民国政府を台湾に追いやって社会主義国として独立し、チベットや新疆も領土におさめたし、ドイツの東半分を含め、東欧の国々も社会主義化してソ連の同盟国となった。

　アメリカからみると、ユーラシア大陸の主要部分に強大な「大帝国」が生まれ、自分たちの天下を脅かしているようにみえただろう（P75の図2-5を思い出そう）。実際、第二次世界大戦後、1970年代までに起こった主要な戦争は、朝鮮半島（朝鮮戦争）やインドシナ半島（ベトナム戦争）などが舞台となったけど、これらはアメリカとソ連あるいは中国との代理戦争といった側面を持っていた。当時のアメリカはアジア・アフリカの独立まもない若い国々が社会主義化することを恐れ、一つの国で許すとドミノ倒しのように周辺国も社会主義国になってしまいかねないという「ドミノ理論」がささやかれたりした。ベトナム戦争はそういうアメリカにとっても死にものぐるいの戦いだったけど、結局負けてベトナムやラオスは社会主義国になった。日本、韓国、台湾などは、アメリカにとって共産主義のドミノ現象を防ぐ「防波堤」と考えられていたんだね。

　アジアだけではなく、ヨーロッパの植民地支配から独立したばかりのアフリカの国々は、まだ政治体制が成熟していないこともあって、いわば「どっちに転ぶかわからない」ような国々が多く、アメリカやソ連は自分

たちの勢力に引き込もうとして未熟な政権を背後から支えようとした。例えばエチオピアでは、大規模な飢饉が起こったのをきっかけにして、1974年に革命が起こり、ソ連のバックアップを受ける社会主義国になった（そして冷戦体制が崩壊してすぐの1991年にこの政権は倒された……とてもわかりやすい例だね）。

　さて、1991年にソ連が解体されると、世界の構図が大きく変わった。アメリカはライバルのいない単一の強国になり、ベトナム戦争や朝鮮戦争みたいな冷戦時代のイデオロギーをめぐる紛争がなくなった代わりに、冷戦体制のなかでかろうじて保っていた糸がプツンと切れてしまったかのように、かつての共産圏だった東欧とか西アジア・アフリカなどで民族や宗教をめぐる紛争が起こるようになったんだ。

（2）ユーゴスラビア紛争

　ソ連解体後すぐに起こった大規模な紛争が、旧ユーゴスラビアの紛争だ。ユーゴスラビアは第二次世界大戦後に成立した社会主義国家で、カリスマ性が高いといわれたチトーが1980年に死去するまで終身大統領をつとめていたことで知られている。しかし一方で、この地域はセルビア人、クロアチア人、アルバニア人、マケドニア人などが混住する複雑な民族構成をしている上に、キリスト教（正教会）の信徒とムスリムが複雑に入り混じって、ヨーロッパの火薬庫なんて呼ばれたりしていた。それで、ソ連解体後まもなくユーゴスラビア北部に位置していたスロベニアとクロアチアが独立を宣言し、以後ユーゴスラビアが解体する過程で北部のボスニア・ヘルツェゴビナ（セルビア人・クロアチア人の正教徒とムスリムが混住する地域）や南部のコソボ（アルバニア人によるセルビア共和国からの独立運動が起こった地域）などで、次々と大規模な紛争が起こった。ユーゴスラビアをめぐる一連の紛争は冷戦体制崩壊がきっかけになって起こった紛争の典型だといえるね。

（3）旧ソ連圏

❶ソ連解体という悪夢

　ソ連が解体された時、ソ連時代に自治共和国として連邦領土におさめ
ていたいくつかの地域がロシアから独立した。今日、カザフスタンやウズ
ベキスタンなどの中央アジア諸国と、ウクライナやジョージア、リトアニ
アなんかのヨーロッパ東部に位置する国々だね。ロシアは領土を失っただ
けでなく、巨大な体制が崩壊した余波で、経済も政治も大混乱に陥った。
1990年代のロシアの統計類を読み取る時に、このことは頭に入れておい
た方がいい。経済関連の落ち込みは言うにおよばず、この時期のロシアは
平均寿命もどーんと下がっているんだ。貧困にあえぐ人びとが大量に出た
だけでなく、それまでもっていた社会主義国家の信念が失われることによ
る精神的なダメージも大きかっただろうと考える学者も多い。実際、この
時期のロシアでは怪しげな宗教やカルトが広がったりもしていたようだ。そ
ういう宗教って、（油断すると大学にも入り込んで勧誘したりするけど）信念が揺らいで
不安定になっている心のスキマにつけ込んだりするものなんだよね。とに
かくロシアに暮らす大半の人びとにとって悪夢のような時代だったようだ。
　2000年にロシア大統領に就任したプーチンは、どん底にあえいでいた
ロシア人たちにとって、かつての強いロシアを挽回してくれる存在に思え
たかもしれない。強いリーダーシップを発揮して、ソ連解体後に私利をむ
さぼっていた財閥をおさえ、内政と経済の混乱を収束させたからだ。プー
チンは独裁的な負の側面が強調されるし、ウクライナとの戦争を始めた張
本人としてぼくたちにとって印象のよくない人物だけど、いっぺん地獄を
みたロシア人がプーチンを支持する気持ちもわかる。

❷ウクライナ戦争

　さて、そのプーチンが始めたウクライナとの戦争は、このような意味で
東西冷戦の後遺症の一つともいえる。この戦争はロシアによるウクライナ
への侵略戦争という位置づけができるかもしれないが、あえてロシア側か

らその動機を理解するならば、ウクライナがEUとNATOに接近したことへのロシアからの反応だということになるだろう。ロシア人からみれば、ウクライナ人やベラルーシ人は言語・文化の共通性も高い、親戚みたいな存在だ。ウクライナ東部にはロシア人も多いし、ソ連時代から重要な工業地帯でもある。ウクライナ戦争に先立ってロシアが併合したクリミア半島は、ソ連時代からきわめて重要な軍事拠点でもある。あらゆる面で、ロシアの心臓部に近いところにあるといってもよいウクライナが、ロシアと対抗するNATOのメンバーになってしまうのは、ロシアにとってはソ連時代の栄光を取り戻すことを完全に諦めることに等しいと思えたのかもしれない。

とはいえ、ウクライナにとってはロシアによる行為は自国への侵略でしかない。そもそも、ソ連解体後もウクライナはロシアとは比較的良好な関係を保ってきたんだけど、それが急速におかしくなっていったのは、クリミア併合が直接の原因だともいえる。それまでは、ロシアに気を使ってEUにもそこまで接近しようとはしていなかったんだよね。まあ、細かい因果を説明するには情報が足りないんだけど、大まかな背景として考えられるのはこんなところだ。

東西冷戦を頭に入れて紛争地図をながめると、理解が深まることがわかったかな。これは、現在までに紛争という形で顕在化していなくても、将来その紛争の火種になりかねない様々な問題についてもいえる。特に東アジアの問題、南北朝鮮の分断と、「2つの中国」（中華人民共和国と中華民国）についてはそれがあてはまる。米ソ対立によって生まれた問題は、まだ日本の周囲でもくすぶっているということだ。

（4）イスラーム復興主義

最後、これは「東西冷戦の後遺症」と言ってしまうにはあまりにこじつけ的に聞こえるかもしれないけど、それを覚悟で、しばしば「イスラーム復興主義」と呼ばれたりする集団に関わる紛争とテロリズムの話もしてお

こう。紛争とイスラーム復興主義との関わりについては、2001年のアメリカ同時多発テロを引き起こしたアル・カーイダと、アル・カーイダが壊滅した後にその一部の残党が組織したISIL（「イラク・レバントのイスラーム国」）が知られている。

　実はアル・カーイダの起源は、1979年にソ連がアフガニスタンに侵攻して起こった第一次アフガニスタン戦争の際に、ソ連に対抗するために組織されたムジャヒディーン（イスラーム義勇兵）だったんだ。ずいぶん昔の話だけど、ぼくは大学生の頃、1988年にパキスタン・ヒマラヤで未踏峰を登る登山隊に参加した後、アフガニスタン国境に近いクエッタという町に立ち寄って、ムジャヒディーン組織の事務所に行って彼らに聞き取り取材をした経験がある。当時はソ連が撤退する直前だったけど、ムジャヒディーンたちの多くはアフガニスタンのほか、隣国のパキスタンの出身者も多かった。アメリカ合衆国を含む様々な国・組織から資金援助を受けて、パキスタン側に複数の拠点が作られていた。ちょうどこの頃にアル・カーイダを指導者として立ち上げたウサマ・ビン・ラディンも、この地域で活動し、アメリカから資金援助を受けたりもしていたんだ。最後は米軍によって、やはりパキスタンで殺害されてしまったんだけどね。

● **図10-2：カラシニコフ銃の整備をするムジャヒディーン**
パキスタン・アフガニスタン国境の町、チャマンにて

　要するに、イスラーム復興主義を標榜するテロリズムの走りともいえる
アル・カーイダは、東西冷戦を背景にアメリカの支援によってできた組織
というわけ。意外に思うでしょ？　それがどうしてアメリカを標的にする
ようになったかというと、ソ連がアフガニスタンから撤退した後、イラク
によるクウェート侵攻が起こって、それをきっかけにアメリカがサウジア
ラビアに軍隊を駐留させたりして西アジアで軍事活動を展開するようになっ
たことが大きかった。ウサマは、西アジアの紛争はムジャヒディーンに
よってムスリム自身が解決すべきだと主張していたため、アメリカ軍の活
動を批判して、以後アメリカに対して敵対的な行動をするようになってい
ったんだ。

　イラク戦争やシリア内戦の後で現れたISILはアル・カーイダの残党に
よる組織だ。ウサマのまいた種はそれだけじゃなく、彼は北アフリカにも
アル・カーイダの組織を広げていったので、やがてイスラーム復興主義を
標榜するテロリズムの活動の中心は北アフリカや西アフリカに移っていっ
たんだ。アル・カーイダやISILはほとんど西アジアで壊滅させられたけど、
アフリカではナイジェリアのボコ・ハラムなどのイスラーム復興主義テロ
集団が活発に活動していて、深刻な問題となっている。でもコンゴの戦争

と同じように、日本ではアフリカの出来事はあまり詳しく報道されないことが多いから、ほとんど注目されないままなんだけどね。

まとめ

▶▶ **東西対立の後遺症は、今でもユーラシアの対立の背景となっている。**

3 難民を受け入れているのは誰？ ——近隣国と先進国

(1) 難民の受け入れ国

難民は、様々な理由で祖国やふるさとにいられなくなり、やむを得ずそこから遠く離れた他国に逃れた人びとのことだ。「理由」には自然災害や飢饉も含まれるんだけど、実際にはほとんどが紛争や政治的迫害だ。だから、**難民の発生国を示す地図は、かなりの程度紛争地図と重なっている。**これまでに話してきた西アジアやアフリカ、それにミャンマーなどだね。

それでは、発生した難民を受け入れているのはどんな国・地域に分布するんだろう？ 2010年代には「ヨーロッパ難民危機」と呼ばれる一連の出来事が起こって、地中海を渡る難民を運ぶ船が沈没して大勢の人が亡くなったり、難民受け入れをめぐってヨーロッパの国々が議論をするのが報道されたりしたから、先進国が主な難民受け入れ先っていうイメージをもっている人もいるかもしれない。

でもそうじゃないんだよね。これも「地理学の第一法則」といえるかもしれないけど、**ほとんどの難民を実際に受け入れているのは、難民発生国の近隣に位置する国々**だ。つまり、コンゴの難民であればウガンダやルワンダ、南スーダン難民はエチオピアやウガンダ、イラクやシリアの難民は

トルコ、アフガニスタン難民はパキスタンやイラン、ミャンマーの難民は
バングラデシュ、というふうにね。ウクライナ戦争で発生した難民も、隣
国のポーランドが最も多く受け入れている。

（2）近隣国以外の受け入れ国

　近隣国でない受け入れ先では、ドイツが目立っている。ドイツは「ヨー
ロッパ難民危機」の時に、ヨーロッパの国々は難民受け入れをすべきで
あると主張し、積極的に受け入れたんだ。難民受け入れは様々なリスク、
ジレンマがあるから、これは大きな決断だといってよいだろう。また、ド
イツは難民発生国から遠いというイメージがあるけど、EUという単位で
みればそうともいえない。イラクやシリアの難民はギリシャなどのバルカ
ン半島の国に入ってきたのだし、アフリカの難民は地中海を渡ってイタリ
アに入った。**EUという大きな単位でみれば、ヨーロッパは難民発生国に
囲まれている**ってことだね。

　他に先進国で難民受け入れを積極的におこなってきた国に、アメリカ合
衆国がある。これは、ベトナム戦争で発生した難民を積極的に受け入れた
ことが始まりだったから、自らの責任をとったという側面もあった。ただ
アメリカは、それ以降しばらく一定数の数値を設定して世界中から難民受
け入れをしていたんだけど、同時多発テロの頃から難民受け入れにだんだ
んと消極的になっている。ラテンアメリカで政治的な変動などが起こると、
難民がアメリカ合衆国に入ってくることが何度も起こっているけど、トラ
ンプ政権の時にメキシコとの国境に壁を作ろうとしたみたいに、移民・難
民をブロックしようとする動きもたびたび起こるようになってきている。こ
ういうふうに、**難民の発生・受け入れ地域は時期によって異なる**ことも頭
に入れておく必要があるね。

(3) 難民問題の根本的解決

　ぼくが調査を続けているエチオピア南西部は南スーダンに接していて、難民の流入する地域の一つだ。ぼくはこの地域にある南スーダン難民のキャンプを訪れたこともある。国連の難民高等弁務官事務所（UNHCR）が管理しているんだけど、混沌としていて、どんな人がどこからやってきているのか、完全に把握できるようにはみえなかった。援助として支給される小麦粉などの食料を横流ししてお金を稼いでいるような人もいると聞いた（実際に、町の定期市で援助物資が売られていたりする……！）。難民というと、難民キャンプをまず思い浮かべたりするけど、難民問題の解決のためには、ほかにもやるべきことがたくさんある。難民キャンプは難民の安全を確保するための急場しのぎだけど、これだけでは根本的な解決にはならない。**難民発生のもととなっている、紛争や人権侵害をなくさないといけない**よね。そうした平和構築のために、UNHCRや国連平和維持軍（PKF）は、紛争地域の治安維持のための警備や、国政選挙を実施するために必要な準備作業などを手伝ったりするんだ。また、難民が自立して生活するための職業訓練なんかも任務の一つだね。

まとめ

▶▶ 難民の受け入れは主に近隣国が担っている。先進国もさらに積極的な協力が必要とされている。

4 平和構築への道
——なぜ貧困をなくす努力が必要なのか

　紛争のことを考えていると、暗い気持ちになってくるね。地球的課題についての話の締めくくりとして、少し希望のもてる話もしておこうと思う。それは、人間の歴史を通してみると、実はぼくたちの生きる世界はだんだんと平和になってきているってことだ。「えっ?!　そんなことあるはずないよ、世間では凶悪な犯罪が頻繁に起こっているし、戦争だってどんどん大規模になって多くの犠牲者が出てるよ」って？　まあ、そう思う気持ちはわかるけど、人間の感覚って案外主観的で、思い込みが大きいんだよね。「世の中どんどん悪くなっている」って、つい思ってしまうんだ。「最近の若いもんは！」って嘆く老人と同じようなものだ（笑）。そういう嘆きは大昔からあって万国共通のものらしいけど、それも「世の中はだんだん堕落していってる」っていう根拠のない思い込みから来ているんだ。

（1）暴力も貧困も減り続けている！

　スティーブン・ピンカーという進化心理学者が、『暴力の人類史』という分厚い本を書いている。彼はこの本の中で、国家が誕生する以前の狩猟・採集時代から現在まで、他人からの暴力によって命を奪われる人の割合は一貫して減り続けていて、世界のほとんどの地域が平和な生活を享受している**現代は、これまでの人間の歴史のなかで最も平和な時代**なんだってことを、丹念に検証している。人類学で、国家から独立して暮らしている小さな社会の詳しい研究がこれまでいろんなところでおこなわれてきたけど、そうした社会の多くは頻繁に親族集団どうしのトラブルなどが起こって、殺害されるリスクが大きかったんだ。ぼくたちの社会では人を殺すと警察につかまって罰を受けるよね。小さな社会には警察のような公の機関はない。だから国家ができたことで、無秩序な争いごとのせいで人が殺される割合は大きく減ったんだ。

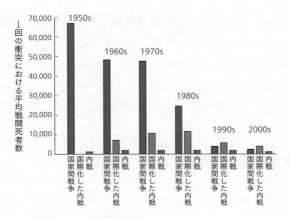

● **図10-3：暴力減少の歴史**

スティーブン・ピンカー（幾島幸子・塩原通緒訳）（2015）『暴力の人類史』青土社より。戦争や暴力が原因で死亡する人の割合は1万年の間減り続けていると推定されている。

　それでも、中世のヨーロッパなんかは、村がよその兵士に襲われたりして人が殺されることが多かったらしいし、残虐な拷問なんかもあったし、女性や子どもの地位も低かった。それが、近世から近代にかけてだんだんと、人の命が等しく尊重されるべきだという人権思想なんかが人びとの間に受け入れられるようになって、女性とか子どもも男性と同じ権利を生まれながらに持つ存在だっていう（今では当たり前の！）考え方を共有するようになっていった。そういう過程で、暴力がだんだんと衰退していったんだよね。女性や子どもの権利だけでなく、先住民の権利のような、かつて強力な軍事力によって支配される側になった人びとに対する権利の回復運動も見られるようになっている。多文化主義も同じで、**力で解決するのではなく、互いを認めあって共存していこうという思想は、最初からこの世にあったものというよりは、歴史を通じてぼくたちが獲得してきた人類の知の到達点ともいえる、尊い考え方**だ。

　ぼくたちは、一人一人が生きる権利を認められて人生を享受しているけど、それはこうした人びとの努力の積み重ねによって得られたものだっていうことを忘れないようにしたいね。そして、**今も世界のどこかで続いて**

第Ⅲ部

いる貧困や暴力を根絶するための努力を続けていかないといけない。貧困についても、暴力と同じように、だんだんとよくなっているんだ。現状をみると、紛争も貧困もなくすことなんかとても無理に思えてくるけど、こうした人類の歴史を振り返ってみれば、決して不可能なことではないはずだ。

（2）南北問題と開発援助

　紛争解決のための活動として国連の平和維持活動（PKO）がある一方、紛争地域に限らず世界各地でみられる暴力や人権侵害、また多くの場合そうした問題の背景にみられる貧困などをなくしたり改善したりするために、NGO（非政府組織）などが様々な活動をおこなっている。ニューヨークに本部のあるヒューマン・ライツ・ウォッチというNGOはその代表的なもので、日本語のサイトもあるので一度訪れてみるといいよ。

　貧困問題は、紛争だけでなく、環境問題や食料問題、人口問題など、これまで取り上げてきたほとんどの地球的課題の重要な背景となっていて、SDGsでも、その前の世界的な取り組みのミレニアム開発目標でも、最も重要で根本的な問題と位置づけられ、国連や、各国のODA（政府開発援助）、NGOを通じて取り組みが続いてきた。開発援助という考え方が国際社会のなかに確立したのは第二次世界大戦後のことで、当時ヨーロッパの植民地となっていたアジア・アフリカで次々と独立国が誕生して、「発展途上国」と呼ばれた。これらの国々の開発を進めて、先進国と同じように豊かにしようと考えたわけだね。開発のための資金を支える機関として、**世界銀行**が設立されたのも戦後間もなくの頃だ。ここには人道的な理由もあるし、豊かな国が増えれば、それらと貿易をすることで先進国もさらに豊かになれるという考え方もあったんだ。西側諸国にとっては、社会主義国家が生まれていくことの背景には貧困があるという認識もあったから、東西対立も開発の必要性を強く認識する要因だった。

　欧米先進国は北半球の温帯地域に、発展途上国の多くはそれよりも南

の低緯度地域に位置していたことから、こうした問題は**南北問題**と呼ばれた。終戦から半世紀が経つと、東南アジア・南アジアやラテンアメリカの国々も工業化に成功して経済発展を遂げ、NIES（新興工業経済地域）と呼ばれる国々が登場した。かつて貧しい途上国の典型だった中国やインドも目覚ましい経済発展を遂げてロシアやブラジルとともにBRICs（南アフリカ共和国を加えてBRICSと呼ばれることもあるね）と呼ばれるようになった。

（3）アフリカと南南問題

　この波に乗り遅れたようにみえたのがサハラ以南アフリカの多くの国々だ。東南アジアなどの国々が発展を続けていた1980年代から90年代にかけて、干ばつや紛争に見舞われ、かえってそれ以前よりも貧困化してしまった。イギリスの経済学者ポール・コリアーは2000年代に、当時の世界人口60億人のうち、50億人は発展途上国の貧しい人びととされていたが、今や途上国のなかでも2つに分かれているとして、サハラ以南アフリカの人びとを「最底辺の10億人」と呼んだんだ。この頃には、南北問題という言葉が次第に使われなくなり、途上国とされていた国々の二極化を表す**南南問題**という言葉が生まれた。1990年代にはルワンダ大虐殺やコンゴ戦争が起こったり、ソマリアでは無秩序な混乱が続いて国連平和維持軍が撤退したりといったことが続いて、アフリカはもう立ち直れないのではないかという悲観論が支配的になった。

❶日本とアフリカ

　日本とアフリカの関係は強くないというイメージがあるけど、実は欧米の国々が、当時激しく噴出していた民族紛争を目の当たりにして、アフリカの開発援助に二の足を踏み、アフリカに対する各国のODA援助額も減少し始めた1990年代に、アフリカの開発を手助けしようと動き始めたのが日本なんだよ。日本は定期的に東京やアフリカの都市でTICAD（**アフリカ開発会議**）という国際会議を主催しているけど、これは1993年から

始まったものなんだ。このことは、日本人のぼくたちは誇りに思ってもいいだろう。

❷ 中国とアフリカ

　そして TICAD の開始から数年遅れて、著しい経済成長が始まっていた中国は、2000年から FOCAC（中国・アフリカ協力フォーラム）を3年ごとに開催するようになった。

　実のところ、1990年代まで、アフリカでの中国の存在感はとても薄かった。ぼくは1992年から1994年にかけてエチオピアに住んでいたけど、当時エチオピアに住んでいた中国系の人って、香港からやってきてアジスアベバでレストランを経営する華僑の人とか、ごくわずかだった。それが2000年以降になると街で見かける中国人が当たり前のようになり、中国系の企業や店もどんどん増えていった。2010年代までには、**アフリカ全体で100万人以上の中国人がいる**といわれるようになっている。これは中国政府が国策としてアフリカの開発を後押ししている結果だ。アフリカは従来、植民地の歴史を反映して（それに加えて距離が近いということもあって）ヨーロッパとの関係が強い。特に地中海をはさんでヨーロッパと向かい合っている北アフリカはそうだ。でも、ここ20年ほどの間に、中国はそれ以上の存在感をもつようになったといえる。

　中国とアフリカの関係についてはネガティブに言われることも多いけど、全体としてお互いウィンウィンの関係を築いているといえるのではないかとぼくは思っている。2000年代以降、アフリカの多くの国は停滞を抜け出して経済発展をするようになっていて、それは各地での紛争が落ち着きをみせたり、資源価格が上昇したりといった背景も確かにあるんだけど、中国による援助、投資、貿易なしにはおそらく不可能だっただろう。とくに道路や通信などのインフラにかけては、中国のアフリカでの存在感は圧倒的だ。エチオピアでも、かつて険しい地形条件で近寄りがたかった辺境にも、どんどん舗装道路ができ、電気のない場所にも携帯電話の電波塔が作られていった。

● **図 10-4：エチオピアの辺境の町に立つ電波塔**
エチオピアでは中国の会社がほぼ独占的に携帯電話基地局を整備した。

　中国は一帯一路構想のもとで、化石燃料や鉱産資源などの供給元として戦略的にアフリカとの関わりを強めてきたわけだけど、単に資源を輸入して工業製品を輸出するだけじゃなくて、アフリカで生産された食料などの輸入にも力を入れていて、アフリカの国々にとっては産業発展のための重要なパートナーになっていると言える。一方で、日本の存在感はまだまだ薄い。それを反映してか、アジスアベバを歩いていると、いつも「チャイナ！」って声をかけられることが多かったりするね。でも、日本もTICADなんかを通して開発プロジェクトを立ち上げたり、農業や医療など、様々な分野で地道な協力を続けている。

　アフリカは若い人口が多いし、世界で最も発展の伸びしろがある地域だ。この地域の発展に貢献することはとてもやりがいのある試みだと思わないか？

▶▶ ぼくたちの生きる世界はだんだんよくなってきている。紛争をはじめとする困難な地球的課題も、あきらめる必要はない。大切なのは、解決に向けて努力を続けることだ。

　世界の難民や紛争をめぐる問題に関する次の文章を読み、下の問いに答えなさい。

　2015年、大量の移民・難民が地中海やバルカン半島などを経由してヨーロッパに流入し、移民・難民問題が世界的な注目を浴びた。しかし、難民はそれ以前から世界の様々な地域で発生しており、深刻な問題であり続けている。

　難民発生の最も主要な原因は紛争である。紛争の背景や形態は時代ごとの特徴を持っている。1980年代末期から1990年代にかけては、それより前の時期とは異なる背景による紛争が多発するようになり、また2000年代以降になると、テロリズムなどを手段とする組織の活動が活発化した。

　現代の紛争は、民族をめぐる問題や、国民国家の概念・あり方にも深刻な問題を投げかけているものと言え、平和構築に向けた新たな枠組みが問われている。

問　下線部に関して、世界の国・地域の難民受入数の分布を示した図を参考に、難民発生国と難民受入国との関係について説明しなさい（150字程度）。

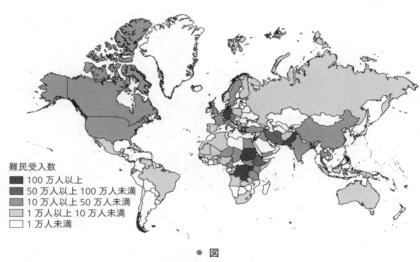

● 図

（注）UNHCRのデータ（年次は2018年）に基づいて作成。

（大阪大学2021年度地理）

身近な問題は
世界の課題でもある
防災と地域調査

自然環境と防災
——災害が起こる仕組みを理解する

1　世界の自然災害
——世界の人びとはどんな災害に苦しんでいるのか?

(1) 防災という文化的適応

　地理総合では、防災の扱いが大きくなっているのが特徴の一つだ。防災というと、**ハザードマップ**とか、**自助・共助・公助**といったことばがイメージされるかもしれない。もちろんそれらの意味を理解するのは大事なことなんだけど、地理総合で学ぶ最も大事なところは、**災害が起こる仕組みを自然環境と人間の生活との関わりから理解する**ことだ。自然災害のほとんどは、プレート運動、地形、そして気候のメカニズムと関わって起きるので、これまでに学んできた地形・気候の知識があれば理解できる。そして災害が起こりやすい環境に住む人びとが、被害を防いだり最小限にとどめようとしたりする**防災・減災**のための工夫は、まさに本書で繰り返し学んできた**環境への文化的な適応**の一つの典型事例なんだ。

　どんな自然災害に多くの犠牲者が出るのだろうか。2000年代と2010年代の20年間の、世界で起こった災害の種類と犠牲者数との関係をみてみよう。図11-1は、国連防災機関 (UNDRR) が集計したものなんだけど、自然災害と犠牲者との関係を知るのに役に立つものだ。

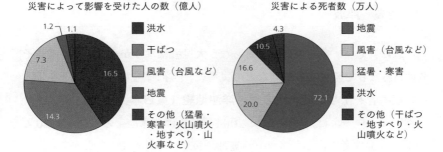

● **図11-1：2000～2010年代に起こった世界の災害と、それによって影響を受けた**

人の数（左）・死者数（右）

国連防災機関の資料により作成。

（2）気象災害

　左のグラフをみると、洪水、干ばつ、風害（台風など）といった**気象災害**によって被害を受けた人の数が多数を占めていることがわかる。これは、こうした**気象災害がひとたび起こると、広範囲の人びとに被害を与える**ことを示している。例えば2020年に中国の長江流域で大雨が続き、洪水や土砂災害が起こったことがあるけど、この時3800万人を超える被災者があり、220万人以上もの人が避難生活を送ったと発表されている。死者・行方不明者は発表では140人程度とされているんだけど、死者に対して被災者の数が非常に大きいことがわかるね。干ばつによる農作物の被害も深刻な災害であることには違いないけど、その日に食べるものがなくなってしまうわけではないので、適切な救助・援助がなされれば犠牲者も最小限におさえることができる。干ばつが大規模な犠牲者を生むケースが20世紀にいくつか発生したけど、第Ⅲ部でみたように政府が機能不全になるなどの「人災」的な側面が強い。

（3）地震・津波

　これに対して、**多くの死者をともなう大災害になりがちなのが地震やそ
れにともなって発生する津波などの災害**だ。主に津波によって1万9千人
もの犠牲者を出した**東北地方太平洋沖地震（東日本大震災）**のことは、
当然知っているよね。海外では、2004年にやはり津波をともなって20万
人以上の犠牲者を出したスマトラ島沖地震（インド洋大津波）などがある。最
近では、2023年2月に起こり、5万人を超える犠牲者を出したトルコ・シ
リア地震が記憶に新しい。また、津波ではなく、地震そのものによって30
万人を超える犠牲者を出したケースに、2010年に起こったハイチ地震が
ある。ハイチのケースや、紛争地で救援が遅れたシリアのケースなどは、
人災としての側面が大きいと言ってよいだろう。

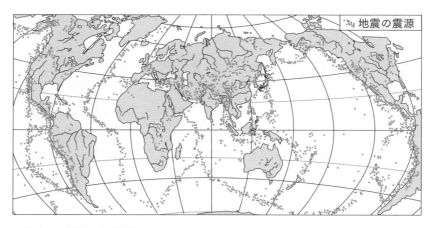

● **図11-2：地震の発生地域**

出典：Diercke Weltatlas 2008 ほか

　地震が発生しやすい地域は、プレート運動によって説明することができ
る。大きな地震はプレート境界、特に**せばまる境界**（大陸プレートの下に海洋プ
レートが沈み込んだり、大陸プレートどうしが衝突したりしている境界部分。P52参照）やずれ
る境界で頻発する。だから**図11-2は、P51の図1-11のプレート境界の種**

類を確認しながら理解することが大事だね。例えばトルコ・シリア地震の震源地は、ちょうどアラビアプレートがユーラシアプレートとぶつかって沈み込んでいる部分にある。東北地方太平洋沖地震、ハイチ地震、スマトラ沖地震、四川大地震、インド西部地震など、ここ数十年の間に起こって大きな被害を出した地震は全てこうしたせばまる境界やずれる境界付近で起こっている。

（4）噴火

　大規模な火山噴火による被害は地震に比べると頻度は少ないけど、ひとたび起こった時にはとてつもない被害を与えかねないものだ。日本でも1991年に多数の家屋を焼失させた雲仙岳噴火とか、60名以上の犠牲者を出した2014年の御嶽山噴火など、たびたび火山噴火が起こって多数の犠牲者を出しているけど、これらは歴史上起こった大規模な火山噴火に比べたら小規模なものだというから本当に恐ろしいね。20世紀以降に最も被害の大きかった火山噴火としては、1991年のフィリピンのピナツボ山の噴火がある。火山灰の下敷きになったりして847名の死者を出し、周囲の広大な農地が耕作できない土地になってしまった。7000戸もの住居が全壊し、降灰はフィリピン全土だけでなく、マレー半島にまで達したんだ。

第IV部

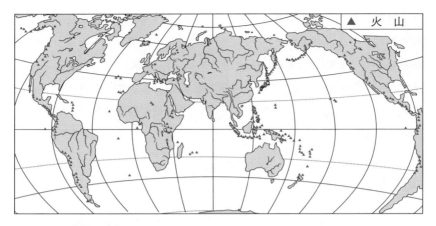

● 図11-3：世界の活火山

出典：Diercke Weltatlas 2008ほか。地震の分布と似ているが、とくに太平洋地域に多いことがわかる。

（5）熱帯低気圧

　地震や津波ほどではないけど、熱帯低気圧も、たびたび大きな被害を生んでいる。日本でも台風が来ると河川の氾濫や土砂災害などによってたびたび犠牲者が出ているね。1959年の伊勢湾台風では5千人を超える犠牲者が出た。世界でみると、バングラデシュやインドではサイクロンの被害によって数千、数万単位の死者が出ることもあった。これらには1970年のバングラデシュ（当時の東パキスタン）のボーラ・サイクロンと呼ばれている災害のように、サイクロンにともなって発生した高潮によって20万人以上の犠牲者を出したものもある。これは熱帯低気圧による災害としては近代以降、最悪とされている。

　発達した熱帯低気圧は、日本では台風と呼ばれているね。熱帯低気圧は地域によってサイクロン、ハリケーンと呼び方が異なり、呼称を覚えないといけないことになっててややこしいんだけど、発生メカニズムは同じだよ。世界の風の流れについて学んだことを、図11-4をみながら思い出して理解しよう。

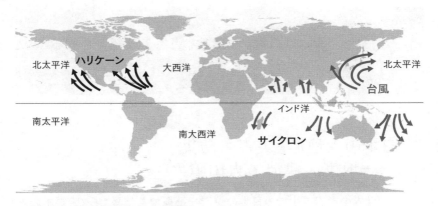

● 図11-4：熱帯低気圧の発生と移動

　熱帯低気圧は全て、熱帯収束帯とよばれる赤道付近（赤道上ではないことに注意）の低緯度地域の海洋上で発生する。温かい海水温（26℃以上が必要とされる）が発生条件の一つだからだ。水蒸気をともなった上昇気流が繰り返されると、気圧の低い中心部分に強い風が吹き込み、それが渦巻き状になって、熱帯低気圧となる。渦巻きは「コリオリの力」（P44）の働きによってできるので、**赤道上では熱帯低気圧は発達しない**。あくまで赤道に接する北側と南側のエリアで、なのだ！　図11-4からわかるように、弧を描いて進んでいくのもコリオリの力の働きだ。

　さてここでクイズ。**南太平洋の東側や、南大西洋で熱帯低気圧が発生しにくいのはなんでだ？**　海水温という発生条件から考えてみて！　（さらにヒント：東西および南北方向の海洋の幅と、寒流の流れ）

　日本付近にも、黒潮などの暖流が流れる方向に沿って東に傾きながら通過していくことになる。要するに、残念ながら日本は地震、津波、火山噴火、熱帯低気圧といった大規模になりかねない災害の巣のようなところというわけなんだ。

まとめ

▶▶ **防災も、基本は気候・地形との関係で仕組みを知ることから！**

2 日本の大地形と災害・防災
——地震・津波・火山噴火

　さて、世界の災害の中での日本の位置を把握できたところで、日本の自然環境と災害・防災との関係をくわしくみていこう。日本の災害を「プレート運動に由来する災害（地震・津波・火山噴火）」と「気候に由来する災害」に大別した上で、この節では前者についての話をしよう。これまでに学んだ変動帯のプレート運動の復習をかねての話になるよ。

（1）日本を囲むプレート

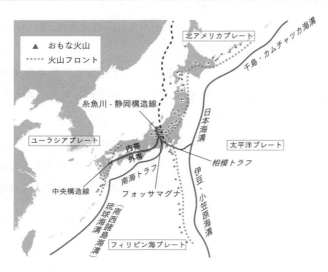

● **図11-5：日本周辺のプレート**
沈み込んだ海洋プレートからの水分によってマグマが形成され、地表に噴き出す。このためプレート境界に平行して火山の列（火山フロント）ができる。

日本列島は、ユーラシアプレート、北アメリカプレート、太平洋プレート、フィリピン海プレートという4つのプレートの境界に位置していて、前の2つの大陸プレートに後の2つの海洋プレートが沈み込む「**せばまる境界**」となっている。海洋プレートが沈み込む際に地殻にひずみがたまっていって、そのたまったエネルギーを解放しようとして地震が起こる。これが日本に地震が多い理由となっているわけだよね。

　また、プレートが沈み込む際に、水分が地中の熱で温められてマグマとなり、それが地表に上がってきて噴火したりするのが火山活動だ。ほぼ**プレート境界から一定の距離に沿って日本列島が連なり、その列島上に活火山が連なっている**のが図11-5からわかるね。日本列島はそもそもプレート運動と火山活動によってできた島で、だから**温泉**があったり、代替エネルギーとして将来有望な**地熱発電**もできる環境にあるんだけど、良いことばかりじゃなくて、地震や火山噴火の脅威に常にさらされているっていうわけだ。

（2）2つの構造線

　日本には、これもプレート運動が原因でできた大きな亀裂が東西および南北に走っている。これが**中央構造線**と**糸魚川－静岡構造線**というやつで、要するに**プレート運動によってできた巨大な断層**だ。日本列島にはこの他にも、いたるところに無数の断層があって、過去に地震があったことの証拠となっている。中央構造線の南北では、南側の険しい山脈が連なる外帯と北側の比較的なだらかな内帯とで、対照的な地形がみられる。これは断層が形成される際に、両側から押しつける力がかかったり、逆方向にずれたりといった力が原因でできたものだ。

糸魚川−静岡構造線

←　フォッサマグナ　→

富士山

38 km

Data SIO, NOAA, U.S. Navy, NGA, GEBCO
Image Landsat / Copernicus
Data Japan Hydrographic Association

Google Earth

● **図11-6：Google Earth でみた糸魚川−静岡構造線とフォッサマグナ**
富士山や関東平野も「フォッサマグナ」と呼ばれる大きな断層帯の中にある。

　一方、西日本と東日本を分ける糸魚川−静岡構造線の西側には日本アルプスと呼ばれる険しい山脈が連なる一方、東側は長野県の伊那谷などの谷底が深く切れ込んでいて、関東平野にいたるまで**フォッサマグナ**という巨大な溝となっている。このフォッサマグナの南端にそびえる活火山が富士山だ。この2つの構造線は、見晴らしのよいところに立てば実際に確認できるし、図11-6のようにグーグルアースなどでもすごく明瞭に確認できるので、是非自分の目でみてみるといいよ。

（3）地震の２つの種類

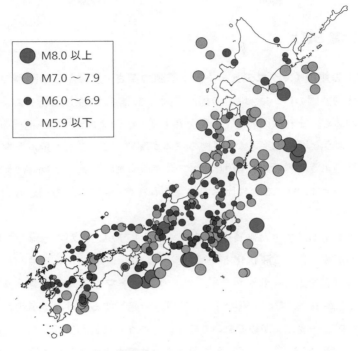

凡例:
- ● M8.0 以上
- ● M7.0 〜 7.9
- ● M6.0 〜 6.9
- ● M5.9 以下

● **図11-7：日本の主な被害地震**
太平洋沖で起こるプレート境界地震の規模が特に大きいことがわかる。

　さて、図11-7からわかるように、地震は２つのタイプに分けることがで
きる。
　一つは東北地方太平洋沖地震を引き起こしたタイプの地震で、プレー
ト境界付近で発生する**プレート境界地震（海溝型地震）**だ。図11-7に
表れているように、地震の規模が大きいことが多く、海が震源となるため
に津波も発生しやすいやっかいな地震だ。
　もう一つは**プレート内地震（内陸型地震・直下型地震）**で、1995年
に６千人を超える犠牲者を出した**阪神・淡路大震災**を引き起こした**兵庫
県南部地震**はこのタイプの地震だ。**プレート境界地震ほどのエネルギーは**

なくても、人が密集して暮らす地域の直下で起こり、震源が浅いと、重大な被害を引き起こすのだ。

（4）地盤と震度

　地震の規模（マグニチュード）や震源の深さ・震源からの距離のような物理的要因のほかに、地震の揺れの大きさ（震度）に直接影響をおよぼす要因がある。それは地表近くの地盤の状態で、例えばデルタや氾濫原、旧河道のような堆積地形とか、植物の遺体が腐敗することなく積み重なった泥炭地のような場所は、山地や台地（ただし、住宅地建設などのために盛り土をしたようなところは要注意だ）などに比べて地盤がもろく、地震の際の揺れも大きくなりがちだ。

　砂が堆積してできた砂質土壌では、土壌水分が土壌から分離して地表面付近が液体になる**液状化**と呼ばれる現象も起こりやすい。こうした地震の際の被害を大きくしがちな場所は、**ハザードマップ**にも書き込まれていることが多い。だから君たちも、自治体の発行する身近な地域のハザードマップを一度はながめておいてほしい。こうした言わば過去の「土地の履歴」に関する知識は、将来家を買ったりするときにもとても役立つ知識だ。

（5）予測と教訓

❶地震は予知できない？

　地震、津波、火山噴火といったプレート運動に由来する災害は、残念ながら「次にいつ起こるのか」を予測することはきわめて困難だ。しかし、「いつか起こる場所」を特定することはできる。これらの災害は決まった場所で、一定の間隔をおいて繰り返し起こるものだからだ。だから、過去の災害がいつ、どのくらいの間隔で起こってきたのかを研究によって明らかにすることは防災にとって大きな意味を持っているんだ（よく誤解されるん

だけど、地震の研究は地震予知のためにあるんじゃなくて、過去の発生履歴やそのパターンを明らかにすることに意味があるんだ……だから「地震を予知できない地震学なんて意味がない」という人がいたとしたら、それは全くのデタラメだ）。

❷過去の教訓の大切さ

　そうは言っても、人間は忘れっぽい生き物だよね。失敗した時は「もう二度と過ちは繰り返すべからず」って強く思っても、1年、2年……と時間が経つとその時の気持ちはだんだん薄れていって、また失敗を繰り返したりする。ましてや忘れてはいけない過去が両親やそのまた上の世代のことだったりすると、もはや実感がわかなかったり。人間の心ってそういうふうにできているんだと思うしかない。

　だから、**大きな災害が起こった時にそれを詳細に記録して後の世代にその記憶を引き継いでいくことがとても大切な防災の行動**なんだ。これは戦争体験なんかについても言えることだよね。そういうふうに過去を引き継いで過ちを繰り返さない努力ができるのも人間だ。

● **図11-8：東日本大震災から4ヵ月経った気仙沼漁港（左）と陸前高田・JR大船渡線　　　　小友駅前（右）**

陸前高田では、4ヶ月経った当時も警察ががれきの中で行方不明者の捜索を続けていた。

❸教訓と伝承碑

　とてもわかりやすい例が津波災害なんかの際に残される伝承碑だろう。

東日本大震災のときも注目されたけど、明治三陸地震、昭和三陸地震と、東北地方で数十年ごとに繰り返される津波の後、石碑などの形で「ここから下に家を建てるな」とか、「津波の時は家族に構わず一人で逃げろ（「津波てんでんこ」）」のような教訓が残されている。これこそが、本章の最初に言った、災害の起こりやすい環境に立ち向かう、人間の「文化的適応」なんだよね。

　実は、三陸海岸地域に限らず、また津波災害に限らず、こうした「**自然災害伝承碑**」は全国各地にみられるんだ。国土地理院は2019年から、地理院地図や2万5千分の1地形図に、「自然災害伝承碑」を新しい地図記号として採用し、石碑などの伝承碑がある位置を地図に記すようになった。図11-9は東北地方の地理院地図の上にその位置を表示させたもので、とりわけ太平洋岸に集中しているのがわかるね。クリックすると個々の碑がいつ、何のために作られたものなのかが表示される。君たちも自分の住む都道府県などにどんな碑があるのかを確かめてみたらいいよ。ハザードマップとともに、防災意識をはぐくむ出発点になるかもしれない。

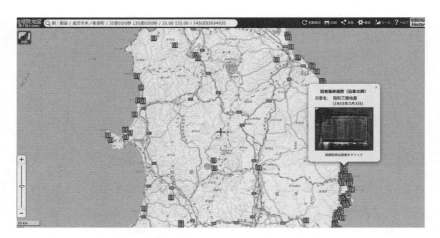

● **図11-9：地理院地図の自然災害伝承碑**
2019年に地理院地図・2万5千分の1地形図にあらたに記載されるようになったもの。地理院地図をウェブでみると、全国の自然災害伝承碑の分布がひと目でわかる。

まとめ

▶▶ **地震の被害は、規模だけでなく土地の状態や社会の状況に影響される。**

3 日本の気候と災害・防災
──台風・豪雨・豪雪・猛暑

(1) 日本の気候区分

● 図11-10：日本の気候区分

　日本の気候の特徴をおさらいするところから始めよう。日本列島の気候区分は、実は細かくみると複雑で決まったものがない。ケッペンの気候区分をあてはめれば、おおむね北海道や東北地方は冷帯、それ以外は温帯ということになるけど、図11-10のように「大ざっぱに」5つに区分されることが多い。この気候区分は日本の四季における気候の地域的特徴を災

害との関係でつかむのに便利なので、頭に入れておくといいだろう。

　図11-10では、北海道や南西諸島を除いて、本州・四国・九州は日本海側、太平洋側、瀬戸内地方の3地域に大別されている。これは主に冬に積雪の多い日本海側、少ない太平洋側の違いを表したものだと言える。太平洋側は夏に雨が多い典型的なCfa気候だけど、四国山地や紀伊山地の内側にある瀬戸内地方はその他の太平洋側の地域に比べて夏の雨が少なく、水不足にもなりやすい地域だ。こういう気候だから、日本の中では比較的麦栽培にあっていて（麦類は収穫期の初夏に雨が少ない方が都合がよいから）、畑作が多い地域となっている。

（2）四季ごとの気圧配置

　こうした地域区分ごとの気候の違いは四季の典型的な気圧配置をみながら理解するのがよいだろう。

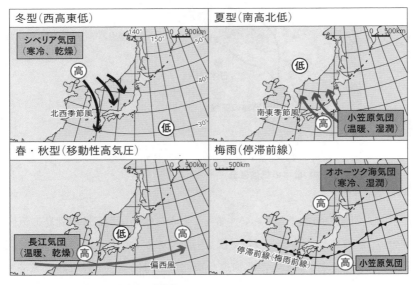

● 図11-11：日本の四季と気圧配置

❶冬

　冬は海側よりも大陸側の気温が相対的に低くなるため、大陸に大きな高気圧のかたまりができる（**シベリア気団**）。これが季節風となって北西から日本列島に吹きこんでくるわけだけど、通り道となる日本海では、**暖流の対馬海流**から上昇する水蒸気をたっぷり吸い上げて、日本列島の中央山脈にぶつかってくる。要するに日本海の水蒸気が大量の雪となって日本海側の地域に降り積もってくるわけだ。

❷夏

　夏は逆に、海側に高気圧（**小笠原気団**）ができて日本列島に季節風を吹かせるため、太平洋側では雨が多くなり、蒸し暑い夏の日が多くなるわけだ。一方で日本海側では雨を降らせた後の乾いた風が吹き下りるようになる。これは**フェーン現象**と呼ばれていて、夏の日本海側の地域にしばしば異常な高温をもたらす。なんだか感覚的には山を越える時に空気は冷やされるんじゃないかって思えたりするけど、気体の水蒸気が液体の雲になる時に、凝縮熱という熱を発生させるんだ（凝縮熱は気化熱の反対だね）。だから熱を出すために高い所に上がってもあまり空気は冷えず、かえって高温になって吹き下ろされるのがフェーン現象のメカニズムだ。暑い夏だけじゃなくて冬のフェーン現象もしばしば報告され、冬の太平洋側地域で記録的な暖かさが生じたりすることもある。

❸春と秋：はざまの季節

　さて冬と夏の対照性はこれで理解できたね。春と秋は、シベリア気団と小笠原気団がいわば政権交代をするはざまの季節ということになる。その季節には、偏西風にのって高気圧と低気圧が西からかわるがわる移動して晴れたり雨が降ったりの忙しい天気となってくる。「女心と秋の空」なんていう言葉の通りだね。

　冬が終わると大陸側に高気圧は発達しにくくなって、初夏の頃までには代わりに海側の**オホーツク海気団**が優勢になるけど、冬のシベリア気団

ほど優勢になることはなく、やがて小笠原気団が発達してオホーツク海気団と押し合いになり、2つの気団の境界が**停滞前線（梅雨前線）**となって、梅雨の季節となる（秋だと、小笠原気団と発達するシベリア気団との境界に秋雨前線ができる）。

❹やませ

　オホーツク海気団から東北地方の太平洋岸に吹きつける冷たい風が、「**やませ**」と呼ばれるものの正体だ。夏になってもなかなかオホーツク海気団が弱まらず、やませが強い年は冷害となって農作物の凶作に結びつきやすく、江戸時代には飢饉を引き起こす原因にもなっていたんだ。江戸時代に東北地方で書かれた農書（農作物の栽培の技術や地域に適合した作物・品種の選び方などを指南するために書かれた指導書）をみると、冷害に強い稲の品種選択なんかについて詳しく書かれていて、やませの吹く地域で農業を営む人びとの文化的適応の努力がよくわかってとても興味深いよ。こうしたことも、古くから行われてきた防災の営みだね。

　さて、日本の四季についての説明は以上だけど、このうち初夏から秋にかけては**台風**が訪れる季節だね。台風のもたらす災害と言えばまずは強風による家屋の破壊や倒木、あるいは**高潮**被害があるけど、台風や梅雨前線、秋雨前線などがもたらす大雨や集中豪雨などの**豪雨災害**も日本で頻繁に大きな被害をもたらしてきたものだ。

（3）洪水

❶外水氾濫と内水氾濫

　豪雨災害の代表的なものは氾濫による洪水被害だ。日本では平野に人口が密集しているので、歴史的に頻繁に洪水被害に見舞われてきたわけだ。平野部では河川の氾濫から農地や居住地を守るために河岸に堤防を築いていることが多いけど、限界を超える豪雨によって水位が堤防の高さを越

えたり破堤したりすると、堤防で守られている堤内地に水が流れ込んで洪水となってしまう。これが**外水氾濫**と呼ばれるものだ。この反対が、堤内地に降った雨が堤外に排水されずに家屋が水浸しになってしまう**内水氾濫**だ。

❷洪水に対する防災技術

　いずれにせよ、水は高い所から低いところへと流れるから、平野のなかでも氾濫原にある後背湿地とか旧河道のようなところが洪水被害に遭いやすい。だから古い集落の多くは、これらの場所に家を建てるのを避けて自然堤防などの微高地に立地し、後背湿地や旧河道は水田に利用したりすることが多かったけど、現代では農地が市街地に変更されたものも多いので、そうした新しい住宅地がしばしば洪水被害を受けたりする。

　ほかにも洪水に対する防災の技術としては、増水した川の水が氾濫しないように堤内地に水を流せる形に工夫した堤防を作ったりとか、増水時に水を流すための**遊水池**を作ったりというものがある。これらは第Ⅱ部で話した農業水利の技術と同様、日本で古くから工夫を凝らしてきた土木技術による文化的適応だといえる。

（4）地すべり

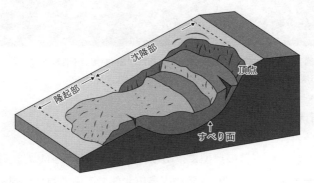

● **図 11-12：地すべり地形**

豪雨によって引き起こされるもう一つの災害は土砂災害だ。土砂災害は地震や火山噴火などによっても引き起こされるし、洪水と同様、豪雨の際に発生する場合でも、地形も関わっている災害だと言えるね。このうち**地すべり**は、もとの地表の地形が原形をとどめながら移動するもので、過去に起こった地すべりが特徴的な**地すべり地形**として景観を形成しているような場所も多い。地すべり地形って、繰り返し地すべりが起こって段々になっているような地形が多いんだよね。そういう地形は将来地すべりが起こるリスクもある場所なんだけど、段々になっている地形をうまく利用して棚田が作られていることも多く、感心してしまう。これも自然環境への文化的適応と言ってよいだろう。

● **図11-13：地すべり地形につくられた棚田**（新潟県十日町市）
白っぽく見える部分が棚田だ（Google Earthより）。

（5）土石流

　もう一つ、土砂災害の典型に、山地の谷筋から流れ出した土砂が山麓に達する**土石流**がある。2014年に広島市北部で豪雨の際に大規模な土石流があって、住宅の多くが被害にあったことがある。これも地すべり地形

と同様、山麓部分に堆積した土砂が土石流地形を形成するんだけど、扇状地は土石流によって土砂が堆積してできる場合が多くて、**土石流扇状地**と呼ばれたりするんだ。扇状地は水はけがよく、その点では建物を建てる地盤としては優れているんだけど、土石流が起こりやすい場所でもあって、昔は集落が立地したりする場所ではなく、果樹園とか畑地に利用されることが多かったんだよね。でも高度経済成長期以降の都市の拡大によってこうした場所にも住宅地ができるようになったわけだね。これも、地震や津波に対する備えと同じように、土地の履歴を調べて危険な場所を語り継ぐことによって防ぐことが必要だ。

● **図11-14：扇状地は傾斜の大きな谷と平野との境目にできやすい**
Google Earthより

　その他、冬の日本海側地域の豪雪に対する備えや、台風の通り道になりやすい南西諸島での備えも、大昔からおこなわれてきた「文化的適応」としての防災だと言えるね。豪雪地帯にみられる雁木づくりとか、台風に備えて家の構えを低くする建築様式などがそれだ。このように衣食住のような生活文化に表れた防災のための工夫は世界各地にあって、そういう視点から世界の文化をみるのも面白いよ。

集落にある各世帯の住居は、仕事をしたり暑い日の寝場所になる高床式の「涼み台」と、台風に備えて低い構えになっている半地下式住居の組み合わせ。上の写真右端の白い大きな建物はキリスト教会。

● 図11-15：台湾の離島・蘭嶼島先住民の伝統集落（上）と石垣に囲まれた
　　　　　半地下式住居（下）

まとめ

▶▶ 「稲の世界」日本は水害にみまわれやすい地域でもある。

　図1は、1848年以降に発生した世界の熱帯低気圧の経路を示した地図である。経路の線の色は熱帯低気圧の強度を示し、白いほど弱く、灰色が濃いほど強い。図2は、1970年に発生した熱帯低気圧のみの経路を例示している。

※東大の解答用紙は1行あたり30文字。

(1)　強い熱帯低気圧には地域別の名称があり、日本を含む東〜東南アジアに襲来するものは台風と呼ばれている。他の2つの代表的な名称と、それが使われる地域を「台風─東〜東南アジア」のように記しなさい。

(2)　熱帯低気圧は赤道付近を除く熱帯〜亜熱帯の海上で発生し、その後は、北上または南下するが、北半球では進路の方向が最初は北西で次に北東に変わり、南半球では最初は南西で次に南東に変わる傾向がある。このような変化が生じる理由を1行で述べなさい。

(3)　南米大陸の周辺の海では熱帯低気圧がほとんど発生しない。この理由を1行で述べなさい。

(4)　今後、地球環境の変化により熱帯低気圧の強度や発生頻度が変化する可能性が指摘されている。しかし、仮に熱帯低気圧の強度や発生頻度が増大しなくても、熱帯低気圧が原因で被災する人が世界的に増えると予測されている。このような予測が行われる理由となっている自然や社会の今後の変化を2行以内で述べなさい。

第
Ⅳ
部

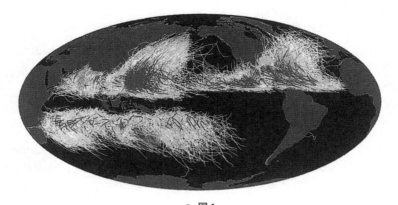

● 図1

米国海洋大気庁による。

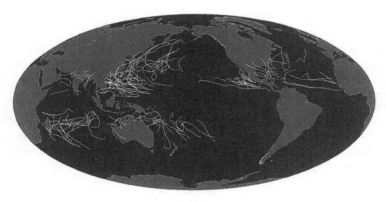

● 図2

米国海洋大気庁による。

（東京大学2018年度地理・一部改変）

身近な地域を調べてみよう
——地域調査の考え方

1 地域調査はまず「テーマ」から

（1）生活圏の調査

　さて、地理総合の最後には、「生活圏の調査」という項目がある。いわゆる地域調査というやつで、以前から地理科目にはつきものの学習事項だ。「生活圏」、要するに君たちにとって身近な地域について調べてみようという趣旨だね。なぜ身近な地域を選ぶのかというと、「フィールドワーク（野外調査）」というものが想定されているからだ。別にアフリカを調査地に選んだっていいんだけど、日本の高校に通う君たちにとってアフリカまで行って調査をするのは現実的じゃない。だから身近な地域について調べて、そこから課題をみつけようってわけだ。とはいえ、身近な地域を知ることは世界を知ることの出発点になるし、自分の立っている場所がどんな場所なのかを理解することには重要な意義があるのは間違いない。

　実は、大学で地理学を研究する場合にも、フィールドワークは地図（地理情報）とともに必須の道具（技術）だ。地図とフィールドワークは、ほぼ全ての地理学者にとって研究を進める上で必須の道具なのだ。だから、君たちの中に大学に入って地理学を学んでみたいという人がいたとしたら、高校の地域調査はその出発点になるかもしれない。

（2）どうせなら新しい発見を！

　地域調査というと、昔は「自然環境と歴史を概観した後に第一次・第二次・第三次産業について調べて順に記述する」といった、パターン化し

たいわゆる地誌的な体裁をとることが多かった。もちろんどんなテーマを選ぶにせよ、これらの概要についてまとめておくことは役に立つ。地図や統計を使えば、これらのことをまとめるのは難しくはないしね。しかし、それだけでは面白くないと思わない？　何かについて調査するからには、あわよくば今まで誰も気づかなかった面白い発見（学術の言葉で言えば、「あらたな知見」だ）ができるような調査がしたいよね？　「そんな大それたこと」と思うかもしれないけど、世の中について知られていることって、特に人間の生きる世界（社会）については案外少ないんだよ。知られていないことの方が、ずっとずっとたくさんあるんだ。だから、君たちだってその気になればそういうあらたな知見を生み出すことができるんだよ。

　まず（1）テーマを決めて（「何を明らかにするか」を明確にする）、次に（2）どんな方法でどんな資料を使ってそれを達成するかを決め、それに従って調査をして、（3）結果を出す。これは学術論文を書く手順と全く同じものだ。君たちも大学に入って卒業論文を書く時に、そういう手順をふむことになる。だから地域調査でそういう手順を経験しておくと、大学に入ってレポートや卒論を書くときに役に立つ。いや、そんなみみっちいことより、こうした論文を書く手順は、世の中でいろんな知見を生み出したり、人を説得したりするときに必須の、応用の利くやり方なのだ。つまり、人生の役に立つ方法なんだ。

　生活圏の調査という条件がついているので、その中で考えられるテーマとしては自ずと限られてくる。いくつか頻出テーマを表12-1に書いたけど、やはり少子高齢化や人口減少・流出を背景としてそこから派生した問題が多い。産業の衰退とか、フードデザート（徒歩圏内に日用品を買う店がなくて買い物弱者と呼ばれる人たちが多くなる問題）、病院や福祉施設、公共交通の地域格差に関わる問題なんかは皆そうだよね。これらは大都市圏と地方圏とでは問題の性質が異なったりすることもあるけど、基本的にはどちらの地域でも広く認められる課題で、つきつめると解決すべき地域の課題・問題は、**住んでいる場所によって格差や不平等が生まれるという、格差の問題**と言えるかもしれない。

背景となる問題	具体的な調査項目
少子高齢化	フードデザート、駅前商店街の衰退、商店の郊外化、空き家問題、若年人口の流出、年齢別人口割合の変化、ニュータウンの衰退、小学校の統廃合、健康・医療福祉関連問題
地方産業の持続・変化	土地利用の変化、産業の持続・衰退、観光産業の変化、再生可能エネルギー
地方都市の再編	「平成の大合併」による行政再編の影響、スマートシティ、コンパクトシティ化、LRT（ライトレール）など公共交通システムの再編
自然災害と防災	ハザードマップ、災害復興

　もちろん先例にとらわれずに自由な発想でテーマを決めるのもよいし、頻出テーマに取り組む場合でも、これまでにない切り口がとれないか、考えてみるのがよい。知見を生み出すためには、テーマを決めたら、何らかの仮説を設定してみるのも役に立つよ。仮説はそれが正しいという結果になる場合でも、逆に否定する結果になる場合でも、調査の結果明らかになったことをはっきりと提示できるからね。注意しておくべきこととしては、**仮説は、必ずしもそれが正しいということを証明する必要がない**ということかな。仮説を検証した結果、それを否定することになったとしても、それは「仮説の通りではなかった」という立派な知見だ。大事なのは、なぜそれが否定されたのかを考察することだ。

第Ⅳ部

> **まとめ**
>
> ▶▶ 身近な調査で取り上げられるテーマは限られており、つきつめると「空間的格差」の問題に行き着く。

2 時系列に注目せよ／分布に注目せよ

(1) 時系列を見る

　テーマを決めて取り組む場合、時系列に注目して資料を集めたり整理したりすることをおすすめしたい。なぜなら、**今ある地域の現状は、過去の歴史の積み重ねの結果**だからだ（原理1；P13）。要するに今ある地域問題は、過去のプロセスを経て生じてきた問題なので、過去から現在に至るプロセスをみて、その背景にどんなことがあるのかを考えることが地域問題の構造を理解するための基本になるからだ。

　例えば土地利用のプロセスに関わるテーマだとしたら、現状を地理院地図でみるだけじゃなくて、今昔マップ（P56）などを利用して旧版地形図と比較することが定番中の定番だ。どのくらいの時期の旧版地形図を使うかはテーマによるけど、地形図が全国で作成されたのは大正時代くらいなんで（主要都市などでは明治時代からある）、そのくらいから過去の土地利用を調べることができることは知っておこう。広く大規模な地形改変がおこなわれたのは高度成長期なので、その前後で比較してみるのもよいだろう。

　森林の状態とか個別の建物とか、より細かい地表の様子を調べたいなら、地理院地図のサイトで空中写真（航空写真）の活用を考えてみてもいい。空中写真って、組写真を使って実体視すると木の1本1本まで確認することができて、目的によってはむちゃくちゃ有能な資料だ。

　人口や産業統計なんかも同じで、可能な限り長い時系列でデータを眺めること。少子高齢化や産業の衰退なんかは、そもそもテーマ自体が過程（プロセス）なので、いつ頃どのように変化してきたのかをみないことには始まらないよね。時系列のデータを眺めていると、「なぜこの時期にこういう変化があったのか」みたいな、いろんな疑問が浮かんでくる。それらの疑問をメモに書き出して、背景として考えられることについてさらに資料を集めていくんだ。

（2）分布を見る

　もう一つの重要なアプローチの方法は、**テーマに関連するものを分布図に落としてみる**ことだ。フードデザート問題であれば、スーパーマーケットやコンビニの分布とか、さらに必要に応じて時系列の異なる複数の分布図を描いて、それを見ながら考える。例えばフードデザート問題の背景にありがちな、中心商店街の衰退とスーパーや大型店の郊外化なんかは、時系列で分布図をみることによって実感できるはずだ。これらの作業では、GISで主題図を作ることができればスマートに分析できる。GISは距離や広がりを分析するのにもってこいだからね。パソコンを自由に使える環境にあるなら、GISの活用を考えない手はない。

（3）地図を持て、街へ出よ

　これらの調査を進めるにあたっては、地図とか統計、GISに加えて、**フィールドワークによって得られる資料を活用する**ことも忘れてはいけない。現場を歩いて直接集めた資料は、既存の地図や統計よりもはるかに「あらたな知見」に結びつきやすいものだ。

　フィールドワークの役割は、「問題発見」と「仮説検証のためのデータ収集」に大別される（多くの場合、両方の意味をもつ）。前者は見過ごされがちなんだけど、とても大事だ。机の上でパソコンをいじっているだけでは、どうあがいてもわからない、気づかないことってあるからね。

　フィールドワークの具体的な方法としては、観察（観測）と聞き取り（インタビュー）がある。例えば、中心商店街の衰退をテーマにするなら、平日と休日に決まった場所に立って、商店街に買い物に来るのがどんな人なのかを観察・記録するとか、実際にインタビューして商店街を訪れる目的やふだんどういう場所で買い物をするかなどを聞いて記録するとかね。こうした生の声は、オリジナルな知見を得る上で最も重要な資料になるんだ。

まとめ

▸▸ 調査の３つの視点は、時系列、分布、フィールドワーク。

3　まとめ方にも様式がある

　さて、調査が終わったら、まとめてレポートとかプレゼン資料とかを作ることになるね。これも決まった様式があるので、それに従う必要がある。表12-2にまとめたことを確認してほしい。これは、地域調査が論理的に矛盾なく、あらたな知見を提示していることを示すために、最善の方法と考えられるスタンダードな構成だ。レポートでもプレゼンでも、基本的には同じだ。

　実はこの構成って、大学に入ってレポートとか卒業論文を書くときのものと基本的に同じなんだよ。もっというと、大学の研究者たちが発表している学術論文も同じ。つまりこれは、適切な論証を経て新しい知見を提示するときに使われる、**科学論文を含む学術の汎用的な論理**なんだ。

　プレゼンでも、この6つの要素をメリハリよく示すことによって、聴衆を納得／感心させることができるのだ。ここまで経験できたら、君たちも研究者もしくは社会人の入口に立ったと言える。

まとめ

▸▸ 地域調査の延長線上には、学術論文がある。

● 表12-2：レポート・発表の資料に必要な要素

	構成要素	内容	例
1	テーマの設定	この調査・研究で「何をどこまで明らかにするか」を「できるだけ簡潔に・具体的に」示す。	A市に居住する高齢者のフードデザート問題について、空間的に明らかにする。
2	既存知識の整理	文献を調べ、テーマに関連して「今までに明らかにされていること」を整理することによって、「この調査であらたに明らかにすること」を明確にする。	市勢要覧や市史などで地域の概観を把握するとともに、他地域でのフードデザート問題の研究事例などを調べ整理する。
3	資料と方法	1で設定した問題に、どんな資料・データを使って、どんな方法で明らかにする（＝答えを出す）かを示す（プラモデルづくりで例えれば、1〜3は設計図面にあたるものだ）。	高齢者を2段階（65歳〜74歳、75歳〜）に分けて小地区ごとにGISで分布図を作成する。これに食品店・スーパー・コンビニの点データを重ね、バッファ分析で徒歩圏内に店舗のない老齢人口が「どこに」「どれだけ」存在するかを明らかにする。
4	結果	3で設定した資料・方法で得られた結果を示す。	3の結果を図や表にまとめ、示す。
5	考察	4の結果にもとづいて、この調査で何が明らかになったのかを考察し、この調査・研究によって何がわかったのかを確認する。	結果の図をみながら、フードデザートの空間分布の成り立ち（ある場所に偏って存在するのはなぜか、など）について考察。2で取り上げた既存の研究例などとも比較し、この調査の成果を確認する。
6	まとめと課題	この調査・研究の成果を短く要約し、残された課題を確認する。	この研究で明らかにできなかったこと（例えば、10年後、20年後にフードデザートはどのように変化すると予測できるか、など）を確認し、次の課題を設定する。

　TさんとUさんは、それぞれ家族4人で地方に住んでいるが、転勤のため4月からある大都市に引っ越すことになった。2人の会話を読み、以下の問いに答えなさい。

※東大の解答用紙は1行あたり30文字。

Tさん：「引っ越しの時期が近づいてきましたね。Uさんは4月から住む場所はもう決めましたか？」

Uさん：「いま探しているところです。Tさんはどの辺りに住みたいと思っていますか？」

Tさん：「わたしは都心のターミナル駅や繁華街の周辺に憧れたりするのですが、家賃が高くてなかなか住めないですね。」

Uさん：「そうですね。都心はデパートや専門店、劇場なども多くあって便利だけれど、家賃を考えると部屋を借りるのはちょっと大変ですね。」

Tさん：「都心から電車で20分ぐらい離れた場所は、通勤や通学にも便利でいいですかね？　それでもまだ家賃は高そうですね。」

Uさん：「都心からさらに離れた郊外に住むということも考えられますね。」

Tさん：「あと、家から最寄り駅までの移動を考えると、駅からあまり遠くない方がいいですね。」

Uさん：「それと、毎日の買い物のことを考えると、家の近くにスーパーマーケットや食料品店があると便利ですね。」

Tさん：「そうですね。都心のデパートに行ってする買い物と、近所のスーパーでする買い物は違うものですね。都心の繁華街の楽しさや便利さと、日常生活の暮らしやすさや便利さは、また別の種類のものかもしれないですね。」

Uさん：「そういえば、このようなことを地理の授業で習った記憶がありますね。身近な話題でもあるんですね。」

(1) 上記の会話で2人が話している内容をふまえて、大都市の土地利用と生活圏との関係を、以下の語句をすべて用いて、3行以内で述べなさい。語句は繰り返し用いてもよいが、使用した箇所に下線を引くこと。

  地価   生鮮食品   中心業務地区

(2) 大都市での日常の買い物についてみた場合、かつてはその利便性が確保されていたにもかかわらず、最近では、居住者が日用品の購入に不便や困難を感じるようになった地域も発生している。こうした地域が生じている理由について、2行以内で述べなさい。

（東京大学2018年度地理・一部改変）

試験にのぞむ心得

　どんな科目でも同じだけど、**試験では問題文に書かれていることを正確に読んで理解することが最も大切**。これは当たり前のことだからここでわざわざいう必要もないんだけど、問題文の誤読は間違った答えを書いてしまう最大の原因かもしれない。だから念のために最初にいっておくね。以下は、それ以外で君たちに頭に入れておいてほしいことだ。

　本書をここまで読んだ君たちは、地理の論理とは何か、すなわち地理的な見方・考え方とは何かをおおむね理解できているはずだ。地理の論理が理解できたなら、もうおおかたの入試問題には対処できるようになっているはず。地理総合だけでなく、地理探究の問題についてもそれはいえる。序章で述べたように、地理総合は地理探究の系統地理にあたる部分のエッセンスを学ぶ教科だし、地誌は系統地理的な原理を用いて地域の特徴を総合的に理解するものだからだ。

　もちろん、細かい知識が要求されるような問題も、今は少なくなってきているとはいえ、まだまだ残っている。でもそういう知識って、実は知らなくても問題のなかで地理的な見方・考え方を駆使することによって推定できちゃうことが多い。これは英単語と英文読解の関係に似ているかもしれない。英単語をどれだけ暗記したって試験では知らない単語は出てくるし、キリがないよね？　英語構文がしっかり理解できていれば、ちょっとくらい知らない単語が出てきたって前後の文脈で判断できることが多いし、焦ることもない。だから構文を理解することが英語の学習にとって何より大事だ。地理も同じで、この本で強調したような数少ない地理の論理をおさえておけば、どんな問題がきても怖くないのだ。

　あとは、本番にのぞむまでの時間的余裕がまだあるのなら、過去問にあたって問題の形式に慣れておけばよい。問題を分析し、解剖するのだ。**こ**

の本の章末問題を振り返って、ぼくの書いた解説をもう一度見直してみてほしい。そこでポイントとしてあげているものが「解剖」の例だと思ってくれたらいい。最後に、3つの心得を君たちに贈ろう。

心得1　問題をみたら、まず**どんな地理の論理が問われているのかをさぐること！**　つまり、君たちが問題を解剖してやるのだ。共通テストとか主要国公立大学の問題は、必ず何らかの論理（地理的な見方・考え方）の理解を試すように作られている。そしてその論理が理解できていれば正解に至ることができ、できていなければ間違ってしまう工夫がなされている。何を問われているのかがわかってしまえば、正解に至る道は遠くはない。

心得2　**作問者の気持ちを理解しようとすること！**　上に述べたように、作問者は何らかの論理の理解を試すことを目的として問題を作っている。だから、受験する君たちの理解のあいまいな部分を衝いて、間違いを誘ったりする工夫なんかもふんだんにもりこまれている。そういうのに引っかからないようにするためには、そんな作問者の気持ちに寄り添って、理解しようとすることが大切。「ほら、ここだよ、ここに気づいてほしいんだ、ぼくの考えた仕掛けは面白いだろう……？」そんな作問者の声が聞こえてくるようになれば、君たちの勝ち！

心得3　**問題を解くのを楽しむこと！**　実はこれが、ぼくが一番大きな声で叫びたいことだ。「問題のなかに隠されている地理の論理をさぐりあててパズルを解いていくことが三度のメシより楽しい」と思えるようになったら、君たちは立派な地理好き、そして地理という科目がだれよりも得意な地理博士だ。大阪大学の学生を調査・分析したところ、中学や高校の地理が嫌いだった学生ってほとんど例外なく「地理は暗記科目」って思っているんだよね。いわば、壁を乗り越えられなかった、乗り越える機会がなかった人たちだ。これは先生の責任も大きいと思うんだけど、地理の論理を教わることなく大学まで来てしまった結果なんだ。この本を最後まで読んで地理の論理を理解した君たちは、すでに壁を乗り越えたはずだ。「好きこそものの上手なれ」ということばがあるだろう。あとはもう何も心配する必要はない！

チャレンジ！ 解説

序章 （P24）

考え方

　200字の論述は長いと感じるだろうから、それでひるんでしまうかもしれないね。でも序章の原理2を読んだ君たちなら、A〜Cの地点の位置と気候データから、それぞれどんなことを書けば良いかはわかるはず。地点別に書くべき内容が頭に浮かんだなら、200字は決して多すぎる字数でない。各地点70字程度だから、むしろ簡潔にまとめる努力が必要になるだろう。二圃式、三圃式ということばを知らないから答案が作れない、という人もあきらめる必要はない。これは単なる知識だから、大学入試までにどこかで習うだろう。そして、キーワードのうち後ろの3つは雑草とたたかう農業、すなわち焼畑のことだとわかれば、残りのキーワードがどのようなものか、推測して解答することができるはず。これは、英語の試験で知らない英単語が出てきても心配する必要がないのと同じこと。**大事なのは、あくまで原理を理解していること**だ。なお、論述の正解答案は一つではない。ここで示しているのはあくまで解答例で、**ポイントをおさえてさえいれば**、表現の仕方はほかにもいろいろあるからね。

解答例

　地点Aを含む地中海周辺では、雨の降る冬季にコムギなどの栽培を行い、耕作と休閑を交互に繰り返す二圃式の農業が生まれた。夏季・冬季とも降雨のある地点Bでは、夏作・冬作と休閑とを組み合わせる三圃式農業や、さらに飼料作物栽培を組み入れた混合農業が発達した。一方高温多湿の長い雨季を持つ地点Cでは、旺盛に繁茂し作物と競争する雑草の抑制のため、休閑期間を長くとる焼畑が発達した。

第1章（P63）

考え方

「大気候の仕組みがわかっているかな」という小手調べ的な問題。本書を読んだ君たちなら緯度をみるだけでも解けるだろうけど、本問では季節ごとの高圧帯・低圧帯の区別が記されているので、図をみるだけで容易に解くことができる。**サ**は年中高圧帯に覆われた乾燥帯、**シ**は逆に年中湿潤の熱帯雨林気候だとすぐわかるよね。**ス**は夏（1月）が雨季となるサバナ気候、**セ**は逆に冬（7月）に高圧帯にかかっているので、地中海性気候か、それに近い気候帯だとわかれば、どちらの記述が間違っているかが判断できるね。

解答例　④

第2章（P76）

考え方

統計を主題図に表すときに大事なのが、人口とか家畜の頭数みたいな、**絶対的な数量の大きさを表す分布図**と、比率とか密度みたいな**割り算を経た相対的な割合を表す分布図**の区別だ。前者は絶対分布図といって、これは図形表現図（円などの**大きさで量を表す**図のこと）とかドットマップ（点の数で量を表現する）なんかを使って表すことが多い。ただし、**メッシュマップみたいに全て面積の等しい地域単位ごとに表現する場合は例外**で、それは階級区分図でOK（①がそのケースだ）。相対分布図の場合は②みたいな通常、階級区分図で表すことができるけど、②の場合は人口数、つまり絶対分布図なので、おかしいね……。まあ、以上の理屈を習ってないとしても、②がおかしいってことは直感でわかるんじゃないかなと思うけど。

解答例　②

第3章（P90）

考え方

　国際観光に関する学習内容のエッセンスを詰め込んだ良問だ。そして、難しい問題ではなく、序章で述べた**原理3**（P20）**を理解していれば十分正解に至ることができる**。(1)を間違えないことが大事で、表中にない国が2つ入っていて少し紛らわしい。(ア)〜(ウ)とも、受け入れ数には大差がないのに対して、人口あたりの受け入れ数と1人あたりGNIが他の2国と大きく異なる国が一つある。受け入れ数が大差ないことから、大きく下回ると予想されるロシアは除外され、そうすると残りの指標が外れ値になってるのはGNIが高くて人口あたりの受け入れ数が少ないアメリカ合衆国だとわかる。あとは3つの統計値を見比べて、フランス、スペインを判断できるだろう。以上のように、それぞれの**国のサイズと位置関係・近接性に注意することによって解くことができる**わけだ。

解答例

(1)　(ア)―フランス、(イ)―アメリカ合衆国、(ウ)―スペイン

(2)　地中海沿岸のような温暖で晴天の続く気候を有する景勝地が多いことに加え、近隣に海外旅行者の多い高所得国を持つ。

(3)　両国とも経済成長により海外旅行の可能な**所得階層**を持ち、日本と比較的近接し**航空**便も多い。加えて、日本側が**入国管理**の緩和など、アジアからのインバウンドを重視する**政策**をとっているため。

第4章（P119）

考え方

　本書で取り上げた問題のなかでは、かなりの難問に位置づけられるかもしれない。**具体例を挙げることを禁じることで、断片的な知識でごまかすことができないようになっているから**だ。だからといって抽象的に考えて

もなかなかうまく書くことは難しいだろう。要は、いろんな**具体例を思い浮かべながら、それを一般的なことばに置き換えて説明することが求められている**のだ。例えば民族と言語の関係なら、スワヒリ語の例を思い浮かべて書くとかね。いずれにせよ３つの事項をそれぞれ70字前後で書けばよい、という考え方は変わりない。

解答例

　民族はわれわれ意識によって結びついた集団で、一般に言語を共有するが、複数の民族が一言語を共有したり、民族を超えた地域の共通語が形成されたりすることもある。国民国家が単一民族による国家を理想とした一方、現実の国家は大半が多民族国家で、先住民などの少数民族を含むこともある。国家の中で優勢な言語がしばしば公用語となるが、複数の言語が公用語となったり、植民地宗主国の言語や地域の共通語が公用語となったりすることもある。

第5章（P161）

考え方

　パズル問題かと思いきや、緯度・経度がちゃんと記されているので地域の特定を間違えることはなさそうだ。それぞれの位置と海流から気候についての判断ができるし、平易な問題といってよいだろう。(4)の**イ**だけはちょっと難しいかもしれない。「山麓の丘陵地帯」という表現で、温暖で湿度の高い気候にあった作物を推定することになる。まあ、出題年度が古いこともあるのか、やや知識問題的で、ここだけは良問とは言えないかも。この問いだけは間違っても気にしないでいいと思うよ。時にはそういう割り切りも肝心だ。

解答例

(1)　地域Ａでは、沿岸を流れる寒流のため、海岸側に砂漠気候がみられる。

地域Bでは、中緯度高圧帯に位置する地域に東西に広範囲に陸地が広がっているため、内陸側に砂漠気候がみられる。

(2)　ジャガイモ（トウモロコシ）、リャマ（アルパカ）

(3)　南西からの季節風により、5〜10月に降雨が集中する。

(4)　**ア**—稲（米）、**イ**—茶

第6章（P187）

考え方

　地形図の読み取り問題としてこの問いを選んだ。桑畑はちょっと細かい知識で、旧版地形図に慣れていないと知らないかもしれないね。近代の日本で製糸業が重要な産業であったことも、歴史的な背景として必要になる。まあ、歴史で習ったことや、中学地理の知識の助けも借りて解く問題かな。でもそれ以外はすべて地形図の読み取りと、地理的な見方・考え方で解答可能だ。要は、時期別に何が変わったのかをしっかり地形図から読み取ることだ。

解答例

(1)　水の得にくい扇状地の扇央から扇端部にあたる台地の東部では、当時の日本の主要産業であった製糸業の原料の桑畑が広がり、低地では主食を供給するため、湿田で稲が栽培されていた。

(2)　かんがい用水路の敷設によって、扇端部にあたる台地の東部でも稲作が可能になり、桑畑が水田に変化した。

(3)　高速道路の開通により都市部への通勤が可能になり、低地には住宅地や工場ができた。一方台地では、養蚕の衰退によって桑畑がなくなり、畑や果樹園、工業団地などに転換した。

第7章（P203）

考え方

　輸送費を最小にする工場立地を尋ねる問題で、与えられた条件を理解すれば容易に解けるね。ただし条件、とりわけ3番め（原料は製品の2倍の費用がかかる）をよく読まずに解答しないと引っかけられてしまう。どんな問題でも、**提示されているすべての資料はそれがないと解けないようにできている、つまり省略できないものなのだ。**そこさえ肝に銘じておけば、市場と原料をむすぶ線上の3つの地点のうち、どこが最小コストであるかは瞬時にわかる。つまりこれって、「**原料立地型」の原理を尋ねるとてもシンプルな問い**なのだ。

解答例　④

第8章（P224）

考え方

　パズル問題だね。言わずもがなだけど、それぞれの四角の内部での分布パターンをみて取捨選択する必要がある。まずは、人口過密の中国沿岸部を含む**ウ**が④だとわかる。一方、沿岸に大都市が多いと考えられる**エ**はと考えると、②がなんとなく**エ**の海岸線をなぞるように点が分布しているのがわかるね。これで2つに絞られた。こういうのはたいてい、最後の2択で迷わせるようにできている。どちらも四角の左下あたり（ナイジェリアの海岸部とインド北西部に該当する地域）に100万都市が多く、上の方は逆に人口希薄（サハラ砂漠とヒマラヤ）。ただ、インドと西アフリカだと、人口規模は圧倒的にインドが勝る。これで最終的に正解が決まるわけだ。

解答例　③

考え方

　問1と**問**2については、本書を読んでいる君たちには解答は容易なはず。三大穀物の特徴については本書を読んですでに知っているし、その上グラフがついているので落ち着いて文章にすれば良いだけだね。大豆についても同様だ。ただ、最後の**問**3だけは、問いの内容が難しい。**難しい問いには、たいていヒントがついている**。この場合は冒頭の文章（三段落め）だ。要するにここに書かれていることを自分なりに理解して、それをやさしいことばに置き換えれば良いのだ。バイオメジャーの活動内容や国境を超えた農業投資などがおこなわれることによる**「在来農業の持続性」**や**「環境生態系への影響」**が、**懸念の中身**だ。ここまで頭の中を整理すれば、決して解答は難しくはないはずだ。もつれた糸をほぐし、それを解答用紙にきちんと折りたたんでおけばよい、という感じかな。

解答例

問1　米と小麦は主食として消費され、生産量の大きな国では国内消費量も大きいが、小麦は米に比べ国際的に取引される割合が大きく、主要生産国の中には輸出が過半を占める国も目立つ。トウモロコシは、主食として消費される国は主要生産国では限られており、大半は家畜飼料として取引されるため、生産量と消費量の差が大きい。

問2　大豆は主に油料作物として生産され、搾油後の絞りかすを家畜飼料とする。特に配合飼料としての需要が高まり、生産が拡大した。かつては大半がアメリカ合衆国で生産されたが、需要が高まると、セラードの農地開拓を進めるブラジルなどで生産が急激に拡大した。中国では生産が伸びずに需要は急増し、全輸入量の過半を占める。

問3　バイオメジャーが開発・普及を進めるハイブリッド品種は、在来品種の遺伝子資源に影響を与え、生物多様性を失わせることが懸念されている。また遺伝子組み換え作物の中には、除草剤などの農薬とセッ

トで用いられ、健康被害や昆虫類など生態系への影響が懸念されている。また、アジア・アフリカ・中南米では、多国籍企業などによる農地取得が進み、在来農家に対する権利の侵害も起こっている。

第10章 （P287）

考え方

　この問題に関しては、世界の紛争がどこで起こっているのかに関する大まかな知識が必要になるね。逆にそれが頭に入っていれば、きわめて簡単な地図の読み取り問題だ。ただし難民受入数の多さで目をひくのは、先進国では飛び抜けているドイツだ。これも、当時の難民問題に関する一定の知識は必要で、ヨーロッパ難民危機への対応に関するドイツの決断が地図に表れているということになる。いずれも本書に書かれている範囲内で解答可能だけど、地球的課題に関わる問いについては国際的な時事問題に関心を持っていると有利だということだね。

解答例

　シリア難民に対するトルコ、アフガニスタン難民に対するパキスタン、南スーダン難民に対するスーダンなどのように、難民発生国の近隣国が主な受入国となる場合が多い。一方、ドイツなどEUのいくつかの国々は、北アフリカや西アジアなどからヨーロッパへ移民が流入したことを契機として大量の難民を受け入れる決断をした。

第11章 （P311）

考え方

　最初の2問は基本問題で、簡単だね。(3)は図をじっくりながめて海流をイメージしながら考えてみる必要がある。赤道付近の海域が長く伸びている太平洋・インド洋に比べて、大西洋の南半球は東西の幅が狭く、南北

方向では逆に南極まで長く伸びている。**低緯度帯を流れる距離が短いため、海水があたたまる時間が足りない**わけだ。(4)は自然、社会それぞれの要因について、被害を受ける低緯度帯の地域のことを思い浮かべることができるだろうか。聞かれている内容は、今日グローバル・サウスとも呼ばれる**世界の不平等問題の典型的な側面**だと言えるのだ。

解答例

(1) ハリケーン―北～中央アメリカ、サイクロン―オーストラリア、東南
   ～南～西アジア、東アフリカ

(2) 低緯度帯では貿易風の、中緯度帯では偏西風の影響を受けるため。

(3) 太平洋側では寒流が流れ、大西洋側は低緯度帯の海域が狭いため。

(4) 地球温暖化による海面上昇で被害を受けやすい地域が拡大するだけ
   でなく、熱帯地域の人口増加により沿岸の居住域が拡大する。

第12章〈P320〉

考え方

　東大の入試問題ではちょっと珍しい、会話を材料にした問題だが、問われているのは至って基本的な都市の構造と「身近な地域の問題」だ。会話の内容が「どんなことについて答えてもらいたいか」を示す重要なヒントになっているので、**決して読み飛ばしてはいけない。会話の内容から出題者の意図を分析することが重要**なのだ。

　会話の前半では、都心部の中心業務地区では地価が高いため、郊外を視野に入れた居住地選択が必要だと示唆されている。後半では、居住地選択にとってきわめて重要な日用品の買い物場所について語られており、とりわけ最寄り品の買い物場所が大事だと指摘されている。最後まで読めば、最寄り品を買う場所が郊外化することによってフードデザートが発生するという、典型的な地域問題も頭に浮かぶよね。

解答例

(1) 都心部は官公庁や企業、百貨店などが集まる**中心業務地区**となり、**地価**は高くなる。そのため住宅は郊外の鉄道駅周辺などに集まり、**生鮮食品**などを扱う店舗もそれに近接して立地する。

(2) かつて日用品の購入場所であった徒歩圏内の駅前商店街などが衰退し、大型スーパーなどが郊外に立地するようになったため。

おわりに

　まさか高校生向けの地理参考書を書くことになるとは、20年前の自分が知ったらさぞ驚いただろう。なにしろ本書の冒頭でも書いたように、高校生の頃はむしろ地理の授業が嫌いな人間だったし、大学院進学後も、院生の仲間たちからは「地理学とは何かなんて佐藤さんにはわからないですよ」などとからかわれることもあった。

　きっかけは、学生時代に指導を受けた金田章裕先生（京都大学名誉教授）に誘っていただいて、高校地理教科書の執筆にかかわるようになったことだろう。以来十数年にわたり執筆に携わるうちに、現行教科書のさまざまな問題点に気づくようになり、地理教育関連の研究発表をするまでになってしまった。金田先生と松原宏先生（東京大学名誉教授）をはじめ、共同執筆者のみなさんと、東京書籍編集部の野畑博之さん、池邉貴洋さんには、地理教育について自由に考える場を提供していただいたことに感謝したい。またほぼ同時期からは、地理科目の大学入試関係業務にも携わるようになった。お名前を挙げることは控えるが、関係の皆さんに感謝しています。

　本書の執筆を決めた直接のきっかけとして、大阪大学の大学院（人文学研究科）で、歴史地理教育プログラムを立ち上げたことがある。大阪大学は歴史教育の分野で以前から高い評価を受けているが、地理総合・歴史総合の必修化を機に、地理のプロ教師養成にも力を傾けようということになったのである。同プログラムの運営に尽力されている西洋史学分野の秋田茂先生、栗原麻子先生にも感謝したい。

　最後になったが、本書の企画から完成に至るまでご尽力いただいたKADOKAWAの細野翔太さんに感謝いたします。また図版作成や校正作業を手伝っていただいた、上記大学院プログラムの2期生である大学院生の滝川陽稀さんにもお礼を述べたい。地理教員を志す彼が、未来の地理好き・地理学者を数多く育ててくれると期待している。

2023年9月2日　佐藤廉也

佐藤　廉也（さとう　れんや）
1967年東京都生まれ。主に神奈川県で育ち、大学入学以降は京都・福岡・大阪と西日本各地で暮らす。京都大学大学院修了、博士（文学）。九州大学准教授などをへて、現在は大阪大学教授。
共編著に『人文地理学からみる世界』『現代人文地理学』（以上、放送大学教育振興会）、『身体と生存の文化生態』（海青社）、『朝倉世界地理講座11　アフリカⅠ』『朝倉世界地理講座12　アフリカⅡ』（朝倉書店）など。ほか、文部科学省検定教科書『地理A』『地理B』『地理総合』『地理探究』『中学社会』などの執筆に携わる。
学生時代は道のない渓谷をさかのぼる沢登りという登山が好きだった。ヒマラヤ登山隊解散後にひとりで西南アジアを放浪したのをきっかけに、文化地理学の研究を志す。沢登りで培った技術はエチオピアの森の調査に大いに役立った。各地の酒と食を楽しむことが国内外の調査の原動力。

大学の先生と学ぶ　はじめての地理総合

2023年10月31日　初版発行

著／佐藤　廉也

発行者／山下　直久

発行／株式会社KADOKAWA
〒102-8177　東京都千代田区富士見2-13-3
電話　0570-002-301（ナビダイヤル）

印刷所／株式会社加藤文明社印刷所
製本所／株式会社加藤文明社印刷所

本書の無断複製（コピー、スキャン、デジタル化等）並びに
無断複製物の譲渡及び配信は、著作権法上での例外を除き禁じられています。
また、本書を代行業者などの第三者に依頼して複製する行為は、
たとえ個人や家庭内での利用であっても一切認められておりません。

●お問い合わせ
https://www.kadokawa.co.jp/（「お問い合わせ」へお進みください）
※内容によっては、お答えできない場合があります。
※サポートは日本国内のみとさせていただきます。
※Japanese text only

定価はカバーに表示してあります。

©Renya Sato 2023　Printed in Japan
ISBN 978-4-04-606061-7　C7025